KB049805

개정 2판

스포츠 경영

21세기
비즈니스 미래전략

문개성 지음

박영사

개정판에 들어가기에 앞서

현대 인류는 한 번도 경험하지 못했던 바이러스 팬데믹으로 큰 어려움을 겪었습니다. 이 시기에 세계적인 경영마케팅 학자인 필립 코틀러는 시장(market) 5.0이 예상보다 일찍 찾아왔다고 했습니다. 제품 위주의 시장 1.0은 고객을 지적으로 자극시켰고, 소비자 중심의 시장 2.0은 정서적 자극에 익숙하게 했습니다. 또한 스토리텔링(story-telling)으로 익숙한 시장 3.0은 인간 중심의 시장으로 진화하며 고객에게 정신적으로 자극을 주었고, 온라인과 오프라인이 통합된 시장 4.0에서는 소비자가 직접 이야기를 끌어가기 위해 스토리두잉(story-doing)을 통해 체험의 폭을 확대하고 있습니다. 이에 5.0 시장은 모든 구성 요건을 기술(기계)에 의해 해결하고자 하는 방향으로 발전하고 있습니다.

COVID-19로 침체가 됐던 한국 프로야구에서 2021년 유통회사의 야구단 인수로 SSG 랜더스를 출범하며 신선한 바람을 일으켰고, 급기야 2022년 시즌에서 우승했습니다. 온·오프라인 유통과 오프라인 구단이 하나로 합쳐지면서 유통의 확장성이 커졌습니다. 멀티채널이 가동되며 브랜드와 사람들 간에 상호작용이 보다 활발해졌고, 다양한 플랫폼에서도 일관된 메시지로 소통하며 충성도 높은 고객을 양산하고 있습니다. 또한 과감한 투자가 선수들에게 동기부여를 안겨다 주고, 이는 곧 유통회사의 매출상승으로 이어지고 있습니다.

우리나라 정부는 스포츠를 통한 지역 균형발전의 일환으로 스포츠 도시 육성이란 화두를 꺼내 들었습니다. 스포츠로 도심 공동화를 극복하고 낙후된 산업을 대체하는 새로운 성장동력의 가능성을 스포츠에서 찾고자 하기 위함입니다. 이를 토대로 공공 스포츠의 인프라를 확충하고 노후시설도 개선할 수 있습니다. 이와 같이 민간과 공공영역에서 스포츠를 토대로 성과를 내고 있거나 앞으로 지역특화 사업으로 성장시키기 위한 노력을 하고 있습니다. 이에 스포츠 경영과 마케팅 분야가 매우 중요해지면서 기업, 업체 등 산업체 뿐만 아니라 정부, 지자체, 협회, 연맹에 이르기까지 이 분야의 관심도가 높아지고 있습니다. 본 저서가 작은 도움이라도 되길 바라마지 않습니다.

개정판이 나오기까지 물심양면으로 지원해주신 박영사의 안종만·안상준 대표님, 기획을 적극적으로 추진해주신 최동인 님, 편집·디자인을 세련되게 맡아주신 탁종민, 성은희·이소연 님께 고마움을 전합니다. 마지막으로 책에 담긴 생각과 태도에 온전히 영향을 주신 아버지, 어머니께 가슴 깊이 존경심을 담아 감사의 말씀을 올립니다.

2023년 따사한 봄, 지덕겸수(知德兼修)와 도의실천(道義實踐) 연구실에서
문개성

초판에 들어가기에 앞서

　'스포츠 이슈'는 일상생활 언어처럼 많은 사람들이 관심을 갖는 주제가 됐습니다. '스포츠'란 단어는 아마 정치만큼 실시간 노출이 되는 키워드이고, 다른 산업의 용어보다 관련 브랜드가 사람들에게 많이 인식돼 있습니다. 경기규칙은 몰라도 올림픽, 월드컵이란 이벤트 명칭을 누구나 다 압니다. 복잡한 사업 구조엔 관심이 없어도 스포츠 스타의 일거수일투족을 알고 싶어 합니다.

　조금만 들여다보면 유명한 선수가 될 뻔했던 많은 선수들이 부상을 당한 후 효과적인 회복을 못해 시장(market)에서 잊혀진 경우가 많습니다. 반면에 그들의 성장방법에 누군가 도움을 줌으로써 오늘날 이름만 들어도 알 법한 스타가 된 경우도 있습니다.

　스포츠 시장에서 가장 중요한 상품은 '선수'입니다. 선수를 어떻게 영입하고, 관리하고, 홍보하고, 다시 이적을 시키느냐는 매우 중요한 문제입니다. 이 사이클을 효과적이고 효율적으로 절차를 밟기 위해 경영과 마케팅을 잘 해야 합니다. 즉, 스포츠 경영과 마케팅은 떼려야 뗄 수 없는 영역입니다. 다시 말해 상품을 잘 구매하고 가치를 높여 보다 비싸게 판매하는 과정이라 이해할 수 있습니다.

미국에선 1869년 최초의 프로야구 구단인 '신시내티 레드 스타킹스'가 창단됩니다. 수십 년이 흐른 후 1949년 미국 서던플로리다대학교에서 스포츠 경영에 관한 교육과정이 처음으로 개설됐습니다. 학술적 교육과 논의가 필요하다고 판단한 시점이라 할 수 있습니다. 이후 미국 프로리그가 급성장하게 되면서 1985년 '북미스포츠경영학회(NASSM, North American for Sport Management)'가 창립이 되고 오늘날까지 스포츠 경영(sport management)분야에 권위 있는 학문적 논의의 장이 되고 있습니다.

우리나라에선 1982년 6개의 프로야구 구단이 출범했습니다. 정치사회적 이슈로 논의가 될 때면 정통성이 부족한 정부가 기업을 강제해 스포츠를 안방까지 끌어들이며 시선을 돌리고자 했던 정책으로 비판을 받기도 했습니다. 경영 마케팅 측면에서 바라보면 선수라는 제품에 다양한 서비스를 가미해 상품화를 이루고, 돈이 되는 사업을 운영하기 위한 조직이 탄생한 것입니다. 시작은 미약했지만 오늘날 스포츠 산업 규모를 확대한 출발지점이 됐습니다.

이후 늦은 감이 있지만 2005년 '한국스포츠산업·경영학회지(Korean Society for Sport Management)'가 국내 등재학술지로 선정되면서 우리나라 스포츠 경영 분야에서 활발한 학문적 논의가 이루어지고 있습니다. 이러한 흐름은 2002년 한·일 월드컵 이후 정부차원에서 논의됐던 스포츠 산업 정책이 2007년 「스포츠산업진흥법」 제정으로 큰 계기를 마련했고, 2016년 전부개정이 되면서 또 다시 도약을 하기 위한 준비를 마쳤습니다. 국내 프로야구, 축구, 농구, 배구 등 4대 프로스포츠 리그의 누적 관람객은 한 해 1,100만 명이 넘습니다. 이 외에도 국내 경마, 경륜, 경정 등 3대 스포츠 갬블링 경주사업의 누적 관람객은 한 해 2,700만 명을 돌파했습니다. 상당 고객이 여러 번 방문한 집계 내역이지만, 아마 여러분이 상상했던 것보다 소비시장이 매우 큽니다.

국내의 많은 대학에서도 스포츠 경영 교과과정을 개설하고, 활발한 학술적 시간과 공간을 창출하고 있습니다. 미국에서 최초로 개설된 시점으로부터 70주년을 맞이한 해에 '스포츠 경영: 21세기 비즈니스 미래 전략'이란 저서를 출간하게 돼 매우 기쁘게 생각합니다. 이 자리를 빌어서 학술과 실무현장에서 묵묵히 자리를 지키며, 직·간접적으로 많은 자료와 영감을 준 수많은 분들에게 감사의 말씀을 드립니다.

2019년 추운 겨울, 지덕겸수(知德兼修)와 도의실천(道義實踐) 연구실에서

문개성

차　례

제3장

스포츠 비즈니스 시스템과 환경

제4장

스포츠 비즈니스의 전략

제5장

스포츠 조직관리

제6장

스포츠 조직유형 및 관리

표 차례

여기서 잠깐 차례

제1장

스포츠 산업

CONTENTS

제1장

스포츠 산업

스포츠 제품의 이해

❶ 스포츠 제품의 정의, 분류 및 특성

(1) 제품과 상품

제품(製品, product)과 상품(商品, goods)은 혼용해서 사용되고 있지만 엄밀히 말하면 구분해야 한다. 즉, 제품은 원료를 써서 만들어 낸 물품이고, 상품은 실제 내용물인 제품에 서비스가 가미돼 목적으로 거래되는 최종 상태의 물품을 의미한다. 다시 말해 상품은 제품과 서비스를 결합한 개념이다.

예를 들면 갈증을 해소하기 위해 개발된 스포츠 음료 자체는 제품이지만, 특정한 기업의 브랜드를 사용해 출시가 되면 상품이 된다. 또한 고등학교를 갓 졸업한 야구선수는

스포츠 제품과 상품 ————

해당 포지션에서 임무를 수행하는 정도의 제품이지만, 특정한 프로야구 구단에 입단하는 순간 상품으로서의 가치를 발현하게 된다.

(2) 스포츠 제품의 영역

스포츠 제품의 영역은 참여스포츠 제품과 관람스포츠 제품으로 구분할 수 있다. 첫째, 참여스포츠 제품은 직접 종목을 배우기 위한 제품을 말한다. 예를 들면 소비자가 수영, 요가, 에어로빅 등을 배우기 위해 구매하는 강습 프로그램이 있다. 이는 시설, 서비스, 프로그램, 분위기 등이 참여스포츠 제품의 영역에 속한다. 둘째, 관람스포츠 제품은 경기장을 찾아 관람하기 위한 제품이다. 예를 들면 소비자가 프로야구, 프로축구 등 프로스포츠 리그와 올림픽과 월드컵과 같은 대형스포츠 이벤트를 보기 위해 구매하는 제품이 있다. 이는 시설, 서비스, 선수 경기력, 팀 경기력, 선수·팀·구단의 이미지 등이 관람스포츠 제품의 영역에 속한다.

이러한 스포츠 제품 혹은 상품은 일반상품과의 차이가 있다.

① 스포츠 제품(상품)은 유·무형의 상품으로 공존한다.
② 스포츠 제품(상품)은 복합적 혜택을 갖는다.
③ 스포츠 제품(상품)은 주관적인 평가를 받게 된다.
④ 스포츠 제품(상품)은 사회적 동질성을 표현하는 수단이다.

표 1-1 스포츠 제품의 영역

참여스포츠 제품	관람스포츠 제품
시설	시설
서비스	서비스
프로그램	선수 경기력
분위기	팀 경기력
-	선수·팀·구단 이미지

출처: 김용만(2010). 스포츠 마케팅 커뮤니케이션. 학현사. p.159~166

(3) 스포츠 제품의 분류

스포츠 제품의 분류는 Philip Kotler & Kevin L. Keller(2006)가 제시한 제품 분류에 스포츠 제품의 특성을 대입하면 다음과 같다.

첫째, 물리적 특성에 따른 분류에서는 내구성과 유형성에 관한 특성을 갖는다. 예를 들면 배드민턴 공, 테이핑 밴드 등은 오래 쓸 수 없는 '비내구재(非耐久財)'이다. 반면 상대적으로 오랜 기간 동안 사용이 가능한 골프클럽, 등산복 등은 '내구재(耐久財)'에 속한다. 또한 프로스포츠 경기와 같은 '서비스' 제품이 있다. 사전에 보여줄 수 있거나 보는 사람마다 서비스의 차이를 인식할 수 있는 영역이다.

둘째, 용도에 따른 분류는 소비재와 산업재로 다시 나눌 수 있다. 우선 소비재는 스포츠 이온음료, 스포츠 타월과 같이 자주 찾고 쉽게 구매할 수 있는 '편의품(convenience goods)'이 있다. 또한 다른 제품과 비교한 후 구매하게 하는 특성을 가진 스포츠 의류, 골프클럽, 스키장비 등은 '선매품(shopping goods)'에 해당된다.

패러글라이딩 캐노피, 양궁의 활, 스쿠버의 부력 조절기 등은 가격이 비싸고 브랜드 가치에 따라 구매가 이루어지는 특성이 있다. 즉, 인적판매가 중요하고 독점적인 유통구조를 통해 거래되는 '전문품(speciality goods)'이라 할 수 있다. 마지막으로 장대높이뛰기의 장대와 매트리스는 일반인이 구매를 위한 탐색을 거의 하지 않는 '비탐색품(unsought goods)'으로 전문품과 같이 주변인의 추천으로 특수한 상황에서만 거래가 이루어진다.

스포츠 조직이 생산하는 제품 ───────

용도에 따른 분류 중에서 산업재는 최종제품 생산에 완전히 투입되는 제품인 원료 자체와 가공재와 같은 '원자재와 부품(materials and part)'이 있다. 또한 최종제품 생산에 부분적으로 투입되는 제품인 기자재와 설비와 같은 '자본재(capital items)'가 있다. 마지막으로 최종제품 생산에 투입되지 않는 제품인 '소모품과 서비스(supplies & business service)'가 있다.

표 1-2 스포츠 제품의 분류

물리적 특성에 따른 분류	용도에 따른 분류	
내구성 및 유형성	소비재	산업재

• 비내구재
– 배드민턴 공,
  테이핑밴드 등
	• 편의품
	– 스포츠 이온음료, 스포츠
	  타월 등
		• 원자재와 부품
		– 최종제품 생산에 완전히
		  투입되는 제품
		– 원료, 가공재

• 내구재
– 골프클럽, 등산복 등
	• 선매품
	– 스포츠 의류, 골프클럽,
	  스키장비 등
		• 자본재
		– 최종제품 생산에 부분적으로
		  투입되는 제품
		– 기자재, 설비

• 서비스
– 프로스포츠 경기
	• 전문품
	– 패러글라이딩 캐노피, 양궁의
	  활, 스쿠버의 부력 조절기 등
		• 소모품과 서비스
		– 최종제품 생산에 투입되지 않는
		  제품

	• 비탐색품 – 장대높이뛰기의 장대와 매트리스 등	

출처: 이정학(2012, 재인용). 스포츠 마케팅. 한국학술정보, p.134~136; Kotler & Keller(2006), Marketing management(12th ed.). 윤훈현 옮김(2006), 마케팅 관리론. (주)피어슨에듀케이션코리아.

❷ 스포츠 서비스의 특성과 품질척도

(1) 스포츠 서비스의 특성

스포츠 서비스 특징은 무형성, 비분리성, 이질성, 소멸성이다.

첫째, 무형성(intangibility)는 정해진 형태가 없다는 의미로서 대형스포츠 이벤트 경기라 할지라도 미리 볼 수 있거나 만질 수 있는 성격이 아니다.

둘째, 비분리성(inseparability)는 생산과 동시에 소비가 이루어진다는 의미로 두 가지 영역을 분리할 수 없다. 즉, 경기가 시작되면 이미 경기과정을 통해 경기결과에 이르고 있는 것이다. 경기라는 생산품이 선보이는 동시에 소비가 진행됨을 뜻한다.

셋째, 이질성(heterogeneity)이란 사람마다 같은 서비스를 접하더라도 느끼는 정도가 다를 수밖에 없음을 의미한다. 월드컵 결승전보다 예선전에 대해 보다 더 흥미진진했다고 느낄 수도 있듯이 사람마다 느끼는 서비스 품질이 다르다.

마지막으로 소멸성(perishability)은 생산과 동시에 사라진다는 의미로서 스포츠 경기란 생산과 함께 소멸됨을 의미한다. 즉, 생산을 하며 소요된 시간 동안 스포츠 경기란 서비스는 사라졌음을 뜻한다.

스포츠 경기의 서비스 특징은 다음과 같다.

① 스포츠 경기는 정해진 형태가 없고, 미리 만져볼 수 있는 것이 아니기 때문에 무형적인 특징을 갖고 있다.
② 스포츠 경기는 정해진 장소와 시간에 생산을 하자마자 소비되기 때문에 분리를 할 수 없는 특징을 갖고 있다.
③ 스포츠 경기는 모든 경기내용의 품질이 동일할 수 없고, 사람마다 서비스 품질에 대해 다르게 느끼기 때문에 이질적인 특징을 갖고 있다.
④ 스포츠 경기는 생산되고 소비되면 동일한 경기를 다시 실행할 수 없기 때문에 서비스가 사라지는 소멸적인 특징을 갖고 있다.

표 1-3 스포츠 서비스의 특성

구분	내용
무형성	• 미리 볼 수 있거나 만질 수 없다. • 아무리 권력자라 할지라도 계획된 스포츠 이벤트를 미리 볼 수 없다.
비분리성	• 생산과 동시에 소비가 되어 분리할 수 없다. • 아무리 흥행이 보장된 스포츠 이벤트라 할지라도 시작된 행사를 처음부터 다시 시작할 수 없다.
이질성	• 무형적인 스포츠 서비스는 동일할 수 없다. • 아무리 재미있는 스포츠 이벤트라 할지라도 사람마다 다르게 느낄 수 있다.
소멸성	• 생산과 동시에 사라진다. • 스포츠 이벤트는 시작과 동시에 소비자들이 보면서 소비를 하면서 소멸되는 것으로 비분리성과 맥을 같이 한다.

(2) 스포츠 서비스의 품질척도

Ananthanaaryanan Parasuraman, Valarie Zeithaml, & Leonard L. Berry (1988)는 서비스 품질척도를 5개로 정의했다. PZB의 서브퀄(SERVQUAL) 모형이라 일컫는 유형성, 신뢰성, 확신성, 응답성, 공감성이다.

첫째, 유형성(tangibles)은 외형적 우수함과 연관된다. 둘째, 신뢰성(reliability)은 약속된 서비스의 이행과 관련돼 있다. 셋째, 확신성(assurance)은 전문적인 지식과 태도와 관련한다. 넷째, 응답성(responsiveness)은 고객에게 서비스를 제공하는 의지를 담고 있다. 마지막으로 공감성(empathy)은 고객별로 개별화된 주의와 관심을 제공하려는 노력을 뜻한다.

스포츠 센터의 서비스 품질척도를 다음과 같이 설명할 수 있다.

① 유형성은 스포츠 센터의 외형과 시설의 우수함이다.
② 신뢰성은 스포츠 센터의 약속된 서비스의 이행이다.
③ 확신성은 스포츠 센터 구성원의 전문적인 지식과 태도에 관한 서비스 품질이다.

④ 응답성은 고객에게 서비스를 즉각적으로 제공하려는 의지이다.

⑤ 공감성은 고객별로 개별화된 주의와 관심을 제공하기 위한 노력이다.

표 1-4 스포츠 서비스의 품질척도

구분	내용
유형성	• 물적 요소의 외형, 시설, 장비, 직원 등 눈에 보이는 서비스 품질이다. • 고객들은 시설의 외관과 인테리어 수준에 대해 민감하다.
신뢰성	• 고객과의 약속된 서비스, 정확하게 이행하는 서비스 품질이다. • 고객들은 계획된 대로 프로그램이 이행되기를 바란다.
확신성	• 종업원의 지식, 태도, 안정성을 전달하는 서비스 품질이다. • 고객들은 종업원의 전문성을 기대한다.
응답성	• 고객에게 서비스를 제공하려는 의지에 관한 서비스 품질이다. • 고객들은 민원을 제기하면 즉각적인 반응을 바란다.
공감성	• 고객을 개별화시켜 이해하려는 노력에 관한 서비스 품질이다. • 고객들은 시대 트렌드에 맞는 프로그램이 소개되길 바란다.

스포츠 산업의 이해

❶ 스포츠 산업의 정의, 분류 및 특성

(1) 스포츠 산업의 정의

스포츠(sport)라는 말은 원래 라틴어에 유래된 단어로서 '물건을 운반하다'라는 뜻의 'portare'를 기원으로 한다. 또한 스포츠의 본질은 넓은 의미인 'port(운반하다, 나르다)'와 좁은 의미인 인간의 움직임(movement)에서 시작된 의미를 포함한다. 오늘날 스포츠는 신체성, 규칙성, 경쟁성을 강조하게 되면서 경쟁적인 신체활동을 제도화한 형태로 발전하게 되었다.

2007년에 제정된 「스포츠산업진흥법」, 2021년에 제정된 「스포츠기본법」에는 스포츠에 대한 정의가 명시되어 있다. 스포츠는 "건강한 신체를 기르고 건전한 정신을 함양하며 질 높은 삶을 위하여 자발적으로 행하는 신체활동을 기반으로 하는 사회 문화적 행태를 말한다."고 정의하고 있다. 또한 제2조 제2항에 따르면 스포츠 산업이란 "스포츠와 관련된 재화와 서비스를 통하여 부가가치를 창출하는 산업"이라고 정의하고 있다.

(2) 스포츠 산업의 분류

스포츠 산업 분류는 국가 혹은 학자마다 다르게 제시한다. 그 시대의 스포츠 산업 진흥 기반 및 정책 등에 따라 다양한 시각을 담아야 하기 때문이다. 우리나라 스포츠 정책의 주무부처인 문화체육관광부에 따르면 국내 스포츠 산업은 스포츠 시설업, 스포츠 용품업, 스포츠 서비스업으로 분류한다.

2000년 1월에 처음으로 제정됐던 「스포츠산업특수분류 1.0」을 기반으로 2008년 6월에 「스포츠산업특수분류 2.0」이 소개되었다. 1.0 버전 개정과정과 2007년 「스포츠산업진흥법」 제정으로 인해 새롭게 제정되는 계기가 된 것이다. 2012년 12월에 제정돼 지금까지 사용하고 있는 「스포츠산업특수분류 3.0」은 2.0 버전 개정과정을 통해 완성됐다.

〈그림 1-1〉을 살펴보면 스포츠 시설업은 스포츠시설 건설업과 스포츠시설 운영업으로 구분한다. 스포츠 용품업은 운동 및 경기용품업, 운동 및 경기용품 유통·임대업으로 분류한다. 또한 스포츠 서비스업은 스포츠 경기 서비스업, 스포츠 정보 서비스업, 스포츠 교육기관, 기타 스포츠 서비스업으로 분류하며 대분류 3개, 중분류 8개, 소분류 20개, 세분류 65개로 나누었다.

그림 1-1 국내 스포츠 산업 특수분류 3.0

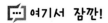 **여기서 잠깐!**

▌해외 스포츠 산업 분류

2017년 기준으로 전 세계 스포츠 산업의 규모는 약 1조 3천억 달러로 한화로 약 1,560조 원 규모(최근 3년간 연평균 3.5% 성장세)이다. 우리나라 스포츠 산업도 74조 7천억 원(2017년 기준)으로 최근 5년 간 연평균 3.6% 성장을 했다. 세계적으로 스포츠 산업 규모가 가장 큰 미국은 약 5,190억 달러(약 623조원, 1달러=1,200원 적용)로 전 세계 스포츠 산업규모의 약 40%의 비중을 차지한다. 미국 내에서 다양한 학자들에 의해 스포츠 산업을 분류하고 있다. 우선 Pitts, Fielding, & Miller(1994)에 의해 다음과 같이 구분했다. 이 분류는 2000년도에 제정된 우리나라 스포츠산업특수분류 1.0에 참조됐다.

① 스포츠 행위(Performance) 부문: 참여, 관람제품으로서 소비자에게 제공된 제품
② 스포츠 제품생산(Production) 부문: 스포츠 경기력 생산에 필요한 제품
③ 스포츠 촉진(Promotion) 부문: 스포츠 제품을 촉진시키기 위해 제공된 제품

대표적으로 Millano & Chelladurai(2011)는 국내총생산(GDP)에서 나온 개념을 활용하여 GDSP(Gross Domestic Sport Product)를 통해 다음과 같이 분류했다.

① 스포츠 투자(Sport Investment)
② 스포츠관련 정부지출(Sport-related Government Expenditures)
③ 스포츠 무역수지(Sport Net Exports)
④ 스포츠 소비(Sport Consumption)

영국은 2012년 런던 올림픽의 영향으로 2015년에 약 350억 파운드(약 52조 5천억 원, 1파운드=1,500원 적용) 수준이다. 영국의 대표적인 스포츠 시장조사기관인 Mintel, Key Note, Sport Industry Research Center 등에서 다음과 같이 스포츠 산업을 분류했다.

① 스포츠 상품 영역: 의류, 신발, 장비, 출판물 등
② 스포츠 서비스 영역: 참여·관람 스포츠, 스포츠 도박, 미디어, 관광, 헬스 및 피트니스 등

독일은 2010년 기준으로 스포츠 산업 규모가 774억 유로(약 96조 3,703억 원, 1유로 =1,400원 적용)로 추정한다. 대표적으로 Heinemanns(1995)가 다음과 같이 분류한 4가지 영역을 사용한다.

① 스포츠 제조업
② 스포츠 시설업
③ 스포츠 유통업
④ 스포츠 서비스업

일본은 2012년 기준으로 약 11조 4,085억 엔(약 125조 4,930억 원, 100엔=1,100원 적용) 규모이다. 다음과 같이 크게 3가지로 스포츠 산업을 분류하고 있다. 최근 각 산업 간에서 파생될 수 있는 신산업에도 관심을 기울이고 있다. 즉, 스포츠 용품과 시설 공간 산업 사이에는 하이브리드 산업, 스포츠 용품과 서비스 정보 산업 간에는 스포츠 관련 유통업, 스포츠 시설 공간과 서비스 정보 산업 간에는 시설, 공간 매니지먼트 사업 등을 기대하고 있다.

① 스포츠 용품 산업
② 스포츠 시설 공간 산업
③ 스포츠 서비스 정보 산업

중국은 2014년 약 1.36조 위안(약 244조 8천억 원, 1위안=180원 적용)으로 급속히 확대되고 있다. 우리나라 스포츠 산업 특수분류 3.0과 유사한 분류체계로 다음과 같다. 아래에 제시한 분류 외에도 별도로 특화된 인재양성을 목적으로 스포츠 조직관리와 인재양성관리 등으로 구분하여 관리한다.

① 스포츠 시설 건축업
② 스포츠 용품업
③ 스포츠 서비스업

출처: 김민수(2015.11.30.), 해외 스포츠 산업 분류체계 및 현황 분석(SI 포커스), 한국스포츠개발원(현 한국스포츠정책과학원).

다음 <표 1-5>를 살펴보면 한국표준산업분류를 통해 스포츠 분야의 종류를 살펴볼 수 있다. 한국표준산업분류는 산업 관련한 통계자료의 정확성을 높이기 위해 유엔(UN)의 국제표준산업분류(1차 개정: 1958년)에 기초해 1963년부터 국내 통계법에 의거해 작성돼 오고 있다. 산출물(생산된 재화 또는 제공된 서비스)의 특성, 투입물의 특성, 생산활동의 일반적인 결합형태 등을 분류기준으로 삼고 대분류를 결정하여 순차적으로 중, 소, 세, 세세분류 단계 항목

스포츠 경영: 21세기 비즈니스 미래전략

으로 결정한다.

  스포츠는 여가 스포츠 및 여가관련 스포츠업의 대분류에서 시작해 스포츠 및 오락관련 서비스업인 중분류, 스포츠 서비스업인 소분류를 두었다. 또한 세분류로서 경기장 운영업, 골프장 및 스키장 운영업, 기타 스포츠 시설 운영업, 기타 스포츠 서비스업으로 분류해 세세분류를 구분했다.

표 1-5 한국표준산업분류(2017년 제10차 개정)

대분류	중분류	소분류	세분류	세세분류
예술, 스포츠 및 여가관련 서비스업	스포츠 및 오락관련 서비스업	스포츠 서비스업	경기장 운영업	실내 경기장 운영업
				실외 경기장 운영업
				경주장 및 동물 경기장 운영업
			골프장 및 스키장 운영업	골프장 운영업
				스키장 운영업
			기타 스포츠시설 운영업	종합 스포츠시설 운영업
				체력 단련시설 운영업
				수영장 운영업
				볼링장 운영업
				당구장 운영업
				골프 연습장 운영업
				그 외 기타 스포츠시설 운영업
			기타 스포츠 서비스업	스포츠 클럽 운영업
				그 외 기타 스포츠시설 운영업

(3) 스포츠 산업의 특성

  문화체육관광부(2021a)에서 연례적으로 발간하는 스포츠산업백서에 따르면 스포츠 산업의 특성을 다음과 같이 구분하여 설명했다.

  ① 공간·입지 중시형 산업으로 접근성과 시설의 규모 등이 소비자들에겐

공간입지 중시형 스포츠 산업 ────

주된 관심 대상이 된다.

② 복합적인 산업분류 구조를 가진 산업으로 스포츠 시설업, 스포츠 용품업, 스포츠 서비스업간에 상호 유기적이고 복합적인 특성을 내포한다. 스포츠 용품업은 2차 산업, 스포츠 서비스업은 3차 산업이다.

③ 시간 소비형 산업으로 노동시간이 줄어들고 여가활동이 늘어나면서 스포츠 활동이 많아지고 있다. 직접 참여하거나 경기장에서 관람하는 스포츠 활동은 일정 시간을 소비해야 한다.

④ 오락성이 중심 개념인 산업으로 사람들은 수준 높은 경기를 관람하기를 원하고, 재미있는 종목을 배우고자 한다.

⑤ 감동과 건강을 가져다주는 산업으로 각본 없는 드라마를 경험하게 하고, 궁극적으로 정신적·육체적 건강을 높여줄 기회를 제공한다.

표 1-6 스포츠 산업의 특성

구분	내용
공간·입지 중시형 산업	• 적절한 장소와 입지 조건이 선행돼야 한다. • 접근성이 중요하다. • 시설에 대한 의존도가 높다.
복합적인 산업분류 구조를 가진 산업	• 스포츠 시설업, 용품업, 서비스업 간의 상호 유기적이고 복합적인 특성을 내포한다. • 다른 산업과의 연계성이 강하다.
시간 소비형 산업	• 참여스포츠처럼 운동을 배우기 위해서는 시간을 투자해야 한다. • 관람스포츠처럼 경기를 관람하기 위해서는 시간을 투자해야 한다.
오락성이 중심 개념인 산업	• 잠재적인 소비자에게 구매를 유도하기 위해선 재미가 있어야 한다. • 수준 높은 경기가 소비할 마음이 생기게 한다.
감동과 건강을 가져다 주는 산업	• '각본 없는 드라마'를 통해 감동을 전달한다. • 영화와 연극과 달리 정해진 각본이 없다. • 궁극적으로 정신적, 육체적 건강을 지향한다.

스포츠 경영: 21세기 비즈니스 미래전략

❷ 스포츠 산업의 트렌드와 정책

(1) 스포츠 산업의 트렌드

스포츠 산업은 규모가 갈수록 커지면서 여러 국가의 새로운 성장 동력으로 인식되고 있다. 우리나라도 스포츠 산업의 전망을 통해 그 중요성을 부각시키기 위한 노력을 하고 있다. 우선 문화체육관광부(2017a) 스포츠산업백서를 통해 제시된 스포츠 산업의 전망을 살펴보면 다음과 같다.

첫째, 스포츠 산업은 스포츠와 최첨단 기술과의 융·복합화 현상을 가속화시킬 수 있는 분야이다. 정보통신기술(ICT, Information and Communication

——— 스포츠 산업과 최첨단 기술과의 융·복합

Technology), 나노기술(NT, Nano Technology), 바이오 기술(BT, Bio Technology) 등과 융합·복합을 통한 새로운 시장을 개척할 수 있다. 궁극적으로 고용창출을 증가시킬 수 있다.

둘째, 스포츠 산업은 스포츠의 세계화를 통해 경쟁력을 강화할 수 있는 분야이다. 스포츠를 매개로 한 상호의존성 및 동질화 현상이 증가하면서 스포츠를 통한 부가가치 창출을 가속화시킬 수 있다. 유명한 대회와 스포츠 스타의 미디어적 가치가 증대되기 때문에 이 분야를 잘 활용할 수 있는 노하우는 세계시장의 경쟁력과 직결된다.

셋째, 스포츠 산업은 스포츠 용품의 과학기술개발 환경을 조성할 수 있는 분야이다. 스포츠 고도화(高度化)라고 일컫는 선수의 경기기록과 수준을 끌어올리기 위한 과정과 결과는 곧 과학기술수준과 연관되어 있다. 또한 경기력 향상과 못지않게 부상방지에 대한 과학적인 접근이 가능하게 되고, 이를 위한 연구 환경이 확장될 수 있다. 예를 들어 선수, 코치, 스포츠 과학자, 유체역학 전문가, 심리학자 등의 협업과 연구 지속가능 환경은 다양한 동기를 부여할 수 있다. 궁극적으로 경기의 기술적 측면 외에 제도, 규범, 시설, 용구, 장비 등과 관련한 다양한 분야에 영향을 미칠 수 있다.

넷째, 스포츠 산업은 인터넷과 소셜네트워크서비스(SNS) 확산에 따라 새로운 서비스를 창출할 수 있는 분야이다. 스포츠 조직은 팀과 고객 간의 쌍방향 소통이 가능해지면서 조직관리와 경영측면에서 많은 도움을 받게 된다. 또한 스포츠 산업의 e-business 환경을 가속화하게 되면서 새로운 수익모델을 창출할 수 있다.

마지막으로 스포츠 산업은 건강분야에 대한 관심을 증대시킬 수 있는 분야이다. 개개인의 건강한 삶에 대한 욕구를 통해 개인별 맞춤형 참여스포츠 서비스가 개발될 수 있다. 또한 국가적 차원에서 국민복지를 위한 정책적 영역으로 확대할 수 있다. 이를 통해 대중을 끌어들이는 새로운 스포츠 상품과 서비스가 보급하게 된다.

위와 같은 스포츠 산업의 전망은 다음과 같이 스포츠 산업의 중요성으로 정리할 수 있다.

① 스포츠 산업은 고부가가치 산업이다.
② 스포츠 산업은 무한한 성장 잠재력이 있는 산업이다.
③ 스포츠 산업은 미디어적 가치가 있는 산업이다.
④ 스포츠 산업은 국민복지에 기여하는 산업이다.

▌스포츠 미디어 플랫폼의 혁신

방송중계권의 규모는 나날이 커지고 있다. 국제올림픽위원회(IOC)의 수익구조 중에서 방송 중계권 수익이 전체 수익의 50% 수준인 것만 봐도 알 수 있다. 2018 평창동계올림픽에 해당되는 2017~2020년에는 45억 달러(약 5조 4천억 원, 1달러=1,200원 적용)의 중계권 규모로 발전했다.

그간 방송중계권의 전통적인 플랫폼으로 여겨졌던 TV 외에도 최근에는 인터넷 라이브 중계, 포털 사이트, 모바일 애플리케이션 등의 다양한 형태의 중계시장으로 확대되고 있다. 안방에서 즐겼던 스포츠 중계가 시간과 장소에 구애받지 않고, 손 안에서 중계를 즐기게 된 것이다. 1954년 세계적인 미디어 학자인 마셜 맥클루언(Marshall McLuhan, 1911~1980)에 의해 처음 사용한 용어인 '미디어(매체)'는 인쇄매체(신문, 잡지 등), 방송매체(라디오, TV 등), 인터넷 매체(온라인, SNS 등)의 변화를 거쳐 앞으로 어떻게 진화할지 예의 주시할 필요가 있다.

Nielson Sport(2018)에 따르면 이미 미국시장 내에서 스포츠 콘텐츠를 소비하는 패턴의 변화를 읽을 수 있다. 2002년부터 2017년까지 라디오를 통해 청취하는 비율이 15% 수준에서 10% 아래로 낮아지고, TV 또한 30% 수준에서 점차 축소되고 있다. 반면, 2002년경에는 존재하지 않았던 스마트폰이 2007년에 시장에 처음 등장하면서 매년 급성장해 2017년에는 15~20% 수준으로 확대되고 있다. 이미 방송매체 중 라디오를 넘어섰고, TV 시청시장도 위협할 만큼 성장하고 있다.

지상파 방송, 케이블 TV, 위성방송, 인터넷 포털, IPTV, 온라인 미디어 채널, 모바일 애플리케이션 등을 비롯해 다양한 미디어 플랫폼의 확장은 시장에 안착하기도 전에 새로운 혁신 기술에 의해 도전받고 있다. 또한 Nielson Sport(2018)에 따르면 SNS를 통해 접하는 스포츠 콘텐츠 소비자는 3분 이상을 넘기면 지루하다고 생각하게 된다고 한다. 예를 들어 관련 영상이 폭발적으로 증가하는 유튜브(YouTube)의 경우에도 소비자 관심을 유도하고, 집중시간 단축이 경쟁력을 좌우하게 됐다.

2000년까지 오랜 아성을 유지해온 TV 중계 프로그램을 통해서도 변화를 읽을 수 있다. 월드컵 축구의 예를 들어보면 아나운서가 선수를 소개할 때 컴퓨터 그래픽(CG), 가상현실(VR), 증강현실(AR) 등을 활용한다. 또한 경기를 설명할 때도 가상 그래픽을 적용하면서 시청자의 이해를 돕기 위한 도구를 사용하는 것은 당연시되고 있다. 즉, 비주얼 이펙트(Visual Effect)를 강화함으로써 다양한 플랫폼의 유혹을 받고 있는 시청자를 잡아두기 위한 노력을 한다.

사람들은 스마트폰 사용의 영향으로 스포츠 미디어의 비주얼 이펙트가 낯설지 않게 됐다. 수많은 앱을 통해 기존 이미지의 변용을 경험한 많은 사용자는 스포츠 중계 현장에서의 재미를 구가할 장치로 인식하고 있는 것이다. 이러한 맥락에서 끊이지 않고 등장하는 e스포츠에 대한 화두가 중요할 수 있다. PART 08(스포츠 제품개발과 관리)에도 언급하겠지만, 올림픽 공식 종목으로도 거론될 만큼 문화 콘텐츠를 주도할 종목으로 각광을 받을 가능성이 높다. 오프라인 상의 일반 종목을 구성하는 구단, 선수, 관중, 경기장, 방송, 협회, 고객, 협찬사 등과 같이 모든 환경을 차용하면서 클릭과 이미지에 익숙한 세대일수록 빠르게 받아들인다는 점에서 새로운 소비 시장으로 확장될 수 있다. 우리나라에서 대표적인 e스포츠 조직으로 한국e스포츠협회, 국제e스포츠협회, 대한장애인e스포츠연맹, 국제장애인e스포츠연맹이 있다. 국제 무대에선 싱가포르에 소재한 글로벌e스포츠연맹(GEF), 독일 쾰른에 위치한 세계e스포츠협회(WESA)가 있다.

비주얼 이펙트 활용 사례 _____

(2) 국내 체육 및 스포츠 산업 정책의 변천과정

우리나라 체육정책의 변천사를 다음 <표 1-7>에서 살펴보면 미군정기부터 제1·2공화국 때는 이렇다 할 정책이 부재했다. 제3공화국 시기인 1962년 「국민체육진흥법」이 개정되면서 오늘날까지 체육 정책의 큰 틀을 마련했다고 할 수 있다. 이를 기반으로 2017년 충북진천으로 완전 이전할 때까지 엘리트 선수 기량을 향상시켜왔던 태릉 선수촌 건립(1966)도 큰 몫을 했다.

제5공화국은 그야말로 스포츠 공화국이라 불릴 만큼 스포츠 행사가 많았다. 프로야구 출범(1982), 프로축구 출범(1983), 프로씨름(1983), 농구대잔치

(1984), 서울아시아경기대회(1986)이 있었다. 제6공화국에는 1988년에 서울 하계올림픽을 성공적으로 개최하면서 체육시설의 설치·이용에 관한 법률을 제정하고, 생활체육으로의 관심을 이어갔다.

문민정부에는 제1차 국민체육진흥 5개년 계획을 수립하고, 프로농구가 출범(1997)하게 된다. 국민의 정부에는 제2차 국민체육진흥 5개년 계획을 수립하고, 2002년 한·일 월드컵을 성공적으로 개최하면서 스포츠 정책에 대한 새로운 가능성을 열었다.

참여정부는 국민체육진흥 5개년 계획을 수립하고, 2005년 대한장애인체육회와 프로배구를 출범시켰다. 특히 2007년 「스포츠산업진흥법」이 제정되면서 국가의 성장 동력으로 삼기 위한 노력을 했다. 이명박 정부 때는 문화비전 2008~2012를 통해 체육정책의 기조를 제시했고, 박근혜 정부는 국민체력 100의 제도화를 통해 생애주기별 생활체육 개념을 도입했다. 문재인 정부는 국민체육 기본계획을 수립하고, 2018년 평창 동계올림픽을 성공적으로 개최했다. 또한 2021년 「스포츠기본법」과 「스포츠클럽법」을 제정했다.

표 1-7 체육정책 변천사

정부	주요내용
미군정기/ 제1·2공화국 (1945~1961)	• 최초의 체육에 관한 행정조치(1945. 신조선을 위한 교육 방침)
제3·4공화국 (박정희 1961~1979)	• 1962 국민체육진흥법 제정(체력은 곧 국력) • 1966 태릉선수촌 건립(2017 충북진천으로 완전 이전) • 1971 체력장 제도 실시
제5공화국 (전두환 1980~1987)	• 1981 서울하계올림픽 확정(서독 바덴바덴) • 스포츠공화국(1982 프로야구, 1983 프로축구, 1983 프로씨름, 1984 농구대잔치, 1986 서울아시아경기대회)
제6공화국 (노태우 1988~1992)	• 1988 서울하계올림픽 성공적 개최 • 1989 체육시설의 설치·이용에 관한 법률 제정 • 국민생활체육진흥종합계획(호돌이 계획) 수립(sports for all 전세계적 운동에 동참) • 국민생활체육협의회(1991) 설립(2016 대한체육회와 통합)

문민정부 (김영삼 1993~1997)	• 제1차 국민체육진흥 5개년 계획(1993~1997) 수립 • 모두를 위한 스포츠(sports for all) 운동 확산에 동참 • 국민체육진흥기금 마련 일환으로 사행산업 경륜(1994) 출범 • 1997 프로농구 출범
국민의 정부 (김대중 1998~2002)	• 제2차 국민체육진흥 5개년 계획(1998~2002) 수립 • 모두를 위한 스포츠(sports for all) 또는 라이프타임을 위한 스포츠(sports for lifetime) 운동 확산에 동참 • 2002 한 · 일 월드컵 성공 개최 • 국민체육진흥기금 마련 확대로 사행산업 체육진흥투표권(2000), 경정(2002) 출범
참여정부 (노무현 2003~2007)	• 참여정부 국민체육진흥 5개년 계획(2003~2007) 수립 • 2005 대한장애인체육회 출범, 프로배구 출범 • 2006 한국도핑방지위원회 설립 • 2007 스포츠산업진흥법 제정
이명박 정부 (2008~2012)	• 문화비전 2008~2012를 통해 체육정책 기조 제시 • 문화체육관광부로 개칭(기 문화관광부), 제2차관 제도 도입 • 스포츠산업 전담부서 설립, 지역스포츠클럽 활성화 • 제1차 스포츠산업중장기 계획(2009~2013) 수립
박근혜 정부 (2013~2017)	• 생애주기별 생활체육 개념 도입, 국민체력 100의 제도화 • 국민체육진흥법 개정(스포츠지도사 개편) • 제2차 스포츠산업중장기 계획(2013~2018) 수립
문재인 정부 (2017~2022)	• 국민체육진흥 기본계획(2018~2022) 수립 • 제3차 스포츠산업중장기 계획(2019~2023) 수립 • 2018 평창동계올림픽 성공적 개최 • 스포츠 유산과 신설 • 2021 스포츠기본법, 스포츠클럽법 제정

우리나라의 스포츠 산업 정책은 2007년 「스포츠산업진흥법」이 제정되고 난 후, 본격적으로 시작됐다. 다만, 스포츠 산업 정책은 아니었지만 체육 분야의 정책적 지원에 관한 근거를 통해 오랜 기간에 걸쳐 완성됐다고 볼 수 있다.

우선 앞서 언급한 1962년 「국민체육진흥법」이 1965년에 일부 개정되면서 최초의 스포츠 산업 관련 법률이 명시됐다고 할 수 있다. 이 법이 1982년 다시 일부 개정되면서 체육용구 우수업체에 국민체육진흥기금을 융자할 수 있다는 조항이 포함된다. 즉, 스포츠 용품업을 육성하기 위한 제도적 뒷받침을 한 것이다. 또한 1989년 「체육시설의 설치·이용에 관한 법률」이 제정되면서 민간 체육시설업의 효율적인 관리와 체계적인 육성을 위한 관련 조항이 명시돼 있다. 이를 통해 스포츠 시설업을 육성하기 위한 제도적인 환경구축이 시작됐다.

앞서 언급한 '제1차 국민체육진흥 5개년 계획'은 1993년에서 1997년까지의 체육진흥 정책으로 체육용구의 품질을 강화하고, 생산업체의 투자여건을 조성하기 위한 금융지원을 담고 있다. 특히 민간스포츠시설업의 육성을 위해 골프장과 스키장의 특별소비세를 감면하는 조치 등을 넣었다.

'제2차 국민체육진흥 5개년 계획'은 1998년에서 2002년까지의 정책으로 민간체육시설을 적극지원하고, 국민의 여가와 레저에 초점을 맞췄다. 이에 1989년에 설립된 '서울올림픽기념국민체육진흥공단'에서 주관하는 경륜(競輪, cycle racing)과 경정(競艇, motorboat racing)사업의 육성으로 이어졌다. 1991년에 「경륜·경정법」이 제정된 후, 경륜은 1994년에 시작됐고, 경정은 1988년 올림픽 유휴시설(조정경기장)을 활용하는 명분을 갖고 2002년에 시작됐다.

정부는 2002년 한·일 월드컵을 앞두고 2001년에 '스포츠 산업 육성대책'을 발표했다. 스포츠 자원의 상품가치를 개발하고 스포츠 서비스업에 대한 지원을 중점적으로 하고자 했다. 월드컵을 성공적으로 개최하고 난 후, 본격적으로 스포츠 산업에 대한 논의가 시작되면서 2005년에 '스포츠 산업 비전 2010'을 발표했다. 이는 스포츠 산업을 활성화하고 국제경쟁력을 강화하기 위해 분야별로 집중적으로 지원하는 전략을 담았다. 또한 프로스포츠 산업의 성장기반을 구축하기 위한 제도적인 지원방안을 넣었다.

국내 4대 프로스포츠는 야구, 축구, 농구, 배구로서 연간 누적 티켓팅 관람객 수가 1천 1백만 명을 넘어설 만큼 성장했다. 1982년에 6개 구단(삼성, 롯데, 해태, 삼미, MBC, OB)으로 출범한 프로야구는 오늘날 우리나라 프로스포츠 시장을 확대하게 하는 출발점이 됐다. 이듬해인 1983년에는 프로 2팀(할렐루야, 유공)과 실업 3팀(포항제철, 대우, 국민은행)으로 프로축구가 출범함으로써 한·일 월드컵의 4강 신화와 많은 선수들의 해외 진출로 이어지는 성장을 했다.

1997년에는 남자 프로농구, 1998년에는 여자 프로농구가 시작됐고, 2005년에는 프로배구가 출범하며 지속적인 프로스포츠 산업의 성장을 견인하고 있다.

2007년에 「스포츠산업진흥법」이 제정되면서 본격적으로 법과 제도적 장치가 마련됐다. 2008년에 발표한 '제1차 스포츠 산업 중장기 계획(2009~2013)'을 통해 체육강국에 걸맞는 스포츠 산업 선진국으로의 도약을 위한 비전을 넣고, 대표적인 융·복합 산업의 신성장 동력화의 기반으로 삼았다. 이를 통해 지역경제를 활성화하고자 했다.

2013년에 발표한 '제2차 스포츠 산업 중장기 발전계획(2014~2018)'에는 스포츠 산업의 융·복합화를 통한 미래성장 동력을 창출하기 위한 비전을 담았다. 고령화 사회가 대두되면서 건강과 여가에 대한 관심과 수요를 충족시킬 수 있는 정책을 통해 스포츠 산업 강국을 목표로 하였다.

2016년에는 2007년에 제정된 「스포츠산업진흥법」을 전면적으로 개정하였다. 스포츠 산업의 실태를 체계적으로 조사하고, 지방자치단체 또는 공공기관이 프로스포츠단 창단에 출자가 가능하도록 하는 등 프로스포츠 육성을 위한 방안을 대폭 포함시켰다.

2019년에는 '제3차 스포츠 산업 중장기 발전계획(2019~2023)'을 통해 첨단 기술 기반의 시장을 활성화하고, 스포츠 기업을 체계적으로 육성하고자 했다. 이를 통해 스포츠 산업을 토대로 지역경제를 활성화하고 스포츠 서비스업의 경쟁력을 강화하고자 했다. 다만, 2020년부터 본격적으로 확산된 코로나 19 팬데믹에 의해 향후 발표될 제4차 스포츠 산업 중장기 발전계획에는 기존의 계획과 성과가 수정될 것으로 예측된다.

표 1-8 국내 스포츠 산업 정책의 변천과정

시기	내용
1990년대 이전	• 스포츠 산업 정책은 아니었지만 체육 분야 정책지원 근거 마련 **국민체육진흥법 (1962년 제정)** • 1965년 개정된 내용 중 최초의 스포츠 산업 관련 법률 명시 • 1982년 개정된 내용 중 체육용구 우수업체에 국민체육진흥기금 융자관련 명시 **체육시설의 설치·이용에 관한 법률** • 1989년 제정되면서 민간체육시설업의 효율적인 관리와 체계적인 육성 기반 마련
1993~1997년	• 제1차 국민체육진흥5개년계획 – 체육용구 품질수준 향상, 생산업체 투자여건 조성 금융지원, 민간스포츠시설업 육성을 위해 골프장, 스키장 특별소비세 감면, 체육시설 설치·운영 인·허가 절차 간소화 등
1998~2002년	• 제2차 국민체육진흥5개년계획 – 민간체육시설 적극지원, 소비자 보호를 위한 제도적 장치마련, 체육시설·용품업체에 대한 지원, 우수 생활체육용구 생산업체 산업적 지원, 경륜·경정 등 여가스포츠 산업 육성 등
2001년	• 스포츠 산업 육성대책 – 스포츠 자원의 상품가치 개발, 스포츠 서비스업 중점지원, 고부가가치 실현을 위한 지식정보 기반 구축, 민간기업의 경쟁력 강화지원 등
2003~2007년	• 참여정부 국민체육진흥 5개년 계획 – 생활체육 활성화를 위한 국민의 삶의 질 향상, 과학적 훈련지원을 통한 전문체육의 경기력 향상, 스포츠산업을 새로운 국가전략산업으로 육성, 국제체육교류 협력을 통한 국가이미지 제고, 체육과학의 진흥 및 정보화, 체육행정 시스템의 혁신과 체육진흥재원 확충
2005년	• 스포츠 산업 비전 2010 – 스포츠 산업 활성화, 국제경쟁력 강화를 위한 집중지원 전략, 고부가가치 스포츠 용품 개발, 국제경쟁력 강화, 레저스포츠 산업기반 확대, 프로스포츠 산업의 성장기반 구축 등 • 스포츠산업진흥법 제정(2007년)
2008년	• 제1차 스포츠산업 중장기계획(2009~2013) – 체육강국에 걸맞는 스포츠 산업 선진국 도약 비전, 스포츠 산업 글로벌 경쟁력 강화, 대표적 융·복합 산업 신성장 동력화, 선순환구조 형성을 통한 지역경제 활성화

2013년	• 제2차 스포츠산업 중장기 발전계획(2014~2018) – 스포츠 산업의 융·복합화를 통한 미래성장 동력 창출 비전, 고령화 사회, 여가 증가 등에 따른 스포츠 참여확대, 아웃도어 등 레저산업 급성장 대비, 스포츠 산업 강국 목표 등
2016년	• 스포츠산업진흥법(2007 제정) 전면 개정 – 스포츠산업실태조사, 프로스포츠단 연고 경기장을 스포츠 산업 진흥시설로 우선 지정, 중소기업투자모태조합과 한국벤처투자조합 등에 출자, 지자체 또는 공공기관이 프로스포츠단 창단에 출자 가능, 공유재산을 25년 이내 관리위탁 가능 등
2019년	• 제3차 스포츠산업중장기 발전계획(2019~2023) – 첨단기술 기반 시장 활성화: 참여스포츠 신시장 창출, 관람스포츠 서비스 혁신 – 스포츠 기업 체계적 육성: 스포기업 창업·성장 지원, 스포츠 기업 글로벌 진출 지원 – 스포츠 산업 균형발전: 스포츠를 통한 지역경제 활성화, 스포츠 서비스업 경쟁력 강화 – 스포츠 산업 일자리 창출: 스포츠 사회적 경제 활성화, 스포츠 융·복합 인재 양성 및 활용 – 스포츠 산업 진흥기반 확립: 스포츠 산업 진흥 전담체계 구축, 스포츠 산업 법·제도 개선

 과제

1. 가장 최근의 북미 스포츠 산업 규모를 조사하시오.
2. 가장 최근의 유럽 스포츠 산업 규모를 조사하시오.
3. 가장 최근의 아시아 스포츠 산업 규모를 조사하시오.
4. 코로나-19 팬데믹으로 인해 전 세계 스포츠 산업 규모의 변화를 조사하시오.

제2장

스포츠
비즈니스의 이해

SPORT MANAGEMENT

CONTENTS

제2장

스포츠 비즈니스의 이해

스포츠 비즈니스 환경의 이해

여기서 잠깐!

경영의 역사

스포츠 비즈니스를 시작하기에 앞서 경영의 역사를 살펴보면 다음과 같다. 앙리 파욜(H. Fayol, 1841~1925)이 제시한 경영의 기능은 **계획, 조직, 지휘, 조정, 통제**이다. 이 패턴은 아마 고대 이집트나 중국을 통치한 왕조에 적용해도 큰 무리가 없을 만큼 명쾌하다. 학자마다 다르지만, 이론적으로 접근하면 통상 **고전적 접근법, 행동론적 접근법, 현대적 접근법**으로 분류할 수 있다.

첫째, **고전적 접근법**(classical approach)은 경영학의 연구가 활발해질 무렵인 20세기 초에 제시됐다. 앞서 언급한 앙리 파욜과 함께 프레더릭 테일러(F. W. Talyor, 1856~1915), 막스 베버(M. Weber, 1864~1920) 등은 '경영학의 아버지'로 불리는 만큼 지금까지도 지대한 영향을 미쳤다. 테일러는 과학적 관리를 강조했고, 파욜과 베버는 일반관리론에 공헌했다.

테일러의 과학적 관리론은 경영자가 수행할 작업을 분석하고, 불필요한 행동은 사전에 제거하여 생산 효율성을 향상시키기 위해 고안됐다. 일반관리론은 경영자가 해야 할 일을 체계적으로 제시한 이론으로 앞서 제시한 5가지 기능(계획, 조직, 지휘, 조정, 통제)으로 대변

된다. 베버는 독일출신의 사회학자로서 관료제 (bureaucracy)라 불리는 조직을 바탕으로 권한구조와 관계를 연구했다.

둘째, **행동론적 접근법**은 조직행동론(OB, organizational behavior)의 학문분야로 발전됐다. 경영자는 조직 구성원 간의 협력에 의해 과업이 수행돼야 목표를 달성할 수 있다. 이에 동기부여, 리더십, 커뮤니케이션 등의 경영이론을 연구하게 됐다. 대표적으로 앨튼 메이요(E.

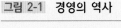
그림 2-1 경영의 역사

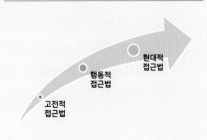

현대적
접근법

행동적
접근법

고전적
접근법

Mayor, 1880~1949)의 호손연구(Hawthorne Studies)가 유명하다. 공장 내의 다양한 조명 수준이 근로자의 생산성에 영향을 미친다는 사실을 파악함으로써 작업환경에 대한 인간행동의 관계를 제시했다.

마지막으로 **현대적 접근법**은 조직의 목표를 달성하기 위해선 내부환경 뿐만 아니라 외부환경에도 촉각을 세워야 한다는 것이다. 경영학 초기 이론은 현재까지 영향을 미치지만, 상황에 맞게 접근해야 한다는 목소리가 높다. 예를 들면 최근까지 각광받던 작업의 분화는 지나치게 세분화되면 오히려 효율이 떨어지고, 체계적인 관료제 시스템은 혁신에 방해가 될 수 있다. 즉, 조직마다 문화와 추구하는 방식이 다르고, 급변하는 환경에 부흥하여 다양한 상황에 최적의 방법을 찾는 상황적 접근법이 있다.

❶ 스포츠 비즈니스의 개념

(1) 파욜의 경영

프랑스 출신 학자 Henry Fayol(1841~1925)은 '진정한 경영학의 아버지는 테일러가 아니고 파욜'이라고 했을 만큼 경영관리론의 창시자라 할 수 있다. 파욜이 저술한 '산업 및 일반관리론(General and industrial management, 1946; First published Administration Industrielle et Générale in French in 1916)'에는 기업에 반드시 필요한 6가지 활동을 분류하여 다음과 같이 제시했다.

① 개발과 생산과 관련한 기술 활동

② 판매와 구매와 관련한 영업 활동

③ 자본의 조달과 운용과 관련한 재무 활동

④ 인사와 총무와 관련한 보전 활동

⑤ 비용계산과 경리와 관련한 회계 활동

⑥ 경영 기획과 관리와 관련한 경영 활동

파욜은 특히 '기업에 필요한 6가지 활동' 중에서 6번째인 경영 활동을 주목했다. 사업의 방향성, 경영 방침과 각종 활동 간의 조정을 의미한다. 조직 수준이 높아질수록 경영 활동의 비율도 높아져야 한다고 주장했다. 그는 경영 활동 과정을 'POCCC' 사이클을 지속적으로 운영해야 한다고 했다.

POCCC란 계획(Planning), 조직(Organizing), 지휘(Commanding), 조정(Coordinating), 통제(Controlling)를 수행해야 하는 것을 의미한다. 원래 번역을 계획화, 조직화와 같이 '화(化)'자를 붙여 '~되는 과정'의 의미를 내포하지만, 통상 명사처럼 표기하기도 한다. 현대 경영의 관리적 활동을 중요하게 바라본 것이다. 이는 현재에도 간략히 PDS(Plan, Do, See) 사이클로 많이 사용하고 있다. 구체적으로 살펴보면 다음과 같다.

① 계획(Planning)

② 조직(Organizing)

③ 지휘(Commanding)

④ 조정(Coordinating)

⑤ 통제(Controlling)

첫째, 계획은 목표를 설정하고 달성하기 위한 방법을 결정하는 과정이다. 둘째, 조직은 계획을 달성하기 위해 인적·물적 자원을 배치하는 과정이다. 셋째, 지휘는 구성원들의 성과를 높이기 위해 역량을 최대로 끌어내는 활동을 하는 과정이다. 넷째, 조정은 중복되는 업무와 비효율적인 부분을 조정하는 과정이다. 마지막으로 통제는 일련의 성과를 점검하고 문제를 확인해서 대책을 마련하는 과정이다. 오늘날 경영의 기능은 조정을 빼고 계획(Planning), 조직(Organizing), 지휘(Leading), 통제(Controlling)로 많이 언급되고 있다.

그림 2-2 경영의 기능

임창희(2014, p.131)에 따르면 경영은 "기업이 운영하는 모든 자산을 활용해 최고의 이익실현 및 기업의 목적달성을 위해 사업을 운영하며 지도한 것으로서 기업의 전략적인 의사결정"이고, 관리는 "일상적 실현 활동에 있는 것으로 파악"하는 것으로 구분했다.

기업전체를 통치의 대상으로 파욜은 경영관리라는 의미로서 현재 사용하고 있는 매니지먼트(management)가 아닌 어드미니스트레이션(administration)이란 용어를 사용했다.

파욜은 성공적인 경영관리를 위해서 인간에 대한 이해와 관계 관리의 중요성을 인식했다. 그의 유명한 14개 관리 원칙에서도 '공평(equity)이란 공정(justice)하게 배려하는 것'이 포함돼 있다. 즉, 규칙을 지키면서도 배려하는 것이 기업 통치(governing)의 근간으로 바라본 것이다. 이러한 인식은 이후 George Elton Mayo(1880~1949)의 인간관계론에 지대한 영향을 미치게 됐다.

표 2-1 파욜이 제시한 이론

기업조직의 6개 본질적 기능		경영관리의 14개 원칙
(1) 기술 활동: 생산, 제조, 가공		(1) 분업의 원칙
(2) 영업 활동: 구매, 판매, 교환		(2) 권한(책임)의 원칙
(3) 재무 활동: 자본의 조달과 관리		(3) 규율의 원칙
(4) 보전 활동: 재산과 종업원 보호		(4) 명령일원화의 원칙
(5) 회계 활동: 재고관리, 대차대조표, 원가계산, 통계자료		(5) 지휘(지시) 통일성의 원칙
(6) 경영 활동: 계획, 조직화, 명령, 조정, 통제		(6) 개별이익의 전체이익에의 종속원칙(조직우선)
↓		(7) 보상의 원칙
경영활동	계획	(8) 집권화(집중화)의 원칙
	조직	(9) 계층화의 원칙
	지휘(명령)	(10) 질서유지의 원칙
	조정	(11) 공정성의 원칙
	통제	(12) 고용안정의 원칙
↓		(13) 자발성(주도권)의 원칙
현대 경영의 기능: 계획, 조직, 지휘, 통제		(14) 종업원 단결의 원칙

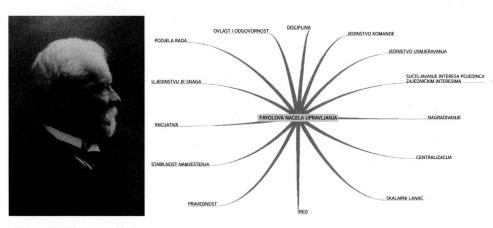

파욜과 경영관리의 14개 원칙 ——————

▌인간관계론의 선구자, 메이요

메이요 ────

호주출신의 미국학자인 George Elton Mayo(1880~1949)는 1927년부터 3년간 미국 전화기 제조회사 웨스턴 일렉트릭의 호손공장에서 실시된 유명한 '호손실험'을 통해 다음과 같은 결론을 내렸다. 이 실험은 전화기 조립작업을 하는 100명의 여공 중에서 6명을 선발하여 임금, 휴식, 작업장 온도 및 습도 등 환경을 달리했을 때의 생산성 차이를 분석했다. 결과는 환경이 개선되거나 약화되는 것과 상관없이 선발된 여공들의 자부심과 연대감을 통해 오히려 생산성이 향상됐다. 이에 메이요는 공장 전체의 2만 명이 넘는 근로자들을 대상으로 대규모 면접조사를 실시한 결과, 대화를 나누는 과정에서 그 자체만으로 자신의 어려움을 공감하게 함으로써 생산성이 향상된 결과를 파악했다.

그는 "사람의 노동 의욕은 노동 조건보다 인간관계에서 더 좌우된다." 즉, 사람은 사회적 욕구 충족을 경제적 대가보다 더욱 중시하고, 사람의 행동은 합리적이라기보다는 감정에 의해 크게 좌우되며, 노동 의욕은 직장 내에서 상사 및 동료와의 인간관계에 크게 좌우된다는 것이다.

──── 호손실험

▌컨베이어 벨트는 무엇을 의미할까?

Henry Fayol(1841~1925)과 동시대 인물인 미국 출신의 Frederick W. Taylor(1856~1915)란 선구적 경영학자가 있었다. 파욜은 조직의 높은 단계에 있는 경영자를 중심으로 '관리의 과학화'를 추구한 반면, 테일러는 조직의 낮은 단계에 있는 노동자를 중심으로 '노동 및 생산의 과학화'를 추구한 점이 다르다고 볼 수 있다.

그는 19세에 펌프공장에서 일하면서부터 조직적 태업이 만연한 노동 현장을 알게 됐다. 즉, 열심히 일해 봐야 소용없다는 분위기가 팽배하다는 사실을 알고, 이 현상을 극복할 방법에 대해 관심을 갖게 됐다. 그가 22세에 미드베일 스틸공장에서 일하게 되면서 600명 규모의 회사의 개혁을 주도할 기회가 찾아와 다양한 실험과 연구를 시작했다. 대표적인 방법으로

스톱워치를 이용한 작업시간 분석, 줄자를 이용
한 이동거리 조사 등을 통해 정확한 계산을 했
다. 그의 노력으로 회사의 총비용이 생산톤수당
절반 이하로 축소되었는데도 노동자 1인당 작
업 톤수는 3.7배 증가, 평균임금은 63퍼센트
증가하는 놀라운 결과를 얻었다. 주먹구구식
생산방식에서 정확한 작업 배분에 따른 시스
템 도입이 매우 중요하다는 결론을 얻었다. 그
가 55세 때 집대성한 '과학적 관리의 원칙(The

———— 테일러와 그의 저서

Principles of Scientific Management, 1911)'은 이후 많은 경영자에게 지대한 영향을 미쳤다.

(2) 첼라두라이의 스포츠 경영

국내 스포츠 경영 분야에서도 많은 영향을 끼친 Packianathan Chelladurai
(1985)는 파욜의 경영 기능을 차용해서 스포츠 경영에 맞는 이론을 제시했다
(Chelladurai, 1985). 즉, 계획, 조직, 통솔, 평가이다. 이는 일반 조직과 달리 스포
츠 조직은 스포츠 선수로 구성된 팀, 구단과 같이 특정한 목적을 수행하기 위
한 한시적 특성을 갖고 있기 때문이다. 예를 들면 프로스포츠 구단은 이윤을
추구해야 하는 사기업과 같은 입장이지만, 이를 위해선 구단에 속한 팀 조직
은 좋은 성적을 내고 흥행이 되어야 가치가 높아진다.

① 계획(planning)
② 조직(organizing)
③ 통솔(leading)
④ 평가(evaluation)

첫째, 계획은 스포츠 조직에 속한 구성원에서 목표를 공유하고 달성하기

위한 구체적인 과정을 뜻한다. 모든 조직의 목표를 달성하기 위해 가장 중요한 부분으로 '공식적인 문서화' 작업이 필수다.

둘째, 조직은 스포츠 조직 내의 업무와 사람 사이의 관계를 설정하는 과정을 의미한다. 계획을 가장 효과적이고 효율적으로 수행할 수 있게 하기 위해 인력을 '적재적소에 배치'하는 것이 매우 중요한 과제다.

셋째, 통솔은 스포츠 조직 내 구성원들이 해야 할 일을 정확히 수행할 수 있도록 동기를 부여하는 과정을 뜻한다. 정해진 룰(rule)에 의해 좋은 성적을 거둬야 선수, 감독, 팀 및 구단의 가치를 높일 수 있다.

마지막으로 평가는 스포츠 경영의 기능을 효과적이고 효율적으로 수행하기 위해 연속적으로 거쳐야 하는 과정을 말한다. 스포츠 팀 성적이 저조하면 과감하게 선수와 감독을 교체하는 등 피드백(feedback)을 통해 개선점을 찾고, 적용하는 과정이 중요하다.

표 2-2 파욜과 첼라두라이 이론

경영의 기능(파욜, 1916)	스포츠 경영의 기능(첼라두라이, 1985)
(1) 계획	(1) 계획
(2) 조직	(2) 조직
(3) 지휘	(3) 통솔
(4) 조정	(4) 평가
(5) 통제	

❷ 스포츠 비즈니스의 영역

(1) 스포츠 비즈니스

스포츠 비즈니스란 스포츠와 관련된 모든 경제활동으로 스포츠 소비자를 유인하고 만족시키기 위한 제품 및 서비스를 의미한다. 각각의 목적은 달리하지만 다양한 형태의 스포츠 조직의 업무와 관련돼 있는 영역이다.

Mullin, Hardy, & Sutton(1993)에 따르면 스포츠 마케팅을 다음과 같이 분류했다.

① 스포츠의 마케팅(marketing of sports)
② 스포츠를 통한 마케팅(marketing through sports)

첫째, 스포츠의 마케팅은 스포츠 자체를 소비자와 교환하는 활동을 뜻한다. 주체는 국제올림픽위원회(IOC), 국제축구연맹(FIFA), 프로스포츠연맹 등 스포츠 기관, 단체, 센터 등이 해당된다. 즉, 대표적으로 대형스포츠 이벤트인 올림픽과 월드컵 주최기관이 있다, 국내로 눈을 돌리면 대한체육회와 아마추어 종목의 가맹단체를 비롯하여 프로스포츠 주최기관인 야구위원회(KBO), 한국프로축구연맹(KPFL), 한국농구연맹(KBL), 한국배구연맹(KOVO) 등이 있다. 이들은 입장권 판매를 높이기 위해 경기관중을 동원하기 위한 노력을 한다. 또한 스포츠 센터는 회원을 확보하고, 다양한 스포츠 용품의 판매활동 등을 한다.

둘째, 스포츠를 통한 마케팅은 고객과의 커뮤니케이션을 극대화하고자 하는 마케팅 활동을 의미한다. 주체는 대표적으로 기업이다. 예를 들면 기업은 올림픽의 스폰서십 참여 프로그램인 TOP(The Olympic Partner) 프로그램을 통해 기업자체와 상품 이미지를 높이기 위한 노력을 한다. 이외에도 스폰서십, 선수보증광고, 라이선싱(licensing), 머천다이징(merchandising) 등의 비즈니스 영역이 있다.

표 2-3 스포츠 마케팅의 구조

구분		내용
스포츠의 마케팅	주체	• 스포츠 기관, 단체, 센터 등(IOC, FIFA, 프로스포츠연맹, 스포츠센터 등)
	의미	• 스포츠 기관 및 단체가 스포츠 자체를 소비자와 교환하는 활동
	예시	• 올림픽 주최기관 IOC, 월드컵 주최기관 FIFA, 프로스포츠 주최기관(야구위원회, 한국프로축구연맹, 한국농구연맹, 한국배구연맹 등)은 올림픽, 월드컵, 프로스포츠 리그란 상품을 소비자와 거래
	범위	• 입장권 판매, 경기관중 동원, 스포츠 시설 회원확보, 스포츠 용품 판매활동 등
스포츠를 통한 마케팅	주체	• 기업
	의미	• 기업이 고객과의 커뮤니케이션을 극대화하고자 하는 마케팅 활동
	예시	• 올림픽은 TOP(The Olympic Partner) 프로그램으로 10여개의 세계 기업과 공식 스폰서를 운영함. 올림픽의 공식스폰서인 삼성전자, 월드컵의 공식스폰서인 현대 자동차는 스포츠를 통해 마케팅을 하고 있음.
	범위	• 스폰서십, 선수보증광고, 라이선싱(licensing), 머천다이징(merchandising) 등

출처: 문개성(2022). 스포츠 마케팅 4.0 : 4차 산업혁명 미래비전(개정2판). 박영사. p.72.

위에 언급한 스포츠 비즈니스의 영역에서 직·간접적으로 연관돼 있는 주체는 다음과 같다.

① 선수
② 스포츠 단체
③ 스포츠 구단
④ 기업
⑤ 지방자치단체
⑥ 방송사

첫째, 선수는 유명해질수록 상품가치가 높다. 특히 선수보증광고(endorsement, 인도스먼트)는 유명선수가 될수록 선수 스폰서의 대상이 될 확률이 높다. 스포츠 에이전트의 역할이 부각되면서 선수의 법률적 지원, 이적과 연봉 협상 및 계약 대리, 선수광고와 용품협찬 연결 등이 이루어진다. 선수는 스포츠 비즈니스 영역에서 가장 중요한 주체다.

둘째, 스포츠 단체는 선수와 팀의 집합체로서 '스포츠의 마케팅' 주체이다. IOC, FIFA, 경기연맹 및 협회 등이 해당되며 경기개최 권한을 갖고 있으므로 스포츠 스폰서십, 방송중계권, 라이선싱, 머천다이징 등의 권한을 기업에 주고, 수익을 창출할 수 있다.

셋째, 스포츠 구단은 최고 경영자층에 의해 최종 의사결정이 이루어지는 스포츠 조직이다. 대표적으로 국내 4대 프로스포츠리그를 주관하는 야구위원회(KBO), 한국프로축구연맹(KPFL), 한국농구연맹(KBL), 한국배구연맹(KOVO)에 속한 구단들이 있다. 이들은 '스포츠의 마케팅' 주체로서 스포츠 단체의 권한을 갖고 있다. 또한 선수 초상권과 비슷하지만 양도가 가능한 선수의 퍼블리시티권(right of publicity)을 보유한다.

넷째, 기업은 '스포츠를 통한 마케팅' 주체로서 기업 및 자사상품의 이미지를 높이고 판매량을 높이기 위한 촉진(promotion) 방법으로 스포츠를 활용한다. 공식 스폰서십에 참여함으로써 스포츠 단체 혹은 구단 등이 보유한 각종 권한(로고 사용, 광고 등)을 확보하게 된다.

다섯째, 지방자치단체는 명칭사용권한(명명권, naming right)을 통해 수익을 창출할 수 있다. 지자체가 보유하는 공공체육시설의 명칭을 사용할 수 있는 권한을 기업에게 일정기간 동안 넘겨주고 이익을 취득하는 방법이다. 이를 통해 유지보수 및 관리비용을 절감할 수 있고, 비수기 때도 공공체육시설을 효율적으로 활용할 수 있다.

마지막으로 방송사는 스포츠 이벤트의 주최기관(스포츠 단체)으로부터 방송중계권을 확보한 후, 수익을 창출한다. 스포츠 중계영상을 필요로 하는 지상파, 케이블 TV, 지역방송사 등에 다시 판매를 할 수 있다. 무엇보다 TV 광고시장을 선점함으로써 기업광고를 유치해 수익을 극대화시키는 비즈니스 영역이다.

표 2-4 스포츠 비즈니스의 주체

구분	내용
선수	• 유명선수가 될수록 인도스먼트, 선수 스폰서 대상이 된다. • 초상권, 퍼블리시티권과 같은 법적 문제에 노출될 가능성이 높다. • 법률적 지원, 이적 · 연봉 협상, 선수광고, 용품협찬 등의 스포츠 에이전트 역할이 부각된다(12장에서 구체적 제시).
단체	• 스포츠 조직으로 선수와 팀의 집합체로서 경기를 개최할 권한을 갖는다. • 국제올림픽위원회(IOC), 국제축구연맹(FIFA), 경기연맹 및 협회가 있다. • '스포츠의 마케팅' 주체로서 스포츠 스폰서십, 방송중계권, 라이선싱, 머천다이징 등의 비즈니스 권한을 기업에 주고, 반대급부로 수익을 창출한다.
구단	• 스포츠 조직으로 최고 경영자층에 의해 최종 의사결정이 이루어진다. • 대표적으로 국내 4대 프로스포츠리그 주관기관으로 한국야구위원회(KBO), 한국프로축구연맹(KPFL), 한국농구연맹(KBL), 한국배구연맹(KOVO)에 속한 구단들이 있다. • '스포츠의 마케팅' 주체로서 스포츠 스폰서십, 방송중계권, 라이선싱, 머천다이징 등의 비즈니스 권한을 기업에 주고, 수익을 창출한다. • 선수 초상권과 비슷하지만 양도가 가능한 퍼블리시티권은 소속 구단에 권한이 있다.
기업	• 기업 및 자사 상품의 이미지를 높이고 판매량을 높이기 위한 촉진(promotion)의 방법으로 스포츠를 활용한다. • '스포츠를 통한 마케팅' 주체로서 스포츠 스폰서십에 공식스폰서로 참여한다.
지자체	• 지자체가 보유하는 공공체육시설을 기업에게 명칭사용권한(명명권)을 제공하고 수익을 창출한다. • 유지보수 및 관리비용을 절감한다.
방송사	• 통상 대형 방송사에서 스포츠 이벤트 주최기관(단체)으로부터 방송중계권을 확보한 후, 스포츠 중계영상을 필요로 하는 지상파, 케이블 TV, 지역방송사 등과 협상과 계약을 한다. • TV 광고시장을 선점함으로써 수익을 창출한다.

스포츠 비즈니스의 주체가 활동하는 영역을 정리하면 다음과 같다.

① 스포츠 이벤트(sport event)

② 스포츠 스폰서십(sport sponsorship)

③ 방송중계권(right of broadcasting)

④ 스포츠 라이선싱(sport licensing)

⑤ 스포츠 머천다이징(sport merchandising)

⑥ 인도스먼트(endorsement)

⑦ 명명권(naming rights)

첫째, 스포츠 이벤트는 대표적으로 올림픽, 월드컵과 같은 대형스포츠 이벤트와 프로스포츠 리그가 있다. 또한 마라톤과 사이클 대회와 같이 작은 규모의 국제스포츠 이벤트도 있다. 가장 중요한 스포츠 비즈니스 주체인 선수를 통해 이루어지는 영역이다. 이 영역을 통해 가치가 높아진 선수들은 상품성을 인정받으며 몸값이 높아진다. Sam Fullerton(2009)에 따르면 스포츠 이벤트를 〈표 2-5〉와 같이 규모와 특성별로 5가지로 제시했다.

표 2-5 스포츠 이벤트의 분류

구분		내용
지역 이벤트 (local events)	개념	• 해당 지역 외의 사람들 외에는 외부에 잘 알려지지 않음 • 지역 공동체 안에서 이루어지는 이벤트의 특성을 지님
	예시	• 고등학교 대항전, 마이너리그 대회 등
지방 이벤트 (regional events)	개념	• 오랜 역사와 전통을 통해 기록 축적 • 전 세계인에게 알려져 스포츠 마케팅 시장으로 성장
	예시	• 1897년부터 시작돼 매년 4월에 개최되고 있는 미국 보스턴 마라톤 대회
국가 이벤트 (national events)	개념	• 두 국가 간의 스포츠 대항전 • 다른 대륙에선 잘 알려져 있지 않으나, 해당 국가에선 흥행
	예시	• 호주와 뉴질랜드 간의 크리켓, 네트볼 경기 • 한일 축구경기
국제 이벤트 (international events)	개념	• 세계적인 스포츠 이벤트의 명성 • 지방 이벤트에서 시작돼 오늘날 세계적인 이벤트로 성장
	예시	• 1877년 최초로 개최한 윔블던(Wimbledon) 대회 • 1903년 최초로 개최한 투르드프랑스(Tour de France) 대회
세계적 이벤트 (global events)	개념	• 스포츠를 매개로 한 가장 큰 규모의 대회 • '인류 공통의 언어'로서의 가치
	예시	• 올림픽, 월드컵 등

출처: 문개성(2022, 재인용). 스포츠 마케팅 4.0: 4차 산업혁명 미래비전(개정2판). p.385;
　　　Fullerton, S. (2009). *Sports marketing* (2th ed.). HS MEDIA 번역팀 옮김(2011). 스포츠 마케팅. HS MEDIA.

둘째, 스포츠 스폰서십은 기업이 재화나 서비스를 제공하는 대가로 스포츠 단체가 보유한 로고, 엠블럼 등을 마케팅에 이용할 수 있는 권리를 뜻한다. 선수 유니폼 광고, 경기장 내 광고, 경기장 명칭 사용 등 다양한 형태가 있다. 스포츠 스폰서십을 〈표 2-6〉과 같이 분류할 수 있다.

표 2-6 스포츠 스폰서십의 유형

구분		내용
재화 제공 형태에 따른 분류	공식 스폰서	• 현금을 지불하고 주최기관이 공식적으로 인정한 스폰서
	공식 공급업자	• 물품을 제공하여 스폰서 권리를 행사하는 스폰서
	공급 상품화권자	• 공식적으로 라이선싱 사업권한을 갖는 스폰서
명칭 사용에 따른 분류	타이틀 스폰서	• 주최기관이 설정한 기준의 금액을 지불하고, 대회 명칭에 기업 혹은 상품명칭 사용권한을 갖는 스폰서
	일반 스폰서	• 타이틀 스폰서 기준에 못 미치지만 현금 혹은 현품을 제공한 스폰서
스포츠 대상에 따른 분류	선수 스폰서	• 선수에게 협찬하는 스폰서
	팀 및 구단 스폰서	• 팀, 구단에게 협찬하는 스폰서
	스포츠 단체 스폰서	• IOC, FIFA, 연맹, 협회 등 스포츠 단체에 협찬하는 스폰서
	스포츠 이벤트 스폰서	• 다양한 규모, 형태의 스포츠 이벤트에 협찬하는 스폰서

출처: 문개성(2022). 스포츠 마케팅 4.0: 4차 산업혁명 미래비전(개정2판). 박영사, p.404, 405.

셋째, 방송중계권은 여러 형태의 방송사가 스포츠 단체에 일정 금액을 지불하고 경기영상을 촬영, 가공 및 판매하는 독점권 권리를 의미한다. 이 권한을 확보한 주관방송사는 흥행을 담보한 스포츠 이벤트 중계를 매개로 기업 광고를 유치하게 된다. 방송중계권의 주체는 스포츠 단체, 방송사, 기업(스폰서)으로 〈그림 2-3〉의 계약구조를 이해할 수 있다.

그림 2-3 방송중계권의 구조

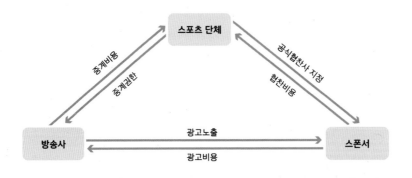

넷째, 스포츠 라이선싱은 제품, 제조 기술의 특허권 혹은 그것을 사용할 수 있도록 허가하는 일을 말한다. 라이선시(licensee, 허가받는 자)는 라이선서(licensor, 허가하는 자)로부터 스포츠와 관련한 재산권을 행사할 수 있는 권리를 취득하고 비용을 낸다.

다섯째, 스포츠 머천다이징은 특정 스포츠팀, 선수의 캐릭터, 로고, 엠블럼 등을 활용해 스포츠와 연관이 없는 새로운 제품을 상품화하는 것을 의미한다. 〈그림 2-4〉는 라이선싱 혹은 머천다이징의 두 주체인 허가하는 자(licensor)와 허가받는 자(licensee) 간의 계약구조이다.

그림 2-4 라이선싱과 머천다이징의 구조

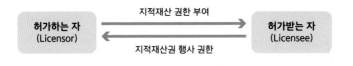

여섯째, 인도스먼트는 일종의 선수 스폰서십(athlete sponsorship) 방식으로 유명선수를 활용해 기업의 특정 제품을 전략적으로 촉진하기 위한 방법으로 선수보증광고라고 불린다.

그림 2-5 인도스먼트의 구조

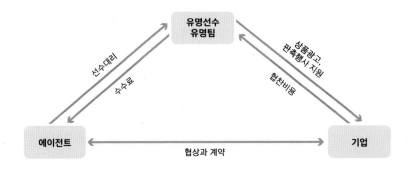

마지막으로 명명권은 일종의 경기장 스폰서십(stadium sponsorship)으로 기업이 장소의 이름을 짓는 권리를 획득하여 비용을 내게 된다.

———— 명명권을 이용한 경기장

(2) 스포츠 프로퍼티

스포츠 프로퍼티(sport property)를 유형과 무형 재산권으로 분류할 수 있다. 유형 재산권은 스포츠 시설과 장비 등 동산, 부동산과 관련돼 있고, 무형 재산권은 지적 재산권과 소유권과 같이 고객을 유인할 수 있는 자산이다.

스포츠 구단하면 떠오르는 이미지는 우선 명칭, 로고, 엠블럼 등이 있다. 이 외에도 캐치프레이즈, 사인과 같은 상징물을 포함해서 소속선수의 초상권도 포함된다. 이러한 다양한 형태의 스포츠 프로퍼티는 법적으로 보호받는 영역이다. 즉, 「저작권법」, 「상표법」, 「디자인보호법」, 「특허법」, 「실용신안법」, 「불공정 무역행위 조사 및 산업규제에 관한 법률」, 「부정경쟁방지 및 영업비밀보호에 관한 법률」, 「관세법」 등 다양한 법률에 의해 보호를 받는다.

스포츠 프로퍼티를 통해 사업을 추진할 수 있는 주체는 크게 3가지로 구분할 수 있다. 앞서 스포츠 라이선싱과 머천다이징에서 언급한 라이선시(licensee, 허가받는 자)와 라이선서(licensor, 허가하는 자)이다. 또한 중재역할을 하는 전문 대행사도 포함될 수 있다.

🗨 여기서 잠깐!

▌ 올림픽 유산(legacy) Ⅰ

지난 2018년 평창동계올림픽은 역대 최대 규모인 92개국, 2,920명의 선수가 참가했다. 2010년 캐나다 밴쿠버, 2014년 러시아 소치에 이어 세 차례 도전 끝에 얻은 결실이었다. 이에 못지않게 숱한 어려움과 화제를 불러왔다. 대회 개최 2년 전에 시설 공정률의 50% 수준으로 주변의 우려가 있었고, 조직위원장이 두 차례 교체되는 등 조직의 안정도 요원해 보였다.

그런 와중에 국정농단 사태가 평창동계올림픽을 준비하는 과정과 연루되면서 준비 자체가 어렵게 됐다. 북한의 핵문제가 세계적 이슈로 부각되면서 모든 상황이 난국으로 가는 듯 했지만, 정치적으로 자유로운 스포츠 행사를 통해 반전의 계기를 만들었다. 여자 하키팀의 남북 단일팀을 시작으로 화해의 장으로 갈 수 있는 물꼬를 텄던 것이다. 결론적으로 평화 올림픽이란 찬사를 얻어냈다. 이외에도 한국의 정보통신기술(ICT)을 한껏 뽐낸 행사가 됐다. 1,000억 원을 훌쩍 넘기는 개폐막식 행사를 삼분의 일 수준으로 치러내면서 자칫 행사내용의 공백으로 이어졌을 법한 공간을 첨단기술로 메워나갈 수 있었다.

올림픽이 끝난 후 평창동계올림픽 조직위원회에서 언론을 통해 흑자 올림픽이라고 보도했다. 하지만 12조 원에 달하는 국비와 지방비, 즉 국민세금에 해당하는 부분을 수익으로 잡은 것 자체가 적자 올림픽이란 평가는 불가피한 실정이 됐다. 이외에도 환경단체와 언론 등을 통해 큰 문제점으로 인식됐던 가리왕산을 허물고 활강 스키장 건설과 올림픽을 치른 후의 대처는 환경훼손에 대한 첨예한 이슈를 남겼다.

평창동계올림픽만 보더라도 다양한 이슈와 경험치를 남겼다. 이와 같이 올림픽은 끝난 이

후에 다양한 유산(legacy)을 남긴다. IOC 헌장 제2조 제14항에 "올림픽 대회가 개최 도시와 개최국에 긍정적 유산을 남기도록 장려한다."라고 명시돼 있다. 특히 올림픽 레거시를 스포츠, 사회, 환경, 도시, 경제 등 5가지 유형으로 분류한다. 긍정적인 유산이란 올림픽을 치른 후, 지역 활성화 자산으로 활용될만한 가치를 키워야 하지만, 실상은 버거운 짐을 남겨둔다는 것이 문제다.

평창동계올림픽은 우리에게 과연 앞서 언급한 5가지 유형에 긍정적인 유산을 남기고 있을까?

① **스포츠**: 메달 획득 종목을 기존 3종목(쇼트트랙, 스피드스케이팅, 피겨스케이팅)에서 6종목(쇼트트랙, 스피드스케이팅, 봅슬레이, 스켈레톤, 컬링, 스키)으로 확대됨
② **사회**: 국내외적 정세의 안정과 사회적 통합의 메시지를 남김
③ **환경**: 환경훼손과 복구의 문제를 남김
④ **도시**: 서울에서 평창과 강릉까지의 KTX 신설과 도로 등 기반시설이 확충됨
⑤ **경제**: 평창 슬라이딩센터, 강릉 스피드스케이팅장, 강릉 하키센터 등 시설물 사후 활용 방안 마련 시급

스포츠, 사회적, 도시 영역 외에는 해결해야 할 과제를 많이 남겼다. 다시 말해 **환경과 경제 문제**를 지혜롭게 해결해야 한다. 올림픽 유산에 대해선 10장에서 추가 기술하고자 한다.

(3) 스포츠의 경제적 기능

스포츠 제품을 앞서 1장에서 물리적 특성에 따른 분류(내구성 및 유형성)와 용도에 따른 분류(소비재, 산업재)로 구분했다. 특히 내구재, 비내구재, 서비스로 재분류한 것은 물리적 특성에 따른 것이다. 스포츠의 경제적 기능을 살펴보기 위해 스포츠 자체의 특성과 가치를 다음과 같이 분류할 수 있다(설수영, 김예기, 2011).

① 소비재(消費財, consumption goods)
② 자본재(資本財, capital goods)
③ 혼합재(混合財, mixed goods)

④ 공공재(公共財, public goods)

⑤ 가치재(價値財, merit goods)

첫째, 스포츠 자체는 소비재의 특성을 통해 사람들의 욕구와 필요를 충족시켜주는 역할을 한다. 소비재는 내구소비재(durable consumption goods)와 비내구소비재(nondurable consumption goods)로 재분류할 수 있다.

우선 내구소비재는 보관하기 쉽고 소모가 빠르기 때문에 구매하는 순간 가치가 떨어진다. 스포츠 신발, 의류, 라켓, 장비 등이 해당된다. 통상적으로 새로운 제품이 낡기 때문에 인식하는 당연한 개념이지만, 스포츠 스타가 신던 용품이거나 역사적인 경기에서 사용했던 장비는 가치가 올라가고 그에 따라 금액도 천정부지로 뛸 수 있다. 즉, 일반적 소모물품에서 희소가치가 올라갈 수 있는 소비재가 된다.

또한 비내구소비재는 소비자에게 즉각적인 즐거움과 혜택을 가져다줄 수 있는 특성이 있다. 예를 들면 대형스포츠 이벤트, 프로스포츠 경기, 스포츠 스타 간에 펼쳐지는 이벤트성 세기의 대결 등은 재현이 불가능하다. 재방송 시청, 편집화면 시청 등을 통해 경기결과를 확인할 수는 있으나 직접 생산과 소비가 동시에 이루어지는 장면을 TV 혹은 현장에서 본다는 느낌은 다를 수밖에 없다.

둘째, 스포츠를 통해 기업 입장에선 투자영역에 속하기 때문에 자본재의 성격이 강하다. 투자란 곧 자본재를 수요하는 것이다. 또한 선수들이 기량을 높이기 위한 훈련과 스포츠 경쟁에서 자신의 가치를 높이는 것도 자본재로서 역할을 한다. 일반인들의 스포츠 활동도 건강을 증진시키고, 생산성을 높이기 때문에 자본재로서 기능을 한다.

셋째, 앞서 언급한 스포츠가 갖는 소비재와 자본재(투자재)의 특징을 동시에 지니고 있으므로 혼합재의 성격이 강하다. 스포츠 활동에 투입되는 시간과 비용은 개인별, 팀별, 종목별, 상황별 등으로 매우 다양하다. 이는 정부 정책에 따라 소비재와 자본재 중 어느 쪽에 비중을 두느냐의 차이가 날 수 있다. 소비를 촉진시키기 위해 스포츠 산업 정책을 추진할 수 있고, 투자를 촉진하여 스포츠 산업 발전과 더불어 국민건강 증진이라는 궁극적 목표를 위해 정책을 강화할 수도 있다.

넷째, 정부와 지방자치단체가 추진하는 스포츠 이벤트와 관리를 해야 하는 체육시설 등은 공공재의 성격이 강하다. 최근 대형스포츠 이벤트에 투자하는 비용 측면에서 성과를 찾는 경향이 강해졌다. 국민과 언론의 관심이 화려한 이벤트 뒤로 사후시설 활용, 환경훼손의 문제 등 행사 기간 중에 느꼈던 감동과 편익보다 중요하게 인식하고 있다. 지나치게 화려한 시설과 수요가 뒤따르지 않는 지역까지의 교통 인프라 투자 등에 대해 우려가 나오는 실정이다. 그럼에도 불구하고 사기업이 추진할 수 없는 영역이고, 대다수 국민이 소비할 수 있는 영역이므로 공공재로서의 가치는 크다 할 것이다.

마지막으로 정부의 개입이 필요한 가치재로서 권장재(勸奬財)라고도 한다. 예를 들어 초·중등학교 의무교육, 무료 의료 서비스, 공공임대 주택 등 정부가 특정 재화와 서비스의 생산과 소비를 주도할 수밖에 없는 분야이다.

스포츠 비즈니스 가치사슬

❶ 스포츠 비즈니스의 자원

스포츠 비즈니스 자원은 크게 사람, 자본, 정보, 전략으로 구분할 수 있다. 사람은 내부고객인 조직 구성원과 외부 고객이 있다. 내부 고객은 협의의 이해관계자가 되고, 외부 고객은 광의의 이해관계자가 된다. 즉, 스포츠 비즈니스 환경을 둘러싸고 있는 자본가(주주), 협력업체, 승인과 규제를 담당하는 기관 등으로 개인 또는 집단이 될 수 있다.

　　Chelladurai(1985)는 스포츠 경영에 필요한 조직 조정 요인 4가지를 다음과 같이 제시했다.

① 인적자원
② 전문기술
③ 지원부서
④ 환경요인

　　첫째, 생산이 이루어지는 조직에서 가장 기본적인 인적자원이다. 스포츠 용품회사의 구성원과 서비스 회사 구성원의 특성은 다르다. 스포츠 이벤트를 주최·주관하는 인적자원과 행사 지원을 위해 파견된 대행사 직원 간에 역할의 차이도 있다. 상품의 궁극적인 소비자인 외부 고객도 중요하지만, 관리를 담당하는 고객 서비스와 접점이 되는 직원도 매우 중요한 역할을 하게 된다. 즉, 스포츠 비즈니스 환경에서 가장 효과적이고 효율적으로 조직을 이끌고 나가야 하는 입장은 다를 수밖에 없다.

　　둘째, 스포츠 조직마다 갖춘 전문기술의 차이를 잘 이해해야 한다. 프로 스포츠 구단은 선수(상품)의 가치를 높이기 위한 기술을 적용한다. 기량을 쌓기 위해 해당 포지션의 기술을 가르치고, 외적인 마케팅 활동을 통해 대중성도 확보한다. 스포츠 에이전시는 선수 마케팅 관리, 법률적 지원, 협상 및 계약 대리 등의 전문기술을 갖추고 있다. 국가대표팀은 기록 향상을 위한 스포츠 의학과 과학 분야에서 전문기술을 보유한다.

　　셋째, 스포츠 조직의 성과를 내기 위해 지원부서가 필수적이다. 프로스포츠 구단에서 선수 기량을 높일 수 있는 시설과 장비가 필요하다. 이외에도 언론관계, 부대 이벤트, 법적 문제를 해결하는 등의 행정 지원이 뒤따라야 한다.

　　마지막으로 스포츠 비즈니스를 둘러싼 환경요인이 있다. 고객 요구사항을 신속히 대응하거나 조치를 취해야 한다. 정부 정책 방향과 제도적 규제, 언론을 통한 협조관계, 선수 훈련을 위한 시설 및 장비 임대, 경기장 활용 문제 등 다양한 환경적 요인이 있다.

그림 2-6 스포츠 경영에 필요한 조직조정 요인

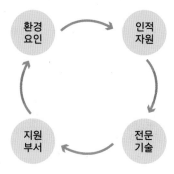

❷ 프로스포츠의 프랜차이즈 구조

프랜차이즈 구조는 프랜차이저(franchiser)가 프랜차이지(franchisee)에게 일정 금액을 받고 로열티를 제공하는 사업 구조이다. 프로스포츠도 본사와 가맹점의 구조로 돼 있다. 프랜차이저(본사)는 프로연맹으로서 프랜차이지(가맹점), 즉 구단과의 관계를 통해 리그를 운영한다.

가맹점은 본사에 가맹비를 지불함으로써 본사가 갖고 있는 로열티를 획득하게 된다. 신생팀은 프로리그에 새로 가입할 경우 창단가입금을 지불하고, 프로연맹의 관리를 받는다. 프로연맹은 프로스포츠라는 상품을 효과적으로 운영하고 관리하는 스포츠 조직으로 최고경영자로 구성된 기구에서 최종 의사결정을 한다. 예를 들어 프로구단의 연고지를 변경하는 문제, 리그 내 소속 구단의 숫자를 제한하는 문제 등 프로리그 전체에 영향을 미칠 수 있는 사안에 대해 최종 의사결정을 한다.

프로구단 숫자를 제한하게 되면 희소성이 유지가 되어 리그가치를 높일 수 있는 효과가 있다. 이를 통해 리그수입에 대한 분배금을 기존에 있는 구단들이 많이 배당을 받을 수 있다. 또한 한정된 리그 내에서 계속 배출되는 선수를 확보하기가 쉬워진다.

프로구단이 연고지(지자체)의 지원을 더 얻어내기 위해 연고지 변경 등을 내세우며 협상을 하는 방법을 프랜차이즈 게임이라 한다. 지자체는 프로구단을 지역 내에 유치하거나 유명한 스포츠 이벤트를 유치하기 위한 노력을 한다. 이는 지역에 미치는 파급효과를 기대하기 때문이다. 즉, 경기장 수가 적을 때는 지자체가 협상에 유리하고, 리그소속 구단수가 적을 때는 구단이 협상에 유리하게 된다.

그림 2-7 **프랜차이즈의 구조**

📟 **여기서 잠깐!**

▌ **프로스포츠 방송중계권 비즈니스 구조**

프로스포츠의 방송중계권 규모는 나날이 확대되고 있다. 세계 중계권 규모는 2015년 352억 4,700만 달러(한화 42조 2,964억 원, 1달러=1,200원 적용)로 추산된다. 특히 북미 중계권 규모는 최근 5년간 성장률이 5.3%가 넘어 전 세계 평균 3.5% 비해 가장 빠른 속도로 증가하고 있다. 동년도 유럽 프로축구 리그의 방송 수익 비중은 잉글랜드 49%, 이탈리아 51%, 스페인 37%, 독일 25%, 프랑스 34%로 집계된다.

유럽 주요 프로축구 리그의 중계권 수익 분배구조를 보면 조금씩 차이가 있다.

① EPL(잉글랜드)
   - 총 중계권 수익의 50%를 20개의 모든 구단에 균등 분배한다.

- 25%는 성적에 따라 차등 분배한다.

　　　- 25%는 각 팀 경기의 생중계 횟수(구장 시설 사용료 명목)에 따라 차등 분배한다.

　　　- 리그 내 구단 간의 수익 격차가 심하지 않고, 전체 중계권 시장 규모를 유지한다.

　　② Serie A(이탈리아)

　　　- 총 중계권 수익의 40%를 균등 분배한다.

　　　- 나머지 60%는 연고지 인구, 팬 규모, 최근 5시즌 성적 등의 지표를 활용해 차등 분
　　　　배한다.

　　③ Primera Liga(스페인)

　　　- 총 중계권 수익의 50%를 20개의 모든 구단에 균등 분배한다.

　　　- 나머지 50%는 최근 5시즌 성적에 따라 차등 분배한다.

　　　- 2014~2015 시즌에서 레알 마드리드와 FC 바르셀로나가 20% 수준의 중계권료를
　　　　독식함에 따라 중소 클럽과의 격차가 심해지고 있다.

　　　- 2015~2016 시즌부터 잉글랜드, 이탈리아, 독일 리그와 같이 팀별 계약에서 리그
　　　　전체를 대상으로 중계권 계약방식으로 전환하여 총 수입의 50%를 균등하게 분배하
　　　　게 됐다.

　　④ Bundesliga(독일)

　　　- 최근 4시즌 성적에 따라 차등 분배한다.

출처: 정은정, 김상훈(2017). 국내외 프로스포츠 방송중계권 시장 동향 분석(SI 포커스), 한국스포츠개발
　　　원. (현 한국스포츠정책과학원).

▌미국 프로 스포츠 리그의 중계권 구조 변화

　　2022년 6월, 미국 메이저리그 축구(MLS)가 애플(Apple)과 중계권 계약을 맺었다. 10년 동
안 25억 달러(한화 2조 8,325억 원)이니 대단히 큰 이슈라 하겠다. 이는 미국 4대 프로 스포
츠 리그인 미식축구, 야구, 농구, 아이스하키에도 영향을 미칠 수 있다. 중계 환경이 기존처럼
유료 방송 중심에서 전통적인 방송사와 애플(Apple), 아마존(Amazon)과 같은 기업 간의 라이
브 스트리밍 중계 환경으로 변화하는 양상이기 때문이다(한국스포츠정책과학원, 2022.6.).

　　이는 온라인과 오프라인이 통합된 시장(market)에서 익숙한 젊은 세대에게는 필수적인 스
포츠 중계라 할 수 있다. 그들이 소비하는 형태 및 습관 등을 고려할 때 앞으로 디지털 중계
권 환경에 대한 이슈는 지속적으로 부각될 것이다.

과제

1. '스포츠의 마케팅'에 관련된 국내외 스포츠 조직의 성공적 경영사례를 찾아보시오.

2. '스포츠를 통한 마케팅'에 관련된 국내외 기업의 성공적 경영사례를 찾아보시오.

3. 스포츠 프로퍼티를 통한 국내외 스포츠 조직의 성공적 사례를 찾아보시오.

4. 방송중계권 규모에 대해 국내외 사례를 찾아보시오.

제3장

스포츠 비즈니스 시스템과 환경

SPORT MANAGEMENT

CONTENTS

제3장

스포츠 비즈니스
시스템과 환경

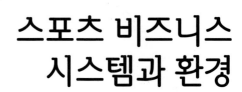

제1절

스포츠 비즈니스 시스템

❶ 카츠의 경영자 기술

스포츠 비즈니스 시스템이란 스포츠와 관련된 비즈니스 환경에서 체계적인 행정절차와 의사결정을 의미한다. 조직적이고 체계적인 운영을 위해 필요한 구조이다. 스포츠 조직의 각 부분과 분야별로 종사하는 구성원들 간에 원활한 업무환경을 구축하는데 목적이 있다. 중대한 의사결정은 조직 성패를 좌우할 수 있다. 또한 최고경영자가 아닌 하부조직의 업무 경중에 따라 위임전결로 의사결정 구조를 다양화하기도 한다.

흔히 경영자라 하면 조직 내 임원급에 해당되는 최고경영자만 해당되는 것으로 인식할 수 있으나 계층별로 경영자의 존재와 역할이 있다. 조직 내 구성원을 살펴보면 조직계층에 따라 3가지 분야로 구분할 수 있다.

① 최고경영자(top manager)

② 중간경영자(middle manager)

③ 일선경영자(first-line manager)

첫째, 최고경영자는 회장, 사장, 부사장, 전무, 본부장 등에 해당된다. 조직에서 전반적인 경영을 책임지는 위치에 있다. 이들은 조직 외부환경과 상호작용을 하는 역할을 담당한다. 즉, 급변하는 외부환경에 잘 대처해야 하는 임무가 있다.

미국에서는 전문경영자란 의미를 부여하여 최고의사결정권자(chief executive officer, CEO)가 있다. 또한 최고경영자의 새로운 유형으로서 전반적인 기업운영을 자기 책임으로 수행하는 집행담당 최고경영자(chief operating officer, COO), 기업의 모든 정보시스템 기능에 대한 의사결정을 책임지는 정보 담당 최고경영자(chief information officer, CIO), 기업 내 기술적 의사결정에 관한 모든 과정을 책임지는 기술 담당 최고경영자(chief technology officer, CTO), 사업구조 및 재무구조와 관련한 재무 담당 최고경영자(chief financial officer, CFO), 지식 인프라 구축에 따른 기업의 주요 자산을 책임지는 지식 담당 최고경영자(chief knowledge officer, CKO) 등이 해당된다.

프로스포츠 구단주는 최고 경영자로서 구단 브랜딩 작업을 통해 가치를 높이기 위한 노력을 한다. 경기성적 하락으로 팬 층으로부터 외면당하는 상황이 발생하면 감독을 경질하거나 선수 트레이드, 방출 등의 제도를 통해 쇄신을 추구한다. 스포츠 에이전시 대표는 잠재력이 있는 선수를 보는 안목이 필요할 것이다. 잘 알려져 있지 않더라도 조금만 다듬으면 좋은 선수로 성장할 수 있는 가능성을 봐야 한다. 다양한 외부 의견을 수렴하고 과감한 결정을 내리는 역할을 최고경영층에선 담당하게 된다.

둘째, 중간경영자는 팀장, 부장 등의 직급에 해당되는 부류로서 최고경영층에서 결정한 방침과 계획을 실무에 있는 일선경영자들한테 하달한다. 또한 경우에 따라 직접 지휘하고 책임을 진다. 이 부분이 중요한 중간경영자 역할이 된다. 모든 사안에 대해 최고경영층의 의사결정을 통해 일을 추진할 수 없다. 효과적인 업무를 추진하기 위해선 시의적절한 판단을 해야 한다. 물론 기준과 방향은 최고경영자와 사전에 공유된 미션, 비전과 그에 따른 가치 범주를 벗어나선 안 된다.

현장에서 소통을 잘 해야 하는 위치이다. 최고경영층과 일선경영층 간에 지시 전달과 과업 추진 실적 등을 관리해야 한다. 프로연맹 중간관리자는 리그 운영 전반에 대해 문제점을 정확히 파악해야 할 것이다. 지난해에 비해 동일한 시기 동안 관객이 급격히 줄어들거나 부정적인 여론이 확산된다면 즉각적인 조치를 취해야 한다. 여론 동향과 의견을 물어 개선사항을 찾고, 단기와 중장기로 나아질 수 있는 방안을 수립해야 한다. 이후 중대한 의사결정에 대해선 최고경영자 의견을 수렴하는 절차를 밟아야 한다. 협회와 프로구단 간 커뮤니케이션 미비로 일어날 수 있는 사안에 대해선 사전에 방지하기 위한 노력도 중간경영자 역할이다.

마지막으로 일선경영자는 분야별로 실무를 담당한다. 과장, 계장, 대리, 감독자(supervisor) 등의 직급에 해당되는 조직 내 최하위층으로 자기가 맡은 과업을 감독하고, 조언 및 조정을 하는 역할을 한다.

축구 국가대표팀 감독은 성적을 내기 위한 실무 총 책임자이다. 보통 본인 역량을 최대한 발휘하기 위해 코칭 시스템을 둔다. 혼자 모든 일을 할 수 없기 때문이다. 전체로 봤을 때 일선경영자 역할을 하지만, 본인이 구축한 코칭 시스템 내에선 최고경영자가 될 수 있다. 즉, 선수선발, 투입, 교체, 전략 및 전술 등 경기에 관한 결정은 오로지 감독 몫이다.

다시 말해 성적을 내기 위한 실무는 일선경영자인 감독이 해야 하지만, 종종 언론 플레이마저 위임하는 모양새를 통해 책임 있는 조직 모습을 상실하는 경우가 있다. 예를 들어 성적부진에 따라 감독이 책임을 지는 모습은 관례적, 상식적으로 인식될 수 있으나, 대표팀의 방향과 향후 계획을 밝히는 역할은 협회차원에서 보여주는 것이다.

▌ 스포츠 분야의 의사결정자

- 스포츠 연맹 및 협회 대표, 리그 대표, 구단주 등 **조직 행정절차 결정**에 의사결정권을 가진 자를 의미한다.
- 프로스포츠 리그의 운영위원장, 심판위원장, 팀 감독도 경기운영 측면에서 의사결정을 한다.
- 리그의 마케팅 팀장, 스포츠 에이전시 및 매니지먼트 회사의 대표 등도 스포츠 분야의 의사결정자가 될 수 있다.

이러한 조직 내 구성원들 간의 역할이 중요해지면서 Robert L. Katz에 의해 제시한 경영 혹은 관리를 계층별로 상이한 자질의 비중에 따른 기술(skills)을 살펴보면 다음과 같다. 이는 계층별 경영자 기술에 따른 의사결정 유형이다. 모든 층(최고경영자, 중간경영자, 일선경영자)에서 중요한 기술이지만, 특히 계층별로 갖춰야 할 자질 혹은 능력적인 측면에서 중요도 위주로 설명을 했다(Katz, 1974).

———— 로버트 카츠

① 개념적 기술(conceptual skills)
② 대인관계 기술(human skills)
③ 전문적 기술(technical skills)

첫째, 개념적 기술은 최고경영자가 갖추어야 할 기술이다. 급변하는 조직 내·외부 환경은 매우 추상적이고 복잡하기 때문에 현명한 사고와 개념화가 필요하다. 최고경영자는 조직을 전체로 보는 상황판단 능력이 요구된다. 이는 의사결정 측면에서의 비즈니스 활동으로 최고경영자가 수행하게 되는 기업의 장기목표, 자원배분 등 기업 전체에 영향을 미치는 활동에 대해 판단을 해야 하므로 전략적인 의사결정을 해야 한다.

둘째, 대인관계 기술은 조직 내의 모든 계층(최고경영자, 중간경영자, 일선경영자)이 갖추어야 할 기술이다. 상·하 혹은 좌·우의 모든 구성원들 사이에선 원만한 관계가 중요하다. 모든 계층에 중요한 기술로서 상호 간 의사소통을 어떻게 하고, 목표달성을 위해 효과적인 동기부여가 요구된다. 중간관리자는 자기 조직 혹은 팀의 목표를 달성하기 위해 필수적인 대인관계 능력을 발휘해야 한다. 이는 중간경영자가 수행하게 되는 기업 목표달성을 위한 자원을 확보하고, 효율적인 사용 활동에 대해 판단을 해야 하므로 관리적 의사결정을 해야 한다.

마지막으로 전문적 기술은 일선경영자가 갖추어야 할 기술이다. 능숙한 업무수행을 통해 생산된 제품과 서비스가 고객에게 직접적으로 연결되는 부분이므로 현장실무능력을 갖추어야 한다. 일선경영자는 실무적인 측면에서 특정업무의 효율적이고 효과적인 수행 활동을 위한 판단을 해야 하므로 기능적(운영적) 의사결정을 해야 한다.

그림 3-1 경영자의 기술

표 3-1 경영자의 기술과 의사결정 유형

경영자 유형	경영자 기술	의사결정 유형	내용
최고경영자	개념적 기술 (conceptual skills)	전략적 의사결정	• 조직 내·외부 환경변화를 예측하고, 대처를 해야 한다. • 조직을 전체로 보는 상황판단능력이 필요하다.
중간경영자	대인관계 기술 (human skills)	관리적 의사결정	• 목표달성을 위해 전략을 수립하고, 효율화를 추구해야 한다. • 상·하 구성원 간 원만한 관계를 위해 원활한 소통을 주도해야 한다.
일선경영자	전문적 기술 (technical skills)	운영적 의사결정 (기능적)	• 제품생산과 고객 서비스는 직결되므로 현장대처능력을 갖춰야 한다. • 특정업무의 효과적 수행을 위해 현장실무능력이 필요하다.

② 민츠버그의 경영자 역할

앞서 언급한 경영자는 조직 목적을 달성하기 위해 경영활동을 수행하고자 계획을 수립하는 사람, 조직화 하는 사람, 지휘를 하는 사람, 통제를 하는 사람이라고 하였다. 즉, 모든 경영자(최고경영자, 중간경영자, 일선경영자)는 업무의 범위와 역할이 정도와 수준 차이는 있지만 조직 내에서 경영활동을 수행하는 것이다.

——— 헨리 민츠버그

저명한 경영학자 Henry Mintzberg는 1960년대 후반 MIT 대학원 재학 당시 다섯 명의 경영자를 대상으로 직무내용이 어떻게 구성되는지 연구를 했다. 그가 연구한 결과를 토대로 경영자 역할(roles)을 세 개의 집단으로 다음과 같이 제시하였다.

① 대인관계 역할(interpersonal roles)
② 정보수집 역할(informational roles)

③ 의사결정 역할(decision roles)

첫째, 대인관계 역할이다. 앞서 언급한 카츠(R. L. Katz)가 제시한 모든 경영자 계층에서 중요한 기술로서 조직 내·외부의 다양한 사람들을 만나고 업무를 추진하는 과정에서 매우 중요하다. 즉, 대인관계 역할을 함으로써 대표(figurehead), 리더(leader), 연결자(liaison)가 된다고 볼 수 있다.

조직 대표는 상징적 존재로서 법적 및 통상적으로 요구되는 일상 업무를 수행한다. 주도적 리더는 부하직원에 대한 동기부여와 과업을 지시하는 활동을 담당한다. 조직 내부와 외부를 연계하는 연결자 역할은 협찬(후원)을 제공하거나 다양한 정보가 오고갈 수 있는 외부 집단과 네트워크를 구축하고 유지한다.

둘째, 정보수집 역할이다. 모든 경영자 계층은 의사결정을 위해 정보가 필요하다. 필요한 정보를 위해 조직 내·외부로부터 정보를 수집하고 조직 내 다른 구성원들에게도 전달하게 된다. 즉, 정보수집과 관련한 역할을 함으로써 감시자 혹은 탐색자(monitor), 전파자(disseminator), 대변자(spokesperson) 지위를 갖게 된다.

정보 모니터는 방대한 양의 정보를 수집하는 역할을 뜻한다. 정보 전파자(배포자)는 다양한 정보를 내부 구성원에게 전달한다. 조직 대변인은 조직 계획과 정책 등을 제시하거나 조직을 대표할 때 대리하는 역할을 한다.

마지막으로 의사결정 역할이다. 경영자는 궁극적으로 의사결정을 위해 창업자 혹은 기업가(entrepreneur), 문제 해결자(disturbance handlers), 자원 분배자(resource allocator), 협상가(negotiator) 역할을 하기 위해 관련한 지위를 갖는다.

창업 기업가는 다음 장에서 설명할 조직 내·외부 환경분석(SWOT)을 통해 기회를 발굴하고, 위기를 관리한다. 문제 해결자(위기경영자)는 조직이 처한 예기치 못한 문제를 정상화시키는 역할을 한다. 자원 분배자는 조직 내에서 중요한 의사결정을 하는 역할을 한다. 조직이 갖춘 자원을 어떻게 배분하고, 효율적으로 역할을 수행할 수 있게끔 조정을 해야 한다. 특정부서에 업무가 쏠리거나 잉여 인력을 그대로 방치하는 경우를 최소화해야 한다. 대표 협상자는 주요 협상에서 조직을 대표하는 역할을 한다. 중대한 의사결정은 최고경영층에서 이루어지지만, 조직운영 방향에 부흥하기 위한 협상은 적극적으로 임해야 한다.

그림 3-2 **경영자의 역할**

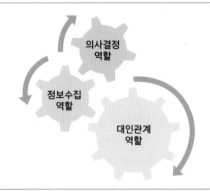

표 3-2 **경영자의 역할과 지위**

경영자 역할	경영자 지위	내용
대인관계 역할 (interpersonal roles)	• 대표자 • 지도자 • 연락자	• 모든 계층의 경영자(최고, 중간, 일선)는 내·외부의 다양한 네트워크를 통해 업무를 추진해야 한다. • 개인, 팀, 조직 간에 원활한 관계를 유지하기 위한 노력을 해야 한다.
정보수집 역할 (informational roles)	• 감시자 • 전달자 • 대변자	• 필요한 정보를 조직 내·외부로부터 수집하고, 다른 구성원에게 전달해야 한다. • 비밀에 부치는 정보도 있지만, 통상적으로 조직이 추구하는 업무와 연관된 우수한 정보를 찾고, 공유해야 한다.
의사결정 역할 (decisional roles)	• 기업가 • 문제 해결자 • 자원 분배자 • 협상가	• 조직목표를 달성하기 위해 실행이 가능한 업무를 추진해야 한다. • 문제를 해결하고자 노력해야 한다. • 자원을 효율적으로 배분하고 효과적으로 업무가 추진될 수 있도록 해야 한다. • 항상 협상가의 자세를 갖춰야 한다.

▌집단의사결정

경영자는 의사결정 역할을 매우 중요하게 생각해야 한다. 신중한 의사결정 방법 중에서 집단의사결정(group decision making)이 있다. 이는 조직 내 의사결정이 경영자 개인이 아닌 집단을 통해 결정되는 경우를 뜻한다. 조직이 클수록 개인이 의사결정을 하기 보다는 운영위원회, 자문위원회 등 의사결정 임시조직을 상시적으로 운영한다.

장점을 살펴보면 다음과 같다.

① 집단의사결정을 통해 개인이 결정하는 것보다 **완전한 정보를 제공**할 수 있다.

② 많은 양의 정보와 다양한 정보를 갖고 있는 집단은 개인보다 **많은 대안을 개발**할 수 있다.

③ 조직 내에 문제가 발생하여 의사결정이 필요할 때 해결방안에 대한 **수용 가능성을** 높여준다.

④ 개인적 의사결정보다 **민주적 절차**에 따른 집단의사결정을 통해 **합법성**을 높여준다.

반면, 집단의사결정의 단점은 의사결정에 많은 시간이 소비될 수 있다. 또한 집단의사결정 시스템이라 할지라도 조직 내 서열, 경험, 지식 등의 영향에 따라 소수의 지배구조가 될 수 있다. 이는 동조에 대한 압력의 영향력을 행사할 수 있고, 책임소재 불분명성으로 인해 문제의 소지가 될 수도 있다.

대표적인 집단의사결정 방법과 효과적으로 이끌기 위한 방식은 다음과 같다.

① 브레인스토밍
 – 의사결정에 참여한 모든 사람들에게 어떤 대안이든 의견을 제시하게 한다.
 – 집단의사결정에 발생할 수 있는 '집단에 대한 동조 현상'을 방지하기 위해 개인이 제시한 의견에 대해 비평을 하지 않게 한다.
② 명목집단법
 – 의사결정에 참여한 모든 사람들은 회의를 통해 의사결정 과정이 진행되는 동안에만 토론하게 한다. 즉, 몇 명이서 미리 회의를 하게 하면 안 된다.
 – 회의 주제를 미리 알게 하고 개인별 생각을 메모하게 한다.
 – 회의가 시작되면 개인별로 메모해 둔 의견을 제시하고, 기록자는 모두가 볼 수 있게 화이트보드, 칠판 등에 기록하게 한다. 즉, 의견이 모두 제시되기 전에는 토론하면 안 된다.

－ 정해진 시간 동안 토론이 이루어진 후, 참가자 모두가 조용히 의견에 대한 순위를 매기게 한다.
　　　－ 순위를 매긴 평가가 끝나면 결과를 일시에 공개하고, 순위가 높은 의견으로 결정한다.
　③ 델파이법
　　　－ 명목집단법과 유사하지만, 의사결정 참가자들끼리 대면하지 않게끔 한다.
　　　－ 참가들에게 문제를 알려주고, 면밀하게 만든 설문지를 무기명으로 답하게 한다.
　　　－ 설문을 회수하고 결과 보고서를 만든 후, 참가자들에게 사본을 각각 배포한다.
　　　－ 결과 보고서에 대한 문제 해결책을 묻고, 내용수정을 통해 대안을 파악한다.
　　　－ 참가자들 사이에 의견이 일치될 때까지 결과 보고서 사본 배포와 의견을 묻는 단계를 반복한다.

▎ 집단지성

　　집단지성(collective intelligence)이란 집단지혜(collective wisdom), 군집지성(swarm intelligence) 등의 다양한 유사개념이 공존한다. 집단지혜는 '지혜'가 '지성'보다 포괄성이 더 크고, 여러 세대에 걸쳐 축적된 경험과 기억까지를 포함한다. 또한 시간적 지평도 포함시킬 수 있다는 이유로 선호하는 목소리도 있다. 군집지성은 곤충, 로봇, 시뮬레이션, 알고리즘 등 인지적으로 단순한 행위자들의 집합적인 행위를 가리키는데 사용하고 있다. 또한 공동지성(co-intelligence)이란 용어사용도 주장하지만, 현재는 집단지성이 대표적 용어로 자리 잡았다.

　　특히 최근 웹 기반 집단지성을 통해 가상공간이 집단지성의 네트워크가 됐다. 대표적으로 크라우드 소싱(crowdsourcing), 동료생산(peer production), 사용자 권력 시스템(user-powered systems), 사용자 생성 콘텐츠(user-generated contents), 공동작업 시스템(collaborative systems), 커뮤니티 시스템(community systems), 사회적 검색(social search), 클라우드 컴퓨팅(cloud computing), 사회적 미디어(social media), 위키노믹스(wikinomics), 대량협업(mass collaboration), 인간 컴퓨터화(human computation), 협업 소프트웨어(collaborative software), 그룹웨어(groupware), 협업 테크놀로지(collaboration technology) 등 다양한 용어와 개념이 자리 잡고 있다(권찬호, 2018).

　　기본적으로 협력은 **이타성**에 기초한다. 이타성이란 자기 비용으로 타인 편익을 증가시키는 행위를 통해 자신만의 이익을 극대화하는 행위를 추구하면 협력이 일어날 수 없다는 것이다. 통섭(consilience)으로 잘 알려진 사회생물학자인 Edward O. Wilson(1929~2021)은 우리 인간을 진(進)사회성(eusociality) 동물이라고 했다. 진화를 거듭한 인간은 나와 우리를 보호하는 이타적 행동을 하거나 혹은 사적 이익 일부를 희생한다는 것이다.

2017년 발간한 Philip Kotler와 그의 동료들의 저서에 따르면 최근 시장(market)은 3.0을 넘어 4.0으로 넘어갔다고 했다. 즉, 온라인과 오프라인의 통합 마케팅이 필요한 **4.0 시장**에선 집단지성에 의지하는 경향을 제시했다. 최근 물건을 구입하는 소비자는 막대한 홍보 마케팅 비용으로 점철된 대기업 광고에 현혹되지 않는다. 이들은 직접 의견을 구하고자 자신의 가상공간에서 가입한 다양한 커뮤니티 내 의견을 중시한다. 가상공간에서 만들어지는 집단지성은 과정과 유형이 매우 다양하게 발전하고 있다. 물론 다수의 판단, 주장과 견해가 항상 최선의 결과라고 보장할 수는 없다. 집단

———— 필립 코틀러

적 어리석음(collective stupidity)의 가능성을 경계해야 한다는 목소리도 있다.

그림 3-3 마켓 5.0

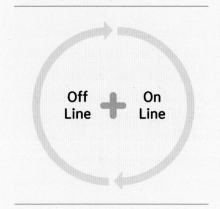

하지만 웹을 기반으로 한 집단지성의 흐름은 소비자 구매활동에도 영향을 미치고 있지만, 새로운 비즈니스 탄생을 비롯해 앞으로 시장 내 영향력에서 예의주시해야 할 것이다.

Kotler et al.(2021)는 코로나 19로 인해 앞으로 도래할 5.0시장의 가속화를 언급했다. 휴머니티 기술 중심의 5.0시장은 인간 중심의 3.0시장과 4.0시장부터 발전돼 온 기술 중심의 시장이 통합된 형태로서 확대될 가능성을 제시했다. 이는 Y세대(1981~1996년생)의 부상으로 인터넷이 활성화된 3.0시장과 Z세대(1997~2009년생)까지 포함하여 전통적 방식에서 디지털 방식

의 급격한 변화환경을 주도한 4.0시장은 온라인과 오프라인의 통합을 당연시하게 여기게 됐다. 아직 소비시장에 진입하지 않은 알파 세대(2010~2025년생)로부터 형성되기 시작하거나 앞으로 발전하게 될 5.0시장은 기술을 자기 삶에 꼭 필요한 일부이자 자신의 확장으로 여기게 됨에 따라 Z세대(1997~2009년생)로부터 강한 성향을 보이고 있는 개인화와 맞춤화의 편리성이 가속될 것이다. 변화를 주도할 수 있는 역할에 자신감을 보임으로써 이들의 의견개진 방식을 주목해야 한다.

스포츠 경영환경과 분석

여기서 잠깐!

▌시장(market)의 변화와 특성

① 시장 1.0
- 제품 위주의 마케팅을 하며, **표준화**(standardization), **전문화**(specialization), **단순화**(simplification)를 통해 생산자가 소비자에게 일방적으로 제품과 서비스를 제공하는 시기임
- 예를 들어 오늘날과 같이 세련된 프로 스포츠 경기장의 품질을 기대하기 이전에 경기장 내에서 생산되는 경기란 제품을 보는 것에 만족했던 시기임
- 1988년 서울하계올림픽 때와 같이 국위선양과 전인교육 등의 전통적 역할을 강조하며 일방향 정책을 주도했던 시기로서도 이해할 수 있음

② 시장 2.0
- 소비자 중심의 마케팅을 하며, 시장 환경이 독점에서 벗어나 경쟁사의 제품이 등장하면서 소비자의 목소리에 귀를 기울이게 되는 시기임
- 소비자도 품질을 고려하면서 애프터서비스(A/S)에 대한 인식이 강해짐
- 프로 스포츠 구단에서도 고객을 유치하기 위한 별도의 노력으로 다양한 마케팅 기법이 도입됨
- 2002년 월드컵 경기 때 보여주었던 국민의 자발적 응원문화는 기업이 주도하는 스포츠 마케팅 시장에서 생산자와 소비자 간의 **양방향** 소통이 가능했던 환경을 보여줌

③ 시장 3.0
- 인간 중심의 마케팅을 하며, 가치 중심의 시장을 주도하는 전략이 필요하게 되면서 제품 중심(1.0)의 일방향 마케팅이나 소비자 중심(2.0)의 쌍방향 마케팅만으로는 고객을 감동시킬 수 없게 됨
- 이를 극복하기 위해 **스토리텔링**(story-telling)이 중요해지면서 상상력을 발휘하는 마케팅이 필요해지면서 프로 스포츠 구단도 고객을 유치하기 위한 방안으로 **체험 마케팅**을 적극 도입함
- 이 환경은 현재도 진행 중인 시장으로 기업이든 정부든 소비자가 원하는 것을 미리

찾고 적극 지원하는 **맞춤형 전략**으로도 이어짐
- 예를 들어 **융·복합과 지역특화**를 제시하며 지원 시스템을 갖추고자 했던 다양한 국가정책에서 엿볼 수 있음

④ **시장 4.0**
- 기업과 고객 사이의 **온·오프라인의 상호작용을 통합**한 마케팅을 함
- 디지털 경제가 도래했다고 해서 오프라인을 배제하면 안 되듯, 오프라인 접촉을 강화하면서도 인간과 미디어의 상호 작용을 스크린을 통해 확장되고, 소비자의 판단기준에 지대한 영향을 미치고 있음을 인식함
- 이에 기업은 **옴니채널**(Omni Channel) 마케팅을 도입하면서 온라인과 오프라인에서 가격과 서비스의 동일함을 추구하게 됨
- 기업의 일방적인 마케팅을 위해 부정적인 콘텐츠를 검열하거나 고객을 속일 수 없게 됐고, Y, Z세대(V.2.1장 제시)가 주도하는 스마트해진 고객들은 스토리두잉(story-doing)을 통해 소셜 미디어 등의 매체를 통해 자기표현을 거침없이 함
- 유통회사(신세계)가 야구단 인수(2021년 SSG 랜더스 출범)를 통해 온·오프라인의 통합 시장으로 이어가면서 멀티채널을 가동하는 전략을 보여줌. 즉, 다양한 플랫폼에서 브랜드와 사람들 간의 상호작용을 통해 모든 채널에 통일된 메시지를 전달하고자 함
- 2018년 평창동계올림픽을 거치면서 이벤트와 IT의 결합, 평화 메시지의 공감 등을 적극 표출함으로써 메달색깔과 숫자에 크게 좌우되는 인식을 드러내지 않음. 이는 시장 3.0에서부터 이어온 감각적 자극과 체험문화를 중시하면서 사회·환경적 문제 해결을 강조하는 브랜드를 선호하게 되는 것을 알 수 있음

⑤ **시장 5.0**
- 고객을 지적으로(1.0), 정서적으로(2.0), 정신적으로(3.0) 자극하며 온·오프라인의 통합시장(4.0)을 거쳐 필요한 모든 구성 요건을 기술(기계)에 의해 해결하고자 하는 개념이 코로나-19로 인해 침체됐다가 극복하는 과정(2021년)에서 자리가 잡혀가고 있음
- 다섯 세대(베이비부머, X세대, Y세대, Z세대, 알파세대; V.2.1장 제시)가 동시에 살아가고 있는 함축적 시장 환경을 기업이 앞을 다투며 선도적으로 자리(위치화)를 잡고자 노력을 하고 있음
- 고객의 의견을 듣게 되면서(2.0), Y세대와 Z세대가 주도하는 소셜 미디어 커뮤니티상의 구성원에 대한 신뢰를 토대로 기업은 그들의 댓글문화 등에서 향후 제품과 서비스 업데이트에 차용할 아이디어를 찾고 있음

- 오랜 기간 동안 연구돼 왔지만 이전에 잘 알려지지 않았던 소비자의 **행동패턴**을 기계·기술(AI, 빅데이터 등)에 의해 발견하는 수준까지 다다름
- 그럼에도 불구하고 소비자 행동의 **기본적 동기**(태도, 가치 등)를 읽는 능력은 오직 인간만이 다른 인간을 이해할 수 있다고 여겨지기 때문에 사람(생산자·유통자 내에서 전략을 구상하는 마케터)의 영역은 여전히 중요함
- 이를 통해 향후 도래할 기술 중심 마케팅에서 부가가치를 창출하는 방법을 지속적으로 연구하고 적극 도입해야 함. 즉, 더 많은 정보를 통해 의사결정을 해야 하고 마케팅 전략과 전술의 결과를 사전에 예측할 수 있어야 함
- 또한 **디지털 시장에서의 경험**을 실제 세계(오프라인 공간)에서 자연스럽게 접목할 수 있는 고객별 맞춤형 응대가 매우 중요해짐. 더불어 특정한 제품과 서비스에 항상 접속 중인 고객의 기호는 끊임없이 변화할 수 있다는 전제 하에 고객과 **공동 창조**(co-creation) 방식을 적극 도입해야 만이 효과를 거두게 됨. 즉, 완제품을 시장에 납품하는 방식에서 오픈소스 플랫폼을 활용해 **고객 의견**을 적극 차용해야 함

출처: 문개성 외(2022). 글로벌 드론축구 육성을 위한 스포츠 마케팅 전략 수립. 대한드론협회. p.149 –151.

① 경영환경

1960년 이후, 발전한 현대사회 속에선 성공적인 경영을 위해 '경영자가 내부 조직 관리에 초점을 맞추느냐'의 문제에서 벗어나 '외부환경 변화를 잘 대처하는 역량'이 필요하게 됐다. 즉, 비즈니스 환경이란 조직 내부 및 외부환경의 모든 영역에서 경영활동에 직·간접적으로 영향을 미치는 모든 요인이라 할 수 있다. 이러한 맥락에서 스포츠 비즈니스 환경이란 스포츠와 관련된 재화나 서비스를 제공하는 스포츠 조직의 경영활동과 연관된 '직·간접적인 영향력 및 조건(a set of forces and conditions)'을 말한다.

환경(environment)에 대한 광범위한 정의는 조직을 둘러싸고 있거나 영향을 미치는 모든 요인이다. 이러한 환경의 개념을 세분화하여 살펴보면 다음과 같다. 즉, 내부환경과 외부환경으로 분류할 수 있다. 또한 외부환경은 일반

환경과 과업환경으로 구분할 수 있다.

① 내부환경(internal environment)
② 외부환경(external environment): 일반환경(general environment), 과업환경(task environment)

(1) 내부환경

내부환경은 조직마다 다르거나 독특한 조직문화와 분위기를 의미한다. 조직마다 행정절차, 의사결정 시스템, 종업원 성향, 주주와 노사관계 등이 다르다.

지역 연고와 기업 스폰서십 환경으로 대표하는 프로스포츠 리그 내에 구단들이 존재한다. 구단 자체 내부환경도 다를 수 있지만, 지역 정서와 협찬을 책임지는 기업문화에 따라 내부환경이 다를 수밖에 없다. 오랜 전통과 역사를 통해 열정적인 팬 층이 형성돼 구단 분위기에 영향을 미치기도 한다. 기업 사훈과 맥을 같이하여 구단마다 추구하는 가치가 다를 수 있다. 그에 따라 다소 엄격할 수도 있고 상대적으로 자유로운 분위기가 연출될 수 있다. 상명하달식 의사결정에 의해 구단운영이 이루어질 수도 있고, 상호 소통을 통해 다양한 의견에 따라 새로운 고객 서비스가 창출될 수도 있다.

미국 오레곤 주에 위치한 나이키 본사는 글로벌 기업이 추구하는 방향성을 고민한다. 시대 트렌드를 파악하고 새로운 디자인과 상품을 연구한다. 제품개발과 현지 유통을 책임지는 동남아 등지에 위치한 제조공장은 정해진 시간에 원단을 조달하고, 상품화시킨다. 같은 회사라 할지라도 지리적 분화(differentiation)로 인해 위치와 역할이 다르다면 내부환경은 다를 수밖에 없다.

(2) 외부환경

외부환경은 조직의 의사결정 등 전반적인 활동에 영향을 미치는 조직 외부에 존재하는 환경이다. 외부환경에는 일반환경과 과업환경으로 구분할 수 있다.

① 일반환경

일반환경은 거시적 환경이라 하여 '매크로(macro, 크다) 환경'이라고도 불린다. 사회의 모든 조직에 영향을 미치는 광범위한 요인으로 구성돼 있다. 일반환경 요인은 다음과 같다.

- 경제적 환경(economic environment)
- 인구통계학적 환경(demographic environment)
- 사회·문화적 환경(sociocultural environment)
- 정치·법률적 환경(political and legal environment)
- 기술적 환경(technological environment)
- 국제적 환경(international environment)

첫째, 경제적 환경 요인은 경제성장률, 환율, 이자율, 인플레이션, 주식시장 변동, 경기순환, 통화량 등이 있다. 스포츠 소비자들의 제품 및 서비스 구매능력과 구매의욕에 영향을 미칠 수 있다.

소비 위축은 경기장을 찾는 관람스포츠 소비와 운동을 배우기 위한 참여 스포츠 소비에 영향을 미친다. 교통비, 티켓비용, 외식 및 편의시설 이용비 등 소비를 줄이기 위한 노력을 하게 된다. 경기장을 찾는 대신 TV와 기타 매체를 통해 경기결과를 알고자 한다. 또한 스포츠 센터에 지출하는 강습비, 용품 구매와 시설 이용료 등을 줄이고 인근 운동장과 공원을 이용해 건강을 챙기는 활동으로 바뀔 수 있다. 이처럼 경제적 환경 요인은 국내 환경뿐만 아니라 국제적 환경에 의해서도 영향을 미칠 수 있는 대표적인 요인이다.

'스포츠의 마케팅(marketing of sports)' 주체인 스포츠 단체(프로연맹, 협회 등)는 관객이 많아야 관람료와 부대시설 이용료 등을 통해 수익이 창출된다. 하지만, 경제적 상황이 악화되면 소비시장이 크게 위축돼 관객 유인을 고민해야 한다. 선수를 활용한 다양한 이벤트, 서비스와 할인 혜택 등을 통해 홍행을 이어가기 위한 노력을 한다.

둘째, 인구통계학적 환경 요인은 연령, 성별, 인종, 교육 수준, 지리적 위치, 소득, 가족 구성 등이 있다. 스포츠 소비자에 대한 시장 세분화 전략수립 및 프로그램 개발 등에 영향을 미칠 수 있다.

인구 고령화 시대를 맞아 노인스포츠 프로그램이 필요하게 됐다. 여유가 있는 노년층은 자신에게 맞는 맞춤형 체력증진 활동을 선호할 수도 있다. 약해진 근력과 유연성을 기르게 하고, 건강한 삶을 유지하기 위한 다양한 프로그램이 선보일 수 있다. 저출산으로 인해 유아 및 유소년을 위한 특화 프로그램을 찾는 소비자층이 생기고 있다. 즉, 건강한 아이로 성장시키기 위해 아낌없이 투자를 하는 부모가 있을 것이다.

또한 인구의 도시집중화 현상은 스포츠 비즈니스 환경에 많은 영향을 미칠 것이다. 도심형 스포츠 시설에 비해 농촌형 스포츠 시설 활용도는 낮아질 수 있다. 국가와 지자체가 지원하는 공공스포츠 클럽 프로그램을 통해 자칫 체육활동 시간이 부족해질 수 있는 여건을 개선해야 한다. 이외에도 가족 규모와 생활수준에 따라 스포츠 활동 범위와 종류가 다르다.

인구변화는 공공스포츠 클럽과 민간스포츠 클럽의 지향점을 다르게 할 것이다. 전자는 다양한 종목을 저렴한 비용으로 배울 수 있는 프로그램으로 차별성을 내세울 것이다. 후자는 특화종목에 대해 질적 서비스를 앞세워 운영하고자 할 것이다. 이처럼 인구통계학적 요인은 스포츠 조직에 영향을 미치는 중요한 요인으로 작용한다.

🔲 여기서 잠깐!

▌세대별 구분과 특성

- 마케팅 학자 Kotler 등(2010, 2017, 2021)은 세대별 특성과 시장의 변화(1.0시장에서 5.0시장까지)와 맞물리는 지점에서의 마케터의 역할을 강조함

- 통상 마케팅 현장에선 세대별 구분(베이비부머, X세대, Y세대, Z세대, 알파세대)을 통해 시장 세분화(segmentation)의 기초를 마련함. 글로벌 정세와 맞물려 있어 몇 년 정도의 오차가 있을 수 있지만, 소비력이 강한 한국사회에 적용해도 무방할 만큼 세대별 구분이 중요성을 강조함. 특히 **디지털 격차**를 해소하면서 세대별 접근을 하기 위해 중요함

① 베이비부머 세대
- **베이비부머**는 1946년부터 1964년에 태어난 세대로 세계전쟁 종료 후 많은 지역에서 나타난 높은 출산율을 기록했음
- 오늘날 더 건강하고 오래 살게 되면서 은퇴를 미루거나 은퇴 후에도 계속 일을 함
- 젊은 세대들로부터 신기술을 받아들이는 것보다 **기존의 사업방식**을 고수함

② X세대
- **X세대**는 1965년부터 1980년 사이에 태어난 세대로 현재 대부분의 경영진 등 리더의 위치에 있으며 다른 세대와 비교했을 시 구매력이 가장 큼
- 경제활동을 할 무렵에 인터넷이 발전하면서 **경제활동 인구 중 가장 영향력**이 있음
- 아날로그와 디지털 환경의 경계에 있으면서 새로운 기술과 표현방식을 지속 습득함

③ Y세대
- **Y세대**는 1981년부터 1996년 사이에 태어난 세대로 **디지털에 정통**한 세대가 됨
- 오늘날 소셜 미디어 사용에 정통하고 자신을 표현하는 데 매우 개방적으로 기성 브랜드보다 **동료**(소셜 미디어 커뮤니티 내의 구성원 포함)를 더 신뢰함
- 소유보다 **경험**을 중시하면서 기존 세대만큼 제품과 서비스를 다량으로 구매하지 않음
- 개인적인 삶과 직업적인 삶을 뒤섞는 경향이 강하고 다양성과 무제한적인 콘텐츠 노출을 통해 이상적인 삶을 추구하고자 함

④ Z세대
- **Z세대**는 1997년부터 2009년 사이에 태어난 세대로 태어난 이후부터 디지털 환경에서 성장해 디지털 기기를 원어민처럼 구사할 수 있어 최초의 **디지털 네이티브**가 됨
- 학습, 뉴스 업데이트, 쇼핑, 소셜 네트워킹 등을 온라인과 오프라인을 구분하지 않고 무한한 콘텐츠를 소비함
- 소셜 미디어 통해 일상을 적극 공유하지만 Y세대의 이상주의(세련되고 여과된 이미지 공유)가 아닌 **실용주의적 태도**를 중시하면서 진실하고 솔직하게 자신을 표현함
- 억지로 꾸미는 것보다 있는 그대로를 좋아하며 제품과 서비스를 소비하는 방법을 통제할 능력을 자신들에게 주길 기대함

－ 다른 세대에 비해 개인화와 맞춤화의 편리성을 매우 중시하며, 변화를 주도할 수 있는 역할에 더 자신감을 보임

⑤ 알파 세대

• **알파 세대**는 2010년부터 2025년 사이에 태어났거나 앞으로 태어날 세대로 급속도로 변화하는 도시 환경에서 자라며 교육을 잘 받고 기술에도 정통함

－ 만혼자가 많은 Y세대는 알파 세대인 육아와 자녀교육에 보다 더 중점을 두게 됨

－ 스크린을 보는 시간이 상대적으로 길기 때문에 기술을 자기 삶에 꼭 필요한 일부이자 자신의 확장이라고 여김

출처: 문개성 외(2022). 글로벌 드론축구 육성을 위한 스포츠 마케팅 전략 수립. 대한드론협회. p.154-155.

셋째, 사회 · 문화적 환경 요인은 사회적 가치(social values), 태도(attitudes), 철학, 경향, 전통 및 관습(customs), 생활방식(life style), 신념, 기호, 행동 패턴 등이 있다. 이는 스포츠 소비자들의 소비심리를 파악하고 변화하는 스포츠 비즈니스 환경에 능동적으로 대처하는데 영향을 미칠 수 있다.

폭력을 싫어하는 사람은 격투기 경기를 꺼려할 수 있다. 사람마다 동적인 운동과 정적인 운동에 대해 선호하는 경향이 다르다. 주말이면 어김없이 아웃도어 스포츠를 즐기는 동호회에 동참을 하는 사람도 있고, 시간을 절약하기 위해 집에서 스포츠 활동을 선호하는 사람도 있다. 건강을 추구하기 위한 목적은 같을 수 있으나 스포츠 활동 패턴은 많이 다르다. 스포츠 비즈니스 환경은 사회 · 문화적으로 다른 환경 요인을 잘 분석하여 환경변화에 효과적으로 대처해야 한다.

넷째, 정치 · 법률적 환경 요인은 정부시책, 방침과 같은 정치적 환경과 기업 활동과 관련된 법률 및 제도와 같은 법률적 환경 등이 있다. 이는 새로운 종목을 대중들에게 보급할 수 있는 제품과 서비스 개발에 대한 규제가 강화되거나 완화됨에 따라 소비자에게 소개될 수도 있고, 시장에서 출시되기 전에 사라질 수도 있다. 출시가 되더라도 궁극적으로 스포츠 소비자 선택에 영향을 미칠 수 있다.

스포츠 용품업체가 중국으로부터 대규모 용품을 수입했지만, 위험성을 이유로 정부시책에 막혀 출시되지 못한다면 조직 운영에 큰 타격을 받게 된다. 최근 안전을 중요시 하는 스포츠 활동 기준을 충족시키지 못한다면 스포츠 이벤트 주최 측 일정에 차질이 빚어질 수 있다. 정치, 법률 및 제도적 환경 요인은 스포츠 조직이 처해있는 중요한 외부환경이다.

다섯째, 기술적 환경 요인은 과학과 산업 분야에서 기술혁신과 새로운 패러다임 전환에 따른 다양한 기술적 환경 등이 있다. 스포츠 콘텐츠는 혁신적 기술과의 융·복합화가 가속화되면서 스포츠 소비자의 욕구 충족과 소비패턴, 생활전반 등에 영향을 미칠 수 있다.

전통적인 세계적 스포츠 용품업체인 나이키는 몇 해 전 퓨얼밴드(Fuel Band)를 출시했다. 스포츠와 어울릴 것 같지 않았던 생소한 손목팔찌는 이젠 혁신이란 말이 어울리지 않을 정도로 흔해졌다. 스마트폰 기능과 연동해 개인 건강을 챙기는 주요 장치가 됐다. 기술적 환경 요인을 적극 활용해 주도적 역할을 함으로써 브랜드 이미지를 더욱 높이는 계기가 됐다. 이와 같이 누구도 생각지 못했던 새로운 스포츠 활동 환경을 만드는데 기술적 요인은 매우 중요한 영향을 미친다. 새로운 서비스를 접한 소비자에겐 혜택으로 다가올 수 있으나, 기술변화를 감지하지 못하는 스포츠 조직은 퇴보할 수 있는 영향 요인이 된 것이다.

마지막으로 국제적 환경 요인은 세계화 및 세계경제와 관련된 문제를 포함하는 요소로서 환율 변동, 석유 값 변동, 주변국 정치상황, 주요 거래국 경제상황 등이 있다. 이는 스포츠 비즈니스 환경변화에 영향을 미친다.

매년 친선경기를 치르던 두 국가 간에 첨예하게 대립되는 정치적 상황으로 인해 취소될 수도 있다. 세계 통합 시장이라고 해도 무색할 정도의 국제환경은 일상생활 속에서 영향을 미치지 않는 것이 없게 됐다. 2032년 서울과 평양 공동의 올림픽 개최 추진은 국제적 환경 요인을 오히려 주도하는 매개로 삼은 사례다. 평화 메시지를 국제 정치 역학적으로 풀어가기 위한 노력의 일환으로 정치색이 약한 스포츠를 등장시킨 것이다. 2018년 평창동계올림픽에서도 남북단일 여자 아이스하키팀의 역할이 이런 동력으로 작용했다. 하지만 국제정치의 이해관계가 복잡해지고, 국내 정권의 변화로 일관된 정책이 추진되지 못함에 따라 소위 타이밍(適時, 때)을 놓치게 돼 새로운 시장(market)에 대한 희망의 불씨를 켜보지도 못하게 됐다.

그럼에도 불구하고 국제적 스포츠 조직인 국제올림픽위원회(IOC)는 스포츠 비즈니스 환경에서 적자 올림픽이란 오명에 의해 식었던 인기를 되살릴 수 있는 가능성을 열었다. 두 국가 간 개최, 권역별 개최 등 다양한 방안을 도입해 100년이 넘는 근대 올림픽이란 상품을 새로운 국제적 환경 속에서 자생력을 높일 수 있는 여건을 마련할 수도 있을 것이다.

오랜 기간 동안 세계 시민으로부터 권위를 부여받은 IOC는 앞으로 어떤 미션과 비전을 가져야 할까. 2019년 말, 예상치 못했던 코로나 19의 발발로 2020 도쿄 하계올림픽이 1년 간 미뤄지는 초유의 사태를 낳았다. 감염병의 확산은 누가 보더라도 개인과 사회를 위험에 빠트릴 수 있는 이벤트란 인식이 있었음에도 불구하고, 일본 내 정치적 판단과 IOC는 상업주의의 이익을 좇으며 강행했다. 2022년 베이징 동계올림픽은 어떠했나. 편파 판정으로 기록만을 추구하는 주최국의 민낯을 보여주고, 강하게 억지해야 할 IOC의 눈치보기 태도도 비난의 화살을 피하지 못했다. 앞으로 국가 간 정치·경제 갈등, 이념 혹은 에너지 쟁탈 전쟁, 역사적 논쟁 등 다양한 국제적 이슈에 외부환경 요인의 분석과 대처는 더욱 중요해질 것이다.

📋 여기서 잠깐!

▎스포츠 협동조합에 관한 법과 제도

협동조합은 기업의 형태를 갖추고자 출자가 가능한 조직이다. 국내의 「협동조합기본법」은 2011년에 제정되고, 2012년부터 시행됐다. 국제협동조합연맹은 1995년에 협동조합 조직의

스포츠 경영: 21세기 비즈니스 미래전략

7대 원칙을 발표했다.

① 자발적이고 개방적인 조합원 제도(voluntary and open membership)

② 조합원에 의한 민주적 운영(democratic member control)

③ 조합원의 경제적 참여(member economic participation)

④ 자율과 독립(autonomy and independence)

⑤ 교육 훈련 및 정보 제공(education, training, and information)

⑥ 협동조합 간의 협동(cooperation among cooperative)

⑦ 지역사회에 대한 기여(concern for community)

스포츠 협동조합 설립의 기본 근거는 대한민국 헌법 제21조 제1항에 규정된 집회 및 결사의 자유이다. 즉, "모든 국민은 언론·출판 자유와 집회·결사 자유를 가진다."라고 했다.

스포츠 분야의 대표적인 해외 사례는 리오넬 메시(Lionel Messy)가 뛰고 있는 곳으로도 유명한 스페인 프리메라리가의 FC 바르셀로나이다. 스페인 카탈루냐 지역주민들이 정치적 탄압에 대항하기 위해 1899년 협동조합으로 창단됐다. 이 구단은 스페인 마드리드를 연고로 역사와 전통을 자랑하는 명불허전의 시민구단으로 발전하게 됐다.

오늘날 17만 명에 이르는 조합원을 바탕으로 '소시오스(socios)'라는 모임을 통해 조합장(회장)을 선출하고, 투명한 의사결정 과정을 통해 프로스포츠 구단 운영을 성공적으로 이끌고 있다. FC 바르셀로나하면 축구만 연상되지만, 축구, 농구, 핸드볼, 롤러 하키 구단 등도 포함돼 있다. 2013년 기준 세계 프로스포츠 구단의 가치 평가에서 3위를 차지할 만큼 성장세를 이어가고 있다.

---

② 과업환경

외부환경에 속하는 과업환경은 어떤 특정한 조직에 영향을 미치는 요인으로 미시적 환경이라 하여 '마이크로(micro, 작다) 환경'을 뜻한다. 다음과 같은 요인이 있다.

- 경쟁자(competitors)
- 소비자(customers)
- 공급자(supplier) 및 유통업자(distribution dealer)
- 규제기관(regulators)

첫째, 경쟁자 요인은 유사한 스포츠 제품 혹은 프로그램을 시장에 내놓은 업체를 말한다. 한정된 자원을 놓고 서로 경쟁할 수밖에 없는 환경에서 비롯된다. 소비자 선택에 영향을 주는 경쟁자 전략 및 능력 등은 스포츠 비즈니스 환경에 영향을 미칠 수 있다. 프로구단 끼리도 서로 간에 치열한 경쟁을 한다. 좋은 선수를 발굴하고 가치를 높여 구단의 자산으로 활용할 상품으로 만든다.

국내 경주사업(racing business)으로 분류된 경마(horse racing), 경륜(cycle racing), 경정사업(motor-boat racing)은 국가기관이 시행하는 독점사업이다. 마사회 및 국민체육진흥공단에서 「마사회법」과 「경륜·경정법」에 의거해서 사업을 하고 기금조성과 지원을 한다. 하지만 경주사업 시행자 간에도 스포츠 갬블링 소비자를 놓고 경쟁을 하는 구도이다. 경쟁을 피하기 위해 시행요일(경마: 토, 일/경륜: 금, 토, 일/경정: 수, 목)을 분산하기 위한 노력도 했지만, 가족단위 레저를 표방한 사업에서 주말 경쟁을 피할 수 없다. 즉, 각 경주사업이 갖는 특징과 다양한 서비스를 통해 차별화 노력을 해야 하는 경쟁자 환경인 것이다.

또한 각종 불법적 스포츠 도박도 이를테면 경쟁자 요인이 된다. 베팅 배당을 크게 잡아 기존 경주사업 고객을 유인하기 때문이다. 시장을 교란하는 불공정한 경쟁 대상이므로 불법도박 신고를 제도적으로 운영하고 있다. 2020년부터 본격 확산됐던 코로나 19 바이러스 팬데믹으로 인해 1년 이상 문을 닫았던 경륜·경정사업이 법 개정을 통해 온라인 발매(2021.8.)가 시행됐다.

둘째, 소비자 요인은 스포츠 조직이 생산하는 제품 혹은 서비스를 구매하는 소비자를 뜻한다. 소비자는 돈을 지불하는 주체이기 때문에 그들의 변화는 스포츠 비즈니스 환경에 영향을 미칠 수 있다.

직접 스포츠 소비자는 강습비용을 지출하며 운동 종목을 배우려고 하는 1차 소비자이다. 이들은 서비스에 대한 관여도(involvement)와 서비스 품질 인식이 높아 프로그램 운영에 민감하다. 스포츠 센터 조직은 이러한 소비자 성향을 잘 분석해야 한다. 다른 경쟁자에 비해 차별화, 비용우위, 집중화, 세분화 전략을 구사해 기존 고객을 계속 유지시키고, 새로운 고객을 유치하기 위한 노력을 해야 한다.

간접 스포츠 소비자는 경기장 티켓 비용을 지출하며 경기를 관람하고자하는 2차 소비자이다. 이들은 직접 소비자에 비해 상대적으로 관여도가 낮지만, 좋은 품질의 상품(경기)을 소비하고 싶어 한다. 즉, 프로구단 조직은 경기력 향상을 높이기 위한 전략을 구사해야 한다.

매체 스포츠 소비자는 각종 미디어를 통해 경기를 시청하거나 용품을 구매하는 3차 소비자이다. 스포츠 콘텐츠를 소비하는 형태가 직접 혹은 간접 소비자와 다르지만 기본적으로 스포츠가 갖는 특성(신체성, 경쟁성, 규칙성)에 대해 관심이 높다. 스포츠 용품업체뿐만 아니라 프로구단은 온라인 소통을 강화하기 위한 노력을 하고 있다.

셋째, 공급자 및 유통업자 요인은 스포츠 조직의 비즈니스 활동을 위한 필요한 자원 및 생산요소 등을 차질 없이 공급하는 사람이나 조직을 의미한다. 스포츠 제품을 양산하기 위해 제때에 부속품이 공급돼야 차질 없는 경영환경이 마련되므로 스포츠 비즈니스 환경에 영향을 미칠 수 있다. 스포츠 용품업체를 떠올리면 제품을 만들기 위해 적시에 원단이 공급돼야 한다.

프로구단에 신인선수가 공급되지 않는다고 가정하면 리그 자체가 위축될 것이다. 즉, 선진 사회에서 운영되는 팜 시스템(Farm system)을 통해 프로리그 자체 유소년 리그 등이 필요하다. 이를 통해 지속적으로 선수를 양성하여 잠재적 상품이 될 수 있는 환경을 마련해야 한다.

지난 2015년 「국민체육진흥법」 일부 개정으로 엘리트 체육과 생활 체육이 통합됐다. 대한체육회와 국민생활체육회 2개 기관이 1개로 합쳐지고, 전국 17개 시·도 체육회와 각종 가맹단체의 통합 진행과정은 많은 진통을 겪었다. 스포츠 비즈니스 환경 측면에서 보면 궁극적으로 필요한 조치이다.

1950년 중반부터 1970년 중반까지 20여 년 동안 유지됐던 연 신생아 100만 명 시대가 월드컵으로 환호하던 2002년 49만 여명을 기점으로 15년 동안 40만 명대로 유지됐다. 하지만 2016년 30만 명대를 시작으로 하락추세는 계속되고 있는 심각한 상황이다. 급기야 2021년 26만 500명으로 20년 전인 2001년(55만 9,934명)에 비해 절반에도 미치지 못하고 있다. 신생아 수는 줄고 인구는 고령화되면서 경제활동을 할 수 있는 생산가능인구(만 15~64세)도 급격히 줄어들고 있다. 2020년 3,738만 명에서 2030년에는 3,381만 명으로 감소를 예측하고 있다. 양질의 젊은 노동력이 줄어든다는 의미로 2067년에는 생산가능인구와 노인인구(만 65세 이상)가 1,000만 명대로 같아진다는 게 통계청 추계다.

오늘날 스포츠 강국이란 타이틀은 엘리트 체육을 양성했던 정책적 결과를 더해 기본적으로 운동수행이 가능한 인구가 많았기 때문이다. 하지만 앞으로 저출산 현상이 가속화되면 엘리트 체육을 이끌어갈 인재군(群)이 확률적으로 줄어든다. 다시 말해 효과적인 예산 집행이 가능한 통합 체육을 통해서라도 공급과 유통시장을 확대해야 한다. 최근 시행하는 지역별 공공스포츠 클럽 운영을 통한 체육 영재 발굴 프로그램을 기대할 수 있다.

마지막으로 규제기관 요인은 스포츠 조직의 경영활동을 규제하는 기관으로서 대표적으로 정부기관 및 산하기관이 있다. 이외에도 연맹, 협회, NGO(non-government organization) 등이 있고, 매체를 통해 영향을 행사하는 언론기관도 공권력은 없으나 영향력이 크다.

지난 2009년 문화체육관광부 국제체육대회 유치에 관한 규정이 개정되며 유치 절차가 달라지게 됐다. 예전에는 지방자치단체와 소속 체육회가 국제적인 스포츠 이벤트를 유치하고 난 후, 정부 승인과 국비보조를 요청했다. 이 과정에서 검증되지 않은 국제행사에 따라 사후 심각한 재정낭비와 각종 부담을 떠안게 되는 부작용이 있어 개정된 것이다.

개정된 규정은 지자체 및 경기단체 등이 국제체육대회를 유치·개최를 위해선 사전에 정부 승인과 10억 원 이상의 국고지원을 요청할 수 있게 했다. 적용 대상대회는 「국제경기대회 지원법」에 명시된 국제경기대회로서 국제올림픽위원회(IOC)와 국제장애인올림픽위원회가 주관하는 올림픽 대회, 아시아

올림픽평의회(OCA)와 아시아장애인올림픽평의회가 주관하는 아시아경기대회, 국제대학스포츠연맹이 주관하는 세계대학경기대회, 국제축구연맹이 주관하는 월드컵축구대회, 국제육상경기대회연맹이 주관하는 세계육상경기대회, 국제수영연맹이 주관하는 세계수영선수권대회 및 그 밖에 중앙정부의 지원이 필요한 대회로서 대통령령으로 정하는 대회 등이다.

이를 위해 우선 국제대회에 대해서 전문연구기관(한국스포츠정책과학원 등)을 통해 타당성 조사와 검증을 해야 한다. 이 자료를 바탕으로 지방의회의 의결과 대한체육회 승인을 얻어야 한다. 이후 정부 승인 절차에 착수해야 한다. 우선 주무부처인 문화체육관광부 승인을 거친다. 이 과정은 국제행사개최계획서, 타당성조사 및 검토보고서 등을 바탕으로 유치심사위원회를 구성·운영한다. 이후 기획재정부의 최종 승인을 거친다. 이 과정은 국제행사심사위원회에서 구성·운영한다.

문화체육관광부와 기획재정부 승인이 완료된 후, 국제스포츠기구에 유치신청서를 제출하고 승인절차를 밟아야 한다. 스포츠 비즈니스 환경에서 규제기관 요인은 행정적 절차, 여론 동향, 시민 의식, 명분과 타당성 등과 관련해 중요하게 작용한다.

그림 3-4 **국제스포츠이벤트의 유치절차**

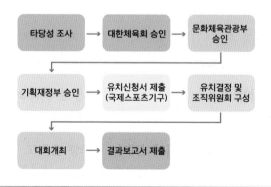

표 3-3 스포츠의 경영환경

구분			내용
내부환경			• 공유된 가치, 원칙, 전통, 일처리 방식 등
외부환경	일반환경	경제	• 경제성장률, 환율, 이자율, 인플레이션, 주식시장 변동, 경기순환, 통화량 등
		인구	• 연령, 성, 인종, 교육 수준, 지리적 위치, 소득, 가족 구성 등
		사회문화	• 사회적 가치, 태도, 철학, 경향, 전통, 관습, 생활방식, 신념, 기호, 행동 패턴 등
		정치법률	• 정부 시책, 방침, 법률, 규제, 제도 등
		기술	• 기술 개발과 혁신 등
		국제환경	• 환율 변동, 석유값 변동, 주변국 정치상황, 주요 거래국의 경제상황 등
	과업환경	경쟁자	• 한정된 자원을 놓고 서로 경쟁하는 조직
		소비자	• 조직이 생산하는 제품과 서비스를 받고 돈을 지불하는 주체
		공급자	• 경영활동을 위해 필요한 자원을 공급하는 조직
		유통업자	• 생산된 제품과 서비스를 소비자에게 전달하는 역할을 하는 중간상
		규제기관	• 경영활동을 통제하거나 규제하는 기관: 연맹, 협회, NGO, 언론기관 등

❷ SWOT 분석

스포츠 조직뿐만 아니라 사회에서 경영활동을 하고 있는 모든 조직은 환경적 불확실성(environmental uncertainty)에 처해 있다. 조직 환경에서의 변화와 복잡성 정도에 따라 경영활동은 밀접한 관계가 있다. 즉, 경영자들은 불확실성이 높을수록 환경 위협으로부터 위험을 최소화하기 위해 노력할 것이다. 이는 곧 환경적 불확실성을 최소화하는 방향으로 경영활동을 수행하는 것이라 할 수 있다.

조직 목표를 달성하기 위한 일련의 과정이라 할 수 있는 전략경영과정에서 중요한 접근방법으로 내부환경과 외부환경을 분석하는 SWOT 분석이 있다. 즉, 조직에 대한 강점과 약점으로 대변되는 내부환경과 기회와 위협으로 대변되는 외부환경을 평가하는 것을 말한다.

① 내부환경 분석: 강점(strength), 약점(weakness)
② 외부환경 분석: 기회(opportunity), 위협(threat)

(1) 내·외부 환경 분석

내부환경 분석이란 조직 내에서 각 사업단위 강점(S)과 약점(W)을 주기적으로 평가하는 것을 말한다. 즉, 강점이 있다고 해서 모두 수용할 수도 없고, 약점이 있다고 해서 모두 개선할 필요는 없는 것이다. 다시 말해 경쟁자와 비교하여 소비자들로부터 강점으로 인식되는 부분과 약점으로 인식되는 부분을 잘 선별하여 외부환경과의 타당한 연결고리를 찾고 객관적인 평가를 해야 한다.

외부환경 분석이란 일반환경으로 분류된 사회의 모든 조직에 영향을 미치는 거시적인 환경요인(경제적, 인구통계학적, 사회문화적, 정치·법률적, 기술적, 국제적 환경 등)과 과업환경으로 분류된 특정한 조직에 영향을 미칠 수 있는 미시적인 환경요인(경쟁자, 소비자, 공급자, 유통업자, 규제기관 등)을 객관적으로 파악하는 것이다. 이러한 환경분석을 통해 시장으로부터의 기회(O)와 위협(T)을 찾게 됨으로써 조직 자원과 역량에 대해 체계적인 평가를 해야 한다.

(2) SWOT 분석 전략

내부환경)과 외부환경의 객관적인 평가를 통해 상호 보완적인 전략을 바탕으로 조직이 앞으로 나아가야 할 방향과 전략을 도출할 수 있다. SWOT 분석에 의한 전략은 다음과 같다.

① 공격전략
② 안정전략
③ 다각화 전략
④ 방어전략

첫째, 강점과 기회가 있을 때는 기회를 활용하기 위해 강점을 사용하는 전략을 창출하는 성장지향의 공격전략이 필요하다. 열정과 패기의 강점을 보유한 신생 프로구단은 리그 확대와 지자체 팬 층이 늘어나는 기회를 더해 공격적 마케팅을 전개할 필요가 있다. 시장이 확대되는 기회를 잘 살려 보다 많은 소비자에게 어필될 수 있도록 신생팀 이미지를 높여야 한다.

둘째, 약점과 기회가 있을 때는 약점을 극복함으로써 기회를 활용하는 전략을 창출하는 안정전략이 필요하다. 즉, 합작투자나 인수합병(M&A, mergers and acquisitions)을 활용할 수 있다. 구단 재정상황이 좋지 않아 시너지 창출에 한계가 있다고 해도 시장 확대란 기회를 놓치지 않기 위해 새로운 비즈니스 환경을 만들 수 있는 것이다.

셋째, 강점과 위협이 있을 때는 위협을 회피하기 위해 강점을 사용하는 전략을 창출하는 다각화 전략이 필요하다. 외부환경 위협이란 뜻하지 않게 발생하기 때문에 항상 다가올 미래를 예측해야 한다. 다양한 영역에서 새로운 서비스를 제공하거나 우수한 인적, 물적 자원을 활용해 스포츠 조직 내 강점을 지속적으로 잘 살릴 필요가 있다.

마지막으로 약점과 위협이 있을 때는 위협을 회피하고 약점을 최소화하는 전략을 창출하는 방어전략이 필요하다. 내부환경과 외부환경이 여의치 않을 경우 재정지출, 사업투자 등을 보수화하고, 시장 상황을 예의주시하면서

표 3-4 SWOT 분석을 통한 경영전략

구분	기회(Opportunity)	위협(Threat)
강점(Strength)	〈O/S 전략〉 • 공격전략 • 시장기회선점 전략 • 시장/제품 다각화 전략	〈T/S 전략〉 • 다각화 전략 • 시장침투 전략 • 제품확충 전략
약점(Weakness)	〈O/W 전략〉 • 안정전략 • 핵심역량강화 전략 • 전략적 제휴	〈T/W 전략〉 • 방어전략 • 철수전략 • 제품/시장 집중화 전략

약점을 극복하기 위한 처방이 필요하다.

💬 **여기서 잠깐!**

▌ 스포츠 조직의 브랜드 작업

브랜드를 구성하는 요인은 몇 가지로 분류할 수 있다. 우선 **브랜드 네임**이다. 스포츠를 예로 들어보면 종목, 팀, 구단 등에 대한 존재 인식의 시작인 것이다. 즉, 브랜드의 시작으로 고객(팬)의 욕구가 일치할 때 팀 혹은 구단의 의도가 달성된다고 할 수 있다. 또한 **심벌마크**와 **로고**도 브랜드 구성 요인으로 매우 중요하다. 트레이드 마크, 엠블럼 등 다양한 용어로 사용되고 있다. 흔히 C.I.(Cooperate Identity)라는 용어로 거의 모든 기관과 단체가 사용하고 있다. 이 외에도 **슬로건**도 브랜드 구성 요인으로서 대표적이다. 속칭 브랜드가 하는 말로서 인식한다. 나이키, 아디다스와 같은 스포츠 용품 회사들도 소비자에게 강하게 어필할 수 있는 슬로건을 끊임없이 개발하여 각인시키려고 한다. 또한 스포츠 구단하면 떠오르는 게 **캐릭터**이다. 이 브랜드 구성 요인을 통해 그 단체만의 특성을 나타낼 수 있다. 캐릭터의 적절한 활용은 브랜드 전반에 활력을 불어일으킬 수 있다(김덕용, 2021).

Rein, Kotler, & Shields(2006)에 따르면 스포츠 조직의 브랜드 분야는 다양하다. 각 브랜드 조합을 통해 시너지 효과를 기대한다. 스포츠 브랜드들이 서로 조합을 이룰 때 가장 강력한 효과를 발휘할 수 있다. **거시 브랜드**(macro brand)란 스포츠 의사결정자의 직접적 통제 하에 있는 상품이고, **미시 브랜드**(micro brand)란 시장 차별화를 도와주는 브랜드 확장 상품이다. 예를 들어 국내 프로야구라고 하면 800만 명이 넘는 관람객을 유도하는 흥행요소가 담보된 거시 브랜드로서 작용한다. 미시 브랜드는 지역별로 야구 응원 문화가 다르고 열정과 뜨거운 경쟁을 상징한다는 점에서 찾을 수 있다. 또한 10개 야구구단은 서로 다른 팀 문화, 구단 경영진, 행정가, 마케팅 기법 등 다른 미시 브랜드로서 작용한다. 경기도 수원시를 연고로 하는 kt위즈는 첨단기술을 접목한 스마트 경기장 운영을 내세웠다. 스마트 기술을 통해 팬과의 세련된 소통 마케팅을 대변한다. 젊은 층을 공략하는 미시 브랜드 전략을 추진하고 있다.

스포츠 브랜딩을 위한 영역은 9가지로 분류할 수 있다(Rein et al., 2006). 국내 프로야구 리그를 대입해서 설명하면 다음과 같다.

① 선수 브랜드화: 방송과 인터넷 매체 등을 통해 선수 이미지를 지속적으로 팬들에게 노출되게 한다.

② 구단주 브랜드화: 프로스포츠 구단주 브랜딩 작업을 통해 대중 인식 속에 자리 잡게 한다.

③ 감독 브랜드화: 감독 브랜딩 작업은 선수를 결속시키고 언론매체와의 친숙도를 높이게 한다.

④ 경영인 브랜드화: 국내에선 경영인 노출을 최소화하지만, 선수계약과 팀 홍보활동 등에 경영진과 관계자 노출을 통해 구단 운영방향과 운영방식에 대해 알려지게 한다.

⑤ 프로그램 브랜드화: 유소년, 성인, 여성, 노인 등 대상별 서비스 특화 프로그램을 적극 홍보하게 한다.

⑥ 리그 브랜드화: 리그 자체 브랜딩 작업을 통해 다른 프로스포츠 리그보다 소비자 인식을 높이게 한다.

⑦ 시설 브랜드화: 지역연고에 따른 경기장 시설 브랜딩화는 관람스포츠 소비자를 유인하게 한다.

⑧ 스포츠 용품 브랜드화: 용품 브랜딩 작업을 통해 소비자 인지도를 높인다. 해외 유명 구단 에이전시 사업을 통해 구단 인지도를 높이게 한다.

⑨ 이벤트 브랜드화: 이벤트 브랜딩 작업을 통해 리그 경기 외에도 고객을 위한 다양한 서비스 차원의 이벤트를 선보이면서 고객 인지도를 높이게 한다.

 과제

1. 계층별 경영자 기술을 적용한 국내외 스포츠 조직 사례를 조사하시오.

2. 경영자의 역할을 통해 성공적인 국내외 스포츠 조직 사례를 조사하시오.

3. 가장 최근의 신생 스포츠 조직의 경영환경에 대해 SWOT 분석을 통해 전략을 찾아보시오.

4. 짧은 시기 동안 브랜드 안착에 성공한 신생 스포츠 조직의 사례를 찾아보시오.

제4장

스포츠
비즈니스의 전략

SPORT MANAGEMENT

CONTENTS

제4장

스포츠 비즈니스의 전략

제1절

스포츠 비즈니스의 전략 요인

❶ 경영전략의 수준

조직 내에서 경영자 역할을 담당해야 하는 의사결정 수준과 범위에 따라 전략 수준을 다음과 같이 구분할 수 있다.

(1) 기업전략

기업전략(corporate strategy)은 최고경영자가 의사결정을 하는 수준의 경영전략이다. 기업 사명(mission)을 정의하고, 구성원과 공유함으로써 몇 년 후에 조직의 모습으로 그려나가야 할 비전(vision)과 가치(value)를 추구한다. 보통 기업사명문(mission statement)을 어떻게 작성하고, 공감을 얻을지 고민하게 된다. 최고경영자는 사업부 전략과 기능별 전략 수준에서 제시된 다양한 제안을 검토하고, 전략적인 우선순위에 따라 자원을 배분한다.

프로연맹은 리그 전체가 가야 할 현재적 가치(미션)와 미래적 가치(비전)

를 각 구단과 공유하고 전략을 찾게 된다. 예를 들어 프로연맹의 기업전략은 구단 수를 확대할지, 유지할지 혹은 줄일지 등을 조정하는 경우에서 찾아볼 수 있다. 구단 숫자가 늘어나면 구단별로 나누는 이익 배분금이 축소될 수 있으나, 새로운 팬 층을 형성하고 시장을 확대하는 측면에서 수익창출로 이어져 배분금엔 영향이 없을 수도 있다.

프로구단 입장에서 기업전략은 구단이 지닌 사명, 비전, 가치를 구성원들과 공유하면서 시작된다. 신입 선수 수급을 통해 잠재적인 성장을 도모해 선수와 구단가치를 높이는 전략을 구사할 수 있다. 반면 과감한 투자를 통해 우수 선수를 영입해 단기간 구단가치를 높일 수 있기를 기대할 수 있다. 즉, 조직이 갖춘 인적·물적 자산을 활용해 전략적 우선순위를 바탕으로 자원 배분을 하게 된다.

(2) 사업부 전략

사업부 전략(business strategy)은 특정분야에서 지속적인 경쟁우위를 확보하기 위한 전략에 속한다. Michael Porter(1947~)가 제시한 경쟁전략(차별화, 비용우위, 집중화)과 유사하다. 전략사업단위(SBU, Strategy Business Unit)는 전략수립과 집행의 기본단위로서 사업부 수준의 경쟁적 위치를 강화하는데 필요한 모든 활동이다.

SBU는 부과할 목표, 전략, 예산을 결정하고 조직이 해야 할 과업이다. 스포츠 비즈니스 전략수립 기법(4장 2절)에 소개될 BCG(Boston Consulting Group) 매트릭스 전략에 등장할 확대(build), 유지(hold), 수확(harvest), 철수(divest)로 대변되는 4가지 대안적 목표를 추구하게 된다.

프로연맹 차원에서 사업부 전략은 여러 개의 구단자체가 전략사업단위(SBU)에 해당된다. 앞서 언급한 구단 숫자를 조정하는 문제는 전략사업단위를 놓고 확대, 유지 등 방법을 찾는 것이다. 또한 프로구단 차원에서 사업부 전략은 선수군(群), 감독과 코치진, 지원인력 등 인적자원과 지역연고와 연계된 경기장 시설, 훈련장, 장비 등 물적자원이 각각의 전략사업단위가 된다. 인적 자원과 물적자원 조정에 따른 전략은 비용을 투자해야 할지, 회수해야 할지 등을 결정하는 중요한 의사결정 과정이다. 프로구단은 지자체와 협상을 유리하게 전개하기 위해 지자체가 관리하는 공공체육시설을 놓고 이슈를 도출하기도 한다. 이를 '프랜차이즈 게임'이라고 불리는데 선수가 훈련하기 좋은 환경을 찾기 위해 타 지자체로 옮길 수 있다는 문제 제기는 종종 언론의 관심을 도출하게 한다. 구단 차원의 협상방법도 전략사업단위(SBU) 측면에서 전략수립과 집행에 기본단위로서 활용될 수 있다.

(3) 기능별 전략

기능별 전략(functional strategy)은 위에 언급한 상위 전략의 실행수단으로서 분야별 역할과 연관돼 있다. 이 분야에는 마케팅, 인사, 재무, 인적자원 관리, 물류, 제조, 유통, 서비스 등 사업부 전략을 실행하기 위한 구체적인 방법이 있다.

프로구단은 선수란 상품가치를 높이기 위해 기능별 전략을 구사한다. 선수 기량을 높이기 위한 코치진, 외부 마케팅 활동을 통해 선수를 알리기 위한 홍보팀, 차질 없이 선수 훈련을 할 수 있게 사전 조치를 취하는 지원팀 등 다양하다.

세계적인 스포츠 용품 기업은 본사, 물류기지, 제조공장이 각각 다른 위치에서 역할을 한다. 기업이 추구하는 가치를 지향하는 본사는 기업전략을 담당한다. 또한 대륙별 유통을 원활하게 하기 위해 전략수립과 집행의 기본단위를 소화하는 물류기지는 사업부 전략을 담당한다. 마지막으로 제조, 유통, 서비스 등을 담당하여 실질적으로 시장에 선보이는 제조공장에선 기능별 전략을 구사한다. 이러한 유기적 구조에 의해 전 세계를 하나로 묶는 시장을 형성하는데 주도적 역할을 하고 있다.

▌ 전략경영(strategic management)

경영자가 조직의 전략을 수립하기 위해 수행하는 일로서 계획, 조직, 지휘, 통제를 포함한다. 전략(strategy)이란 군대를 이끈다(leadership)는 뜻의 그리스어 '스트라테고스(strategos)'에서 유래된 말로 조직의 특정한 목표를 달성하기 위하여 계획을 세우는 것이다. 전략경영에서 중요하게 인식해야 할 비즈니스 모델(business model)을 어떻게 구상하고, 고객에게 다가갈 수 있을까를 고민해야 한다. '왜 전략경영은 중요한가'를 경영학자인 스티븐 로빈슨(Stephen P. Robbins, 1943~)은 다음과 같이 제시했다.

① 조직의 목적을 성취할 수 있도록 환경을 조성해주는 **차별성**을 만들어주기 때문이다.
② 모든 조직들은 지속적으로 변화하는 상황에 놓여 있어 **불확실성을 대처**해야 하기 때문이다.
③ 최근 기업들이 **복잡하고 다양**해지기 때문이다.

▌ 전략경영 프로세스(strategic management process)

로빈슨(Robbins, S. P.)은 조직 목표를 달성하기 위해 전략경영의 중요성을 제시했다. 그는 전략경영 프로세스를 6단계로 분류했다.

① 미션과 비전 공유
② 외부환경(기회, 위협) 분석
③ 내부환경(강점, 약점) 분석
④ 전략 수립
⑤ 전략 수행
⑥ 결과 평가

첫째, 조직의 미션, 비전을 구성원 간에 공유해야 한다. 이 부분은 5장(스포츠 조직관리)에서 자세히 언급할 것이다. 둘째, 외부환경 분석을 통해 기회와 위협요인을 객관적으로 파악해야 한다. 이 부분은 3장(스포츠 비즈니스 시스템과 환경)에서 자세히 다뤘다. 셋째, 내부환경 분석을 통해 조직의 강점과 약점을 파악해야 한다. 마찬가지로 3장에서 언급했다. 넷째, 전략을 수립해야 한다. 다섯째, 전략을 수행해야 한다. 마지막으로 결과를 평가해야 한다.

그림 4-1 전략경영 프로세스

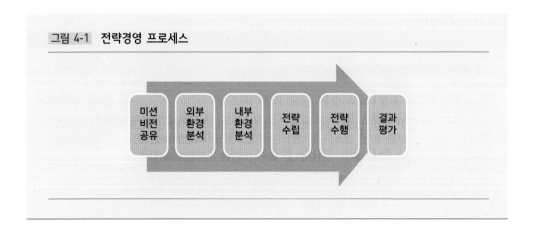

❷ 경영전략 수준과 경영자 기술

경영자가 처해있는 의사결정 수준과 범위에 따라 기업전략, 사업부 전략, 기능별 전략으로 분류했다. 경영전략의 수준과 경영자 기술을 연계해서 설명하면 다음과 같다.

① 기업전략은 조직 전체 수준에서 사업의 미션을 정의하고 사업 분야를 결정하는 전사적 전략이다. 개념적 기술을 잘 수행해야 하는 최고경영자 책임 하에 조직의 장기적 목표를 갖고 수행된다.

② 사업부 전략은 조직 내 각 사업부에서 해당 사업의 경쟁적 위치를 강화하는 경쟁전략이다. SBU라 하면 전략사업단위(Strategy Business Unit)로 사업부 수준의 전략을 의미한다. 대인관계 기술을 잘 수행해야 하는 중간경영자가 면밀하게 검토한다.

③ 기능별 전략은 사업부 전략을 실행하기 쉽게 기능조직단위로 구체화하는 전략이다. 재무, 인사, 생산, 마케팅, 연구개발(R&D, Research and Development) 등 기능별 조직에서의 수행방법을 의미한다. 전문적 기술을 잘 수행해야 하는 일선경영자가 기능별 조직에서 제품기획, 영

업활동 등의 분야를 담당한다.

표 4-1 경영전략의 수준과 경영자 기술

구분	내용	카츠의 경영자 기술
기업전략	• 최고경영자가 의사결정을 하는 수준이다. • 조직을 전체로 보고 사업 분야를 결정한다.	최고경영자 (개념적 기술)
사업부 전략	• 특정 분야에서 지속적인 경쟁우위를 확보한다. • M. Porter의 경쟁전략과 유사하다. • 전략사업단위(SBU, Strategic Business Unit) – 사업부 수준의 전략으로 전략수립과 집행의 기본단위 – 다른 전략사업단위와 구별되는 목표 – 독자적 경영기능 수행 능력 – 시장의 경쟁자보다 경쟁전략 확보	중간경영자 (대인관계 기술)
기능별 전략	• 마케팅, 인사, 재무, 유통 등 기능별로 자원분배를 한다.	일선경영자 (전문적 기술)

제2절

스포츠 비즈니스의 전략 수립 기법

❶ 성장전략

(1) 기업전략론

러시아에서 건너온 미국출신의 경영학자 이고르 앤소프(Igor Ansoff, 1918~2002)는 국내에서는 잘 알려지지 않았지만 서구사회에선 '경영전략론의 아버지'라고 불릴 만큼 전략적 의사결정에 관한 분석적인 모델을 제시하였다. 그는 응용수학으로 박사학위를 취득한 후, 미육군 산하 랜드 연구소에서 다년간 근무했다. 이후 록히드 일렉트로닉스에서 '계획 및 프로그램 담당' 부사장이 되기도 했다. 최종적으론 엔지니어링 부문 경영자가 된 후, 적자에서 수익을 이끌었다.

Ansoff(1965)는 기업전략론(Corporate Strategy)을 통해 사업 다각화에 대한 의견을 제시했다. 그는 경영과 기업전략의 의미를 크게 4가지로 분류했다.

① 3S 모델
② 차이 분석
③ 기업전략
④ 경쟁력의 원천

첫째, 3S 모델은 전략(Strategy), 조직(Structure), 시스템(System)으로 기업의 의사결정에 직접적으로 영향을 미치는 요인이다.

스포츠 에이전시를 예로 들자면 평범한 선수를 가치 있는 선수로 포장하기 위한 전략(strategy)이 필요하다. 프로선수들은 소속구단에서 기량을 높이기 위한 프로그램을 수행할 수 있지만, 아마추어 선수들은 에이전시 차원에서 프로그램을 도입하기도 한다. 즉, 전속 코치와 해외 전지훈련 등 모든 기량향상 프로그램과 스케줄을 제공한다. 선수에게 투자한 비용 대비 경기력이 증진되고 대중적 인기가 확산되어 상품 가치가 높아진다면 전략이 유효한 것이다. 이 전략을 효과적으로 수행하기 위해선 구조(structure)가 필수적이다. 선수 섭외, 스케줄 관리, 용품 협찬 및 광고 출연 기업 연결 등 조직 분화(differentiation)를 통해 분야별 업무를 수행한다. 마지막으로 효율적이고 효과적인 행정절차를 수행하고, 의사결정을 하기 위한 시스템(system)은 매우 중요하다.

둘째, 차이 분석은 경영전략의 중요한 의미로서 '현재(As Is)와 미래(To Be)'를 연결하는 방침을 제시한 것이다. 급변하는 소비자 트렌드는 선수 호감도에도 변화를 줄 수 있다. 예전에 인기가 있었던 선수 스타일이 오늘날 달라질 수 있는 것이다. 프로선수에게 집중됐던 매니지먼트 모델이 올림픽에 출전했던 아마추어 선수로 확장되면서 시장 상황이 달라졌다. 즉, 과거와 오늘, 현재와 미래를 연결하는 차이를 정확히 분석하고 적용하는 문제가 중요한 경영전략으로 작용한다.

셋째, 기업전략은 각 사업을 정하는 사업전략과 전체를 관리·통합하는 전략을 의미한다. 사업 전체 관점에서 어떤 방향으로 성장할 것인가를 결정하는 중요한 부분이라 할 수 있다. 즉, 사업의 포트폴리오(portfolio, 수익은 극대화하면서 위험은 최소화) 관리를 위해 기업의 다각화 방침(성장 벡터)은 유명한 '앤소프 매트릭스'에서 결정된다.

마지막으로 경쟁력의 원천은 기존의 기업 활동 중에서도 가장 핵심이 되는 강점을 의미한다. 프로구단별로 자사가 보유한 경쟁력이 다를 것이다. 지역연고에 따라 팬 심(心)이 남다른 구단은 서비스를 내놓을 때마다 호응을 얻는다. 유연한 기업문화가 구단에 영향을 주어 의사결정 속도가 빠른 시스템도 경쟁력이 될 수 있다.

💬 여기서 잠깐!

▌ 맥킨지 7S 모델

이 모델은 맥킨지 컨설턴트 Tom Peters, Robert Waterman(1936~2022) 등에 의해 앤소프가 제시한 3S를 발전시켜 1980년대 개발됐다. 즉, 앤소프의 전략(strategy), 조직(structure), 시스템(system) 외에도 스타일(style), 직원(staff), 기술(skills), 가치공유(shared values)를 더해 총 7S로 발전시켰다. 특히 맥킨지 모델은 관리하기가 어려운 전략, 조직, 시스템을 하드웨어(hardware) 영역, 상대적으로 부드러운 영역으로 조직을 이루는 근간으로서 지속적인 경쟁우위를 창출하는 분야로 스타일, 직원, 기술, 가치공유를 소프트웨어(software) 영역으로 분류했다.

① 전략(strategy): 지속적인 경쟁우위를 달성하고 시장에서 성공적으로 경쟁하기 위해 필요한 요소로 전략이 다른 요소들과 잘 조화를 이루느냐에 따라 보다 효과적인 성과를 창출
② 조직(structure): 회사의 조직도로서 쉽게 변경이 가능하여 가장 잘 드러날 수 있는 요소

③ 시스템(system): 의사결정방법을 보여주는 회사 내부의 절차적인 요소

④ 스타일(style): 조직마다 다른 리더의 경영방식으로 회사 내부의 문화적인 요소

⑤ 직원(staff): 조직에 필요한 인적자산으로 직원 규모, 채용, 교육과 훈련, 동기부여, 보상 방법에 관한 요소

⑥ 기술(skills): 직원들이 수행하는 능력에 관한 요소

⑦ 가치공유(shared values): 직원의 행동과 기업 행동을 유도하는 기준에 관련한 요소

앤소프는 성공하는 경영전략의 4가지 요소를 제시했다.

① 제품·시장 분야와 자사 능력의 명확화

② 경쟁 환경의 특성 이해

③ 시너지의 추구

④ 성장 벡터의 결정

첫째, 제품·시장 분야와 자사 능력의 명확화는 기업이 어떤 사업이나 제품에 노력을 쏟고 있는가를 명확하게 이해해야 함을 의미한다. 새롭게 시장에 진출하는 스포츠 용품 기업은 기존 시장에서 우위를 점하기 위한 방법이 무엇인지를 명확히 알아야 한다. 기존에 출시된 용품과 유사하거나 혹은 확연한 차이를 통해 차별화된 용품이란 인식을 높여야 한다. 이를 위해 회사가 시장에 내놓는 제품 규모에 대해 충분히 소화할 수 있는 정확한 능력을 파악해야 한다.

둘째, 경쟁 환경의 특성 이해는 시장 경쟁에서 이기기 위해서는 경쟁 환경이 무엇인지, 그리고 어떤 특성이 있는지 이해해야 함을 의미한다. 스포츠 조직에 둘러싸여 있는 경쟁자가 보유한 특성을 정확하게 분석해야 한다. 스포츠 센터가 계획하는 프로그램이 기존 시장에 나와 있는 프로그램인지, 신선한 프로그램으로 인지할 여지가 있는지 등 경쟁 환경 특성을 이해하는 것은

성공하는 기업전략으로서 중요하다.

셋째, 시너지의 추구는 다각화의 경우에는 기존 사업과 연결하면 효과와 효율이 개선되기 때문에 상승효과가 필요함을 의미한다. 3장에서 언급한 스포츠 조직의 브랜딩 전략은 시너지를 창출하는데 매우 중요하다. 즉, 선수, 구단주, 감독, 경영인, 프로그램, 리그, 시설, 용품, 이벤트 등의 개별적 브랜드화는 궁극적으로 통합 브랜드를 창출하고, 이미지를 높이는 전략이 된다. 이를 통해 시너지를 극대화할 수 있는 환경을 조성할 수 있다.

마지막으로 성장 벡터의 결정은 기존의 비즈니스와의 시너지 관점에서 위험요소를 판단하고, 방향을 설정해야 함을 의미한다. 태권도장을 경영하는 관장은 다양한 프로그램을 구상해야 한다. 태권도란 기본적인 콘텐츠 외에도 신장(height)에 도움이 되거나 체력 증진을 위한 체육활동을 병행하는 경우가 많다. 이후 설명할 앤소프 매트릭스를 통해 전략을 구사할 수 있는 방안을 고민할 수 있다.

(2) 앤소프 매트릭스

H. Igor Ansoff(1918~2002)가 발표한 유명한 이론이다(1957). 기업전략을 기초적으로 생각하기 위한 기업전략도구라 할 수 있다. 즉, 기존 사업과의 시너지를 위한 기본 원칙이다. 전략이란 사업의 개념으로서 다음과 같이 4가지로 구성된 면(面)을 통해 사업에 대한 영역을 정의하고 방향을 제시하였다. 현재의 제품과 시장영역에서 어떤 방향으로 나갈 것인지를 의미하는 성장벡터의 요소를 지니고 있으며 이는 곧 성장의 방향을 말한다.

———— 이고르 앤소프

① 시장 침투 전략(market penetration)
② 제품 개발 전략(product development)

③ 시장 개척 전략(market development)

④ 다각화 전략(diversification)

첫째, 시장 침투 전략이 있다. 현재의 제품과 시장영역에서 시장점유율을 높이는 성장방향을 의미한다. 즉, 기존의 시장(고객)에서 기존의 제품으로 승부를 거는 전략이다.

앞서 언급한 태권도장을 예로 들자면 관장이 보유한 태권도 자체의 콘텐츠를 어떻게 특화할 것인가를 고민할 수 있다. 상가마다 분포된 기존의 태권도장이 내놓은 콘텐츠로 경쟁하기 위해선 시장에 침투해야 한다.

둘째, 제품 개발 전략이 있다. 기존 시장의 점유율을 높이기 위해 기존 제품을 대체할 새로운 제품을 개발하는 성장방향을 의미한다. 즉, 새로운 제품을 개발해 기존 시장에서 판매하면서 승부를 거는 전략이다.

기존의 태권도장에서 하지 않는 체육활동을 접목하기 위한 노력을 할 수 있다. 태권도 호신술, 태권도 춤 등 재미와 흥미를 유발하는 새로운 프로그램을 개발하고 적용했다면 제품 개발 전략에 해당된다.

셋째, 시장 개척 전략이 있다. 기존 제품으로 새로운 시장을 개척(개발)하는 성장방향을 의미한다. 즉, 기존 제품을 새로운 시장(고객)에서 판매하면서 승부를 거는 전략이다.

이미 시장에 출시된 콘텐츠를 갖고 여성 전용 태권도 배우기 프로그램을 고려했다면 새로운 시장을 개척하는 것이다. 특정한 시간대에 여성만을 고객으로 설정하여 호신술, 미용 다이어트 등을 접목할 수 있다.

마지막으로 다각화 전략이 있다. 새로운 제품으로 새로운 시장을 공략하는 성장방향을 의미한다. 즉, 새로운 제품을 개발해 새로운 시장(고객)에 투입하면서 승부를 거는 전략이다.

태권도장을 운영하기 위해 상가를 둘러본 결과, 유일한 태권도 소비 시장이 될 수 있다고 판단되면 새로운 시장을 개척하는 것이다. 또한 직장인이 몰려 있는 지역이라 스트레스 해소 태권도 프로그램이란 새로운 상품을 개발했다면 신규시장에 신상품을 출시하는 것과 같다. 시도해 보지 않았던 전략이기 때문에 결과를 예측하기 어렵지만, 다양한 서비스 제공 전략을 추구할 수 있는 환경이 조성된 것이다.

그림 4-2 앤소프의 매트릭스

앤소프는 1970년대 말에 전략경영론(Strategic Management)을 세상에 내놓음으로써 외부환경을 고려한 기업전략의 중요성을 설파했다. 즉, 불규칙적이고 빠른 속도로 변화하는 환경적 수준에 맞춰 조직과 기업전략도 유사한 수준으로 변화해야 함을 강조했다.

앤소프가 제시한 전략적 개념은 향후 수많은 경영학자에 영향을 미쳤다. 대표적으로 BCG를 설립한 Bruce Henderson(1915~1992), 앤소프의 3S를 확대 상세화한 7S 모델 개발의 주역인 앞서 언급한 Tom Peters와 Robert H. Waterman(1936~2022)를 비롯해서 블루오션 전략을 설파한 한국출신의 미국 경영학자 김위찬(W. Chan Kim)과 그의 동료인 미시간 대학 교수출신인 Renée Mauborgne 등이 있다.

표 4-2 앤소프의 성장전략

구분	내용
시장침투	• 시장 개발 강화, 제품 재출시, 모방, 비용 절감, 개별적 가격 책정 등을 전개한다.
제품개발	• 신제품, 신규 서비스, 문제 및 시스템 솔루션 등 제품개발에 초점을 맞춘다.
시장개척	• 시장, 신규 고객층, 새로운 유통, 채널, 제품의 새로운 용도 개발 등 신시장을 발굴한다.
다각화	• 신규 시장을 위한 신제품을 만들고, 다양한 측면에서 전략을 구사한다.

❷ 포트폴리오 전략

(1) BCG 매트릭스

브루스 헨더슨 _____

미국 출신의 기업가인 Bruce Henderson(1915~1992)은 세계 최고의 경영대학원인 하버드 비즈니스 스쿨(HBS, Harvard Business School) 졸업을 3개월 앞두고 자퇴했다. 그는 기업과 시장을 철저히 분석해 그것을 움직이는 시스템을 알고자 스스로 컨설팅 회사를 1963년에 설립했다. 그 회사는 세계적으로 유명한 보스턴 컨설팅 그룹(BCG)이다. 헨더슨은 회사 인력을 채용할 때 HBS 출신 중에서도 최고로 우수한 인재를 영입하려고 노력했다.

그는 우선 미래를 예측할 수 있고 재무와 성장을 연결시킬 수 있다면 '지속 가능한 성공 방정식'을 만들 수 있다고 판단했다. 이후 제너럴 인스투르먼트(General Instrument)사의 요청으로 진행된 컨설팅에서 '학습효과를 통해 얻을 수 있는 이익'이란 연구결과를 내놓았다. 이를 통해 '경험량'으로 가정한 누적 생산량과 가격을 비교한 경험곡선을 만들었다. 즉, 생산과 판매량을 늘려 시장점유율을 높게 되면 경험곡선을 경쟁자보다 빨리 하락시킬 수 있다는 결론을 얻었다. 또한 경쟁자보다 비용이 낮아지면서 우위에 위치할 수 있다고 했다.

예를 들었던 일본 기업이 당시 낮은 가격으로 경험량을 늘려서 비용을 줄이고, 시장점유율의 확대를 주시했던 것이다. 이는 경영 컨설팅 업계에서 선도적인 세계화 조치로 일본 도쿄에 BCG의 2번째 지점이 설립되는 계기가 됐다.

이러한 맥락에서 BCG는 1960년대 말에 컨설팅 역사에서 매우 중요한 '성장-시장 점유율 매트릭스(growth-share matrix)'라는 상품을 만들게 됐다. 이를 PPM 모델(Product Portfolio Management Model)이라고도 한다. 현재까지 다양한 비즈니스에 대해 경영자들이 자원을 분배하기 위해 우선순위를 설정하는데 도움을 주고 있다.

그림 4-3 BCG 매트릭스

그림으로 표시되어 이해하기가 쉽고, 사업의 포지셔닝(positioning)을 수치로 분석할 수 있는 장점을 갖고 있다. 즉, '기업사업방침'과 '기본재무방침'이 명확하게 표시된다. BCG 매트릭스는 2×2 행렬로서 세로축 성장(growth)은 예측되는 상대적인 시장성장률(market growth rate)을 의미한다. 또한 가로축 점유(share)는 시장에서의 상대적인 시장점유율(relative market share)을 의미하는 것으로 네 개의 분류를 각각 살펴보면 다음과 같다.

① 별(Star)

② 자금젖소(Cash Cow)

③ 물음표(Question Mark)

④ 개(Dog)

첫째, 별(Star) 사업부에 속한 사업은 높은 시장성장률과 높은 시장점유율 사업이다. 이는 가장 강력한 지위가 구축되어 있는 고성장 시장선도자이다. 현금을 많이 창출하기도 하지만 시장에서의 경쟁자를 막기 위해 생산시설확충, 기술개발 등에 따른 실질적인 자금도 투입되어야 한다. 즉, 전략사업단위(SBU) 전략은 확대(build)하거나 유지(hold)해야 한다.

최근 나이키(Nike), 아디다스(Adidas), 언더아머(Under Armour) 등 세계적인 스포츠 용품 회사가 앞 다투며 내세운 사업은 '헬스케어' 분야이다. 의사들의 전유물로 인식됐던 영역이 스포츠 비즈니스와 융·복합을 이루고 있는 셈이다. 건강과 직결된 사업임과 동시에 일상생활에서 관리가 가능한 혁신적 제품과 연동돼야 하는 기술영역이다. 이들 기업은 시장성장률이 높을 것으로 판단되는 이 사업에 대해 자사가 가장 높은 시장을 점유하고 있다고 판단되면 스타 사업부로 인식할 것이다. 가능성이 높은 만큼 많은 투자와 혁신적 모델을 도입해야 한다.

둘째, 돈이 열리는 나무란 의미도 지닌 자금젖소(Cash Cow) 사업부에 속한 사업은 낮은 시장성장률을 보이나 높은 시장점유율의 사업이다. 이는 별(star)에 속한 사업이 시장성장률이 하락해도 높은 시장점유율이 유지가 되면 금송아지(cash cow)가 될 수 있다.

나이키는 올림픽과 월드컵과 같은 대형스포츠 이벤트에 기업 스폰서십 프로그램에 참여하기보다는 유명한 선수와 팀을 협찬하며 자사를 알리는 전략을 구사한다. 반면 아디다스는 전통적으로 월드컵에 협찬하며 축구 브랜드를 활용해 기업과 상품 이미지를 높이고자 한다. 언더아머는 스타 마케팅을 하는 나이키와 달리, 유명하지 않은 선수와 일반인을 통해 어필하는 전략을 편다. 즉, 각각 다른 마케팅 전략을 통해 스포츠 용품을 판매한다. 기업마다 가장 잘 팔리는 용품에 대해선 판매량에 맞춰 시장에 출시한다. 이를 위해 소비자 관심을 최대한 유도할 수 있는 상품 생산을 멈추지 않는다.

즉, 시장에서의 선도적 지위를 통해 시설규모를 확대할 필요가 없이 많은 현금이 창출되기 때문에 조직의 효자상품이라 할 수 있다. 이는 곧 조직 내 다른 사업의 투자재원을 마련할 수 있어 돈 먹는 벌레라고도 표현하는 스타 (Star) 사업을 강화한다. 이를 위해 SBU 전략은 유지(hold)해야 한다.

셋째, 물음표(question mark) 사업부에 속한 사업은 높은 시장성장률을 보이나 낮은 시장점유율에 속한 사업으로 사업을 확대(build)할지, 수확(harvest)할지, 철수(divest)할지를 고민하는 사업이다. 시장이 성장할 가능성은 높지만 시장점유율을 높이기 위해 초기자금이 많이 필요하게 되어 소수 사업부에 집중 투자할 수밖에 없다. 최초 제시 모델에선 이 부분을 '문제아(Problem Child)'라고 표시했다. 예측이 가능한 높은 시장성장률도 무시할 수 없기 때문에 사업 확대, 수학 혹은 철수할지를 놓고 말 그대로 퀘스천 마크가 됐다.

글로벌 스포츠 용품회사라 할지라도 지극히 미미한 시장점유율에서 성장률만은 보고 선뜻 투자하기에 의사결정이 쉽지 않을 것이다. 모험을 강행할지, 보수적으로 운영할지, 자금젖소 상품에 기대를 할지, 스타 사업부에 보다 더 투자할지 등을 놓고, 최고경영층에선 현명한 판단을 해야 한다.

마지막으로 개(dog) 사업부에 속한 사업은 낮은 시장성장률, 낮은 시장점유율에 속한 사업이다. 이는 시장에서의 지위가 취약하여 현금창출과 시장점유율을 높이기가 어렵고 오히려 현금유출이 많기 때문에 SBU 전략은 수확(harvest)하거나 철수(divest)를 해야 한다.

오늘날 BCG 매트릭스라고도 불리는 경영전략 도구는 시간, 경쟁, 자원배분이라는 3가지의 혁신을 제시하게 되었다. 다시 말해 미래를 예측할 수 있게 되었고(시간), 경쟁 상태를 분석할 수 있게 되었으며(경쟁), 사업 간의 자원 배분이 가능해졌다(자원 배분).

핸더슨(B. Henderson)은 테일러(F. Taylor, 1856~1915)의 과학적 경영을 적극 도입하면서도 공장 내의 생산성 향상에 그치지 않고, 조직의 경영 전반을 과학적으로 분석하고자 했다. 현대 경영의 아버지라 불리는 파욜(H. Fayol)이 개척한 경영전략론은 Peter Drucker(1909~2005)에 의해 경영이란 실용적 학문을 세계에 널리 알리는 역할을 했지만, 경영자가 손쉽게 활용하기엔 이른 감이 있었다. 또한 앤소프(I. Ansoff)의 경영전략론은 다소 난해한 측면이 있었는데, BCG 매트릭스를 통해 누구나 쉽게 사용할 수 있는 도구로 발전시켰다. 수식적으로 분석이 가능한 환경을 구축함으로써 핸더슨을 대(大)테일러주의를 이끈 선도자로 평가받고 있다.

표 4-3 BCG 매트릭스와 SBU 전략

구분	내용
별	• 높은 시장점유율과 높은 시장성장률에 따라 투자를 하며 시장을 선도한다. • 전략사업단위를 확대(build) 혹은 유지(hold)해야 한다.
자금젖소	• 높은 시장점유율과 낮은 시장성장률에 해당되며 지속적으로 수익을 창출한다. • 전략사업단위를 유지(hold)만 해도 수익이 보장된다.
물음표	• 낮은 시장점유율과 높은 시장성장률에 따라 다각적 측면을 고려한다. • 전략사업단위를 확대(build), 수확(harvest), 철수(divest)를 놓고 고민한다.
개	• 낮은 시장점유율과 낮은 시장성장률에 따라 사업을 접는 절차에 들어간다. • 전략사업단위를 일부 거둬들이거나(수확, harvest), 철수(divest)를 해야 한다.

이와 같이 BCG 매트릭스는 전략사업단위(SBU)별로 현금흐름에 초점을 두고 시장 성장률과 시장 점유율의 변수를 고려하는 것이다. 각각의 전략사업단위의 위치를 객관적으로 분석하게 된다. 시간흐름에 따른 사업단위의 수명주기는 물음표 → 별 → 현금젖소 → 개로 이어진다. 이는 <그림 4-4>에 나타난 제품수명주기와 연결하여 설명할 수 있다.

우선 제품수명주기(PLC, Product Life Cycle)는 도입기, 성장기, 성숙기, 쇠퇴

그림 4-4　제품수명주기(PLC)

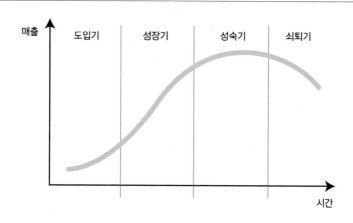

기로 분류할 수 있다. 도입기(introduction stage)는 제품이 시장이 처음 나오는 단계이고, 성장기(growth stage)는 수요가 증가하면서 이익이 발생하는 단계를 뜻한다. 성숙기(maturity stage)는 수요의 성장이 둔해지거나 멈추는 단계이고, 쇠퇴기(decline stage)는 매출이 감소하는 단계이다.

　즉, BGC 매트릭스에서 대체적으로 사업이 처음 도입되는 도입기에는 물음표를 던질 수밖에 없다. 초기비용이 많아 적자상태가 지속되므로 활발한 촉진활동을 위해선 투자를 늘려야 하는 상황이기 때문이다. 이후 많은 자본이 투입되면서 수요가 증가하고 이익이 발생하게 된다. 경쟁사의 모방제품이 출현하는 성장기이므로 별 사업부에 집중 투자하게 된다. 또한 시장규모가 커지면서 집중적인 유통전략이 필요한 시기를 맞이하는 것이다. 수요의 신장이 둔화되지만 기존 고객의 충성도로 인해 시장 점유율을 토대로 현금회수가 최대로 증가하는 성숙기에는 자금젖소 사업부에 속하게 된다. 새로운 고객 창출보다는 경쟁사의 고객을 유인하거 기존 고객을 유지하게 된다. 마지막으로 매출이 눈에 띄게 감소하는 쇠퇴기에는 철수를 고려해야 하는 개 사업부가 된다.

그림 4-5 시간흐름에 따른 BCG 사업단위

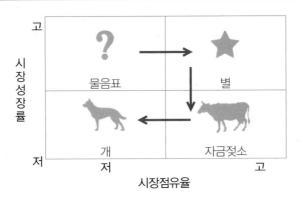

(2) GE 매트릭스

BCG가 제시한 성장－점유율 매트릭스에서 네 가지 면의 지위만을 놓고 SBU(Strategy Business Unit, 전략사업단위) 전략을 단순하게 정하는 부분을 보완하기 위한 전략이다.

이는 BCG 매트릭스에서 제시되었던 시장성장률과 시장점유율이 아닌 시장 매력성(market attractiveness)과 사업 강점(business strength)의 2개 차원을 놓고 평가하게 된다. 또한 BCG 매트릭스에서 시장성장·점유율이 높고(고) 낮음(저)에 따른 4가지 면의 분류에서 세로축의 시장 매력성은 고, 중, 저 그리고 가로축의 사업 강점은 강, 중, 약으로 구분하여 총 9가지 매트릭스로 분석할 수 있게 되었다.

또한 GE 매트릭스가 제시한 시장 매력성의 요소는 총 시장 규모, 연간 시장성장률, 수익률, 환경의 영향 등 시장에서의 매력적인 요소에 해당하며 사업 강점은 시장점유율, 상품 품질, 유통망 확보수준, 촉진의 효율성, 생산능력, 원가 등 사업이 갖고 있는 경쟁적 위치를 의미한다.

그림 4-6 GE 매트릭스

시장매력도	고	(유지)	**투자**	**투자**
	중	수확/철수	(유지)	**투자**
	저	수확/철수	수확/철수	(유지)
		약	중	강

사업 강점(경쟁적 지위)

❸ 경쟁전략

(1) Five Forces 분석

미국 출신의 유명한 경영학자인 Michael E. Porter는 '이익을 낼 수 있는 시장'에서 '이익을 낼 수 있는 위치'를 선점하는 것에 초점을 두었다. 즉, 흔히 얘기하는 포지셔닝 (positioning)의 중요성을 강조했다. 1960년에 시작해 1980년 대까지 급변하는 외부환경의 대처를 강조하면서 경영학계 흐름을 주도한 학자이다. 이는 조직, 인간, 절차 등과 관련 한 내부환경의 중요성을 강조하며 기업의 장점에서 경쟁 을 하는 것이 보다 승산 있는 조직의 경영환경 변화에 후속적인 논의를 하는데 있어 영향을 주었다.

———— 마이클 포터

포터는 유명한 하버드 비즈니스 스쿨(HBS, Harvard Business School)에서 경영학 석사(MBA, Master of Business Administration)를 졸업한 후, 하버드 대학 에서 경제학 박사를 취득했다. 통상 선택하는 MBA 이후 경영학 박사(DBA, Doctor of Business Administration) 코스를 선택하지 않았다.

박사학위 논문을 그 유명한 '5 Forces 분석(1975)'이란 주제로 발표하고, HBS에서 교편을 잡았다. 하지만 경제학부에서 우수상을 받은 논문이었지만, 당시 교원의 대다수가 DBA 취득자였던 탓인지 좋은 평가를 받지 못했다. 이러한 환경에서 포터가 부교수 승진 평가 시에 거의 전원이 반대표를 던지며 위기를 맞기도 했다.

그렇지만 그 시점에 개설한 '산업과 경쟁분석(Industry Competitive Analysis)' 이란 교과목이 폭발적인 인기를 얻게 되고, 1980년에 출간된 '경쟁의 전략 (Competitive Strategy)'이 베스트셀러에 등극하게 되어 35세에 HBS 정교수가 되는 역전을 이루었다.

표 4-4 포터의 5 forces

구분	내용
기존 경쟁자	• 산업 내의 현재 경쟁자와의 경쟁강도는 얼마나 되는가?
공급자 교섭력	• 판매자가 갖고 있는 협상력은 얼마나 되는가?
구매자 교섭력	• 고객이 갖고 있는 협상력은 얼마나 되는가?
대체재 위협	• 우리 산업의 제품을 대신할 대체상품 혹은 대체 서비스는 있는가?
신규진입자 위협	• 새로운 경쟁자들이 우리가 활동하는 산업 내로 진입하는가?

그림 4-7 포터의 5 Forces 분석

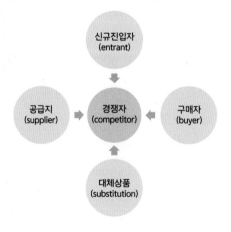

포터가 제시한 5가지 경쟁요인은 기업 주변을 둘러싼 5가지 힘이다. 그가 강조한 시장을 선점하기 위해선 이들 요인으로부터 위협을 어떻게 인지하고 관리하느냐가 매우 중요하다. 이로써 어떤 시장 또는 세분시장에서 구조적인 매력을 발휘할 수 있는 결정적 요인이 될 수 있다.

① 기존 경쟁자와의 경쟁(Industry Rivalry)
② 공급자와의 교섭력(Bargaining Power of Suppliers)
③ 구매자와의 교섭력(Barganing Power of Buyers)
④ 대체품의 위협(Threat of Substitutes)
⑤ 신규진입자의 위협(Threat of New Entrants)

첫째, 산업 내 기존 경쟁자와의 경쟁은 현재 시장에서 활동하는 경쟁자를 의미한다. 즉, 현재 산업 경쟁자들 간의 경쟁 강도는 얼마나 되는지를 파악해야 한다. 스포츠 산업의 경영환경에서도 스포츠용품, 스포츠시설 및 스포츠서비스의 그 어떤 업체에 있더라도 경쟁자가 있게 마련이다.

신생 프로구단이 리그에 진입을 하는 순간 다른 구단들과 경쟁구도에 있다. 국내 프로야구에서 지난 2013년에 10번째로 창단된 kt위즈는 경쟁자와의 차별성을 부각시키기 위해 수원경기장을 ICT와 결합해 스마트 경기장으로 선보였다. 비컨(beacon) 서비스를 도입해 경기장을 찾은 관람객에서 각종 정보가 알아서 모바일 애플리케이션으로 전달해 편의성을 극대화했다. 스마트 티켓뿐만 아니라 스낵을 미리 주문하고 약속된 시간대에 찾아가는 스마트 오더 등 다양한 서비스를 통해 팬 층의 확대를 기대하고 있다.

둘째, 공급자의 교섭력(협상력)은 공급하는 자로서 판매자의 상황에 따라 기업 경영환경이 달라질 수 있다. 예를 들면 시장에서 판매자 수가 적거나 소수에 집중된다면 제품을 원하는 사람이 몰리기 때문에 공급자(판매자)의 교섭력은 높아진다.

스포츠 용품 회사에 원단을 공급하는 업체가 단가를 높이게 되면 상품가격에 반영될 수밖에 없다. 소비자는 가격이 저렴한 다른 브랜드에 관심을 돌릴 수 있다. 즉, 공급자와의 협상 환경은 항상 주도적일 수는 없지만, 안정된 스포츠 비즈니스 환경을 위해 매우 중요하다.

셋째, 구매자의 교섭력(협상력)은 제품을 살 여력이 있는 기업고객의 상황에 따라 기업 경영환경이 달라질 수 있다. 구매자가 적거나 특정한 제품을 사기 위해서 한쪽으로 몰리게 된다면 구매자의 교섭력이 높아진다.

무엇보다 가장 중요한 소비자와의 협상환경이다. 다른 이해관계자와 달리 직접 협상을 하는 주체는 아니지만, 가격 책정, 다양한 서비스, 시설 품질, 편의시설 수준 등 모든 사항에 대해 구매자 기준을 맞추기 위한 노력을 해야한다. '스포츠의 마케팅(marketing of sports)' 주체인 스포츠 단체(연맹, 협회, 구단 등)는 경기장으로 관객을 유인하기 위한 정책을 구사하고, '스포츠를 통한 마케팅(marketing through sports)' 주체인 기업은 자사 상품에 대해 소비자의 구매력을 높이기 위한 전략을 추진한다.

넷째, 대체품 혹은 대체서비스 위협이란 타 산업의 제품이 자사가 갖고 있는 산업의 제품을 대신할 가능성을 의미한다. 즉, 고객의 니즈(needs)를 충족시키는 제품이란 원래 시장을 잠식해왔던 제품일 수도 있지만 다른 상품을 통해 소비자 입장에선 동일한 효용을 얻을 수 있다.

VR(가상현실, Virtual Reality) 중계 서비스는 아직은 재미와 흥미를 유발하는 도입단계이다. 선수들을 가까이에서 보고 응원열기를 느끼기 위해선 경기장에 직접 방문해야 하지만, 향후 기술 발달에 의해 안방에서도 그 열기를 고스란히 느낄 수 있을 것이다. 이러한 최첨단 기술을 통한 중계는 기존의 관람스포츠 소비자에게 매력적인 대체품이 될 수 있다. 이를 위해 관객을 경기장으로 유인하기 위한 전략은 매우 세분화돼야 할 것이다.

마지막으로 잠재적 진입자의 새로운 위협은 새로운 진입자의 위협을 말한다. 이는 기존시장에서 우위를 점했던 업체입장에서 신규참여 기업이 등장한다는 것은 위협일 것이다. 흔히 잘 되는 시장엔 신규 사업자가 몰린다는 말이 있다. 시장 성장에 한계가 있다고 하더라도 새로운 시장 진입자 입장에선 개의치 않는 것이다.

2018년에 도입된 국내 프로야구 시장의 에이전트(agent) 제도로 인해 새로운 시장이 열렸다. 기존 프로축구만 허용했던 에이전트 제도가 국내 최대 프로리그 시장에서 문을 개방한 것이다. 기존에는 우리나라에서 공들여 만들어 온 상품(선수)을 해외로 수출할 때 외국 에이전시(agency)의 힘을 빌릴 수밖에 없었다. 앞으로 외국선수가 국내로 이적하거나 우리선수가 해외로 나갈 때 프로리그 활성화와 새로운 직장군(群) 확대를 위해 신규 진입자의 역할을 기대하게 됐다.

최근 e스포츠(e-sports)가 2022년 항저우 아시아경기대회(코로나 19로 1년 연기 개최)의 정식 종목으로 알려지면서 관심의 급부상하고 있다. e스포츠라는 단어는 1999년에 설립된 온라인게이머협회(The Online Games Association)의 보도자료를 통해 알려진 다른 종목에 비해 상대적으로 사람들의 인식을 각인시키기에는 역사가 짧다.

그럼에도 불구하고 기술적 요인에 힘입어 생활방식의 변화로 인해 새로운 방식이 스포츠에 대한 기대가 크다. 현재 e스포츠 종목에 대해 아시아올림픽평의회(OCA, Olympic Council of Asia)는 한국을 비롯한 아시안 국가들로 하여금 호의적인 반면, 국제올림픽위원회(IOC, International Olympic Committee)는 그들에 비해 입장 차이가 있다. 젊은 세대의 열광을 이해하면서도 전통적 종목과의 괴리, 예를 들어 중독, 과몰입, 시간 낭비, 공공재의 문제, 종목의 비연속성, FIFA와 같은 하나의 통일된 조직 체계의 취약성, 지나친 상업성 등의 문제점을 내세우며 부정적인 입장을 취하고 있다(이상호, 2021).

물론 시대가 변하면서 바뀔 여지도 있다. e스포츠가 올림픽의 정식종목으로 등장하게 된다면 e스포츠 입장에선 기존 종목과의 경쟁을 해야 한다. 반면, 다른 종목 입장에선 대체품과 신규 진입자로부터의 위협으로 인지할 수 있다.

(2) 전략 3 유형

포터에 따르면 기업은 경쟁자에 비해 강점과 약점을 갖추고 있지만, '원가우위'와 '차별화우의'의 기본적인 유형이 포함돼 있다고 했다. 즉, 5가지의 경쟁요인에 대해 성공적인 대처를 위한 경쟁전략의 필요성을 주장했다. 이러한 두 가지 유형의 경쟁우위는 기업(조직)이 처해 있는 산업적 환경에서 성과를 얻기 위해 3가지의 본원적 전략(generic strategies)을 다음과 같이 제시했다.

① 차별화 전략(differentiation strategy)
② 비용우위 전략(cost leadership strategy)
③ 집중화 전략(focus strategy)

첫째, 차별화 전략은 경쟁상품과 차별화되는 특징을 갖는 전략이다. 제품외관, 입지조건, 직원의 경험 및 마케팅 요소 등 다양하다.

둘째, 비용우위 전략은 경쟁사보다 저렴한 비용으로 상품을 제공하기 위한 비용 혹은 원가우위 전략이다. 제품설계, 투입비용, 공정기술, 입지, 서비스, 광고 등에 따라 비용을 줄일 수 있는 전략을 찾아야 한다.

마지막으로 집중화 전략은 산업의 규모(전체 산업 혹은 특정산업)에 따라 사업성과가 달라질 수 있는 환경에서 중요한 전략적 과제이다. 흔히 틈새시장(niche market)이라 불리는 고객집단의 특수한 욕구를 반영하는 전략도 해당된다.

표 4-5 포터의 본원적 경쟁전략

구분		경쟁우위	
		비용우위	차별화 우위
경쟁범위	산업전체	비용우위 전략	차별화 전략
	산업 특정부문	비용우위 집중화 전략	차별화 우위 집중화 전략

과제

1. 경영전략 수준에 따른 성공적인 국내외 스포츠 조직 사례를 조사하시오.

2. 가장 최근의 스포츠 조직 경영 사례를 앤소프 매트릭스에 따라 분석하시오.

3. 가장 최근의 스포츠 조직 경영 사례를 BCG 매트릭스에 따라 분석하시오.

4. 가장 최근의 스포츠 조직 경영 사례를 포터의 경쟁전략에 따라 분석하시오.

SPORT MANAGEMENT

제5장

스포츠
조직관리

SPORT MANAGEMENT

CONTENTS

스포츠 조직관리

제1절

스포츠 조직구조의 이해

❶ 스포츠 조직의 개념

'조직(organization)'이란 달성하고자 하는 독특한 목표가 있고, 목표를 달성하기 위한 체계화된 조직구조를 갖고 있는 인간의 집합체이다. 즉, 조직의 특성은 고유의 목적을 갖고 있고, 사람으로 구성되어 있으며 개개인의 업무를 수행하기 위한 계획적인 구조가 있고 이를 개발한다. '조직화(organizing)'는 조직 목표 달성을 위한 직무의 배열과 구조화를 뜻한다. 결론적으로 조직의 구체적인 목표를 달성하기 위해 의도적으로 구성원들을 배치한 것이다.

조직 목표를 달성하기 위해 조직구성원의 상호작용을 통해 전문화된 활동을 하는 형태를 '조직구조(organizational structure)'라고 한다. 즉, 조직 내 직무의 공식적인 배열을 의미한다. 조직구조를 이해하기 위한 비슷한 어감을 가진 기본적인 개념은 다음과 같다. 우리말의 한자차용으로 인해 비슷한 어감을 갖고 있으나 경영학에서 스포츠 조직을 제대로 이해하기 위해선 구분할 필요가 있다.

💬 여기서 잠깐!

▌ 조직의 공통적인 특징

① 달성하고자 하는 독특한 목표를 갖는다.
  – 영리조직(profit organization): 기업
  – 비영리조직(non-profit organization): 대학, 정당, 종교단체 등
② 모든 조직은 사람으로 구성돼 있다.
③ 구성원의 행동을 정의하거나 제한하는 체계화된 구조를 갖고 있다.

표 5-1 조직이 이용하는 제 자원

조직	인적 자원	재무적 자원	물리적 자원	정보 자원	기술 자원
기업	기술자 경영자 구성원(종업원)	자본금 이익금	공장 사무실 원재료	수요예측 경제동향	생산기술 노하우
대학	교수 교직원 학생	수업료 기부금 정부예산(국립) 재단전입금(사립)	강의실 실험기자재 컴퓨터	학술논문	교수의 연구 및 강의 능력
정부기관	공무원	조세수입 정부예산	건물 장비	경제예측지표 기타 통계지표	행정 능력

출처: 김성국 외(2014). 최신 경영학의 이해. 비앤앰북스. p.10.

(1) 미션과 비전

조직의 목표를 달성하기 위해선 조직 구성원 간의 미션과 비전을 공유해야 한다. 미션(mission)과 비전(vision)이란 무엇인가? 미션과 비전에 대해 〈표 5-2〉와 같은 각각 4가지 질문을 고려할 수 있다(Shank, 2009).

표 5-2 미션과 비전에 관한 질문

미션에 관한 질문	비전에 관한 질문
① 우리는 어떠한 사업을 하고 있는가?	① 우리는 어디를 향해 가고자 하는가?
② 우리의 현재 소비자는 누구인가?	② 우리는 어떤 사업의 범주에 속하고자 하는가?
③ 우리의 시장범위는 어떻게 되는가?	③ 우리가 만족시켜야 할 소비자들이 원하는 바는 무엇인가?
④ 우리는 소비자가 원하는 바를 어떻게 만족시킬 것인가?	④ 미래를 위해 필요한 역량은 무엇인가?

출처: Shank, M. D. (2009). *Sports marketing: A strategic perspective*(4th ed.). 오응수 · 신흥범 옮김(2011). Shank's 스포츠 마케팅 전략적 관점. HS MEDIA. p.55~56

즉, 스포츠 조직이 성공적인 경영을 수행하기 위한 미션은 조직의 존재 목적인 현재적 가치이다. 이는 사회적 사명과 연관돼 있는 미션 달성을 위해 조직이 존재한다는 것을 의미한다. 또한 비전이란 조직의 중·장기적 목표를 달성하고자 할 때 멀리 내다보고, 큰 그림을 그리는 미래적 가치이다. 미래에 달성하고자 하는 조직의 모습을 뜻한다.

(2) 직위와 지위

직위(position)은 조직 내 개인이 담당하는 직무로서 책임이 부여된 자리를 말한다. 유사한 용어로서 지위(status)는 직위에 계층이란 개념이 포함된 의미로서 서열적인 의미를 부여한 것이다.

영어는 알파벳 자체가 다르고, 대체할 만한 용어가 없기 때문에 용어에 대한 이해를 있는 그대로 받아들이기가 쉽지만, 우리말에선 정확한 구분 없이 혼용해서 쓰는 경우가 있다. 즉, 사람의 수행해야 할 책임을 가진 그 위치가 곧 포지션(position)으로 직위(職位)를 뜻하고, 상하관계를 규정하기 위한 서열이 포함된 개념이 지위(地位)를 의미한다. '직위가 높다'라고 하면 직무에 따라 규정되는 사회적이고 행정적인 위치가 높은 것을 의미하고, '직위를 박탈하다'라고 하면 책임져야 할 직무를 없앴다는 것을 뜻한다.

그리고 '지위를 차지하다'라고 하면 개인의 사회적 신분에 따르는 자리를 뜻하는 그 위치나 자리에 올랐음을 의미한다. 가끔 조직 내에서 이 의미를 혼용하여 개인적 기준에 맞춰 사용하게 됨으로써 갈등을 불러일으키는 경우가 있다. 예를 들면 대학 내 교수는 학업과 연구에 대한 직무를 수행하는 포지션(position)에 대한 직위란 사실을 간과하고, 행정사무를 지원하고 담당하는 포지션(position)에 있는 직원들에게 행정절차 없이 막무가내로 일을 일임하는 경우가 있다. 이는 사회적 신분에 따르는 자리에서 서열의식을 갖게 되어 포지션이 포지션에게 지원업무를 협조 요청할 때 체계적 절차와 배려를 통한 업무의 흐름에서 벗어나는 경우이다.

(3) 권리, 권력 및 권위

권리(right, 權利)는 어떤 일을 행하거나 타인에 대하여 당연히 요구할 수 있는 자격이다. 권력(power, 勸力)은 지시나 명령을 통해 다른 사람에게 영향을 미치는 공인된 권리를 의미한다. 즉, 기본적으로 남을 복종시키거나 지배할 수 있는 공인된 권리와 힘을 말한다. 또한 권위(authority, 權威)는 정당한 권력을 행사할 수 있도록 사회적으로 인정받은 힘으로 남에게 영향력을 끼칠 수 있는 위신으로 남을 지휘하는 힘을 뜻한다.

흔히 '권위가 서다'라는 의미는 자기 자신이 아닌 남이 인정해주기 때문에서 권위가 있는 것이다. 하지만 가끔 조직 내에서 자신의 권위를 무시한다면서 주변인들에게 억압적 언행을 하는 경우를 보는데 이는 스스로를 돌아봐야 하는 경우이다. 즉, 권위는 자기 스스로가 세우는 것이 아니고, 개인의 노력, 사회적 배려 및 자세, 남을 이해하는 도량 등 다양한 요건들에 의해 타인이 세워주는 것이다. 앞으로 이어질 경영의 기능 중에서 지휘(leading) 부문의 리더십에서 다뤄질 조직 내 갈등해소를 위한 기본적으로 갖추어야 할 자세라고 할 수 있다.

🖥 여기서 잠깐!

다음 〈표 5-3〉에 따르면 권력을 보상적, 강제적, 합법적, 전문적, 준거적 권력으로 구분할 수 있다.

표 5-3 권력의 유형

구분	내용
보상적 권력(reward power)	• 권력자가 영향을 받는 사람에게 보상할 수 있는 능력을 갖는 경우
강제적 권력(coercive power)	• 권력자가 영향을 받는 사람을 처벌할 수 있는 능력을 갖는 경우
합법적 권력(legitimate power)	• 권력자가 영향을 받는 사람으로부터 자격부여가 인정이 될 경우
전문적 권력(expert power)	• 권력자가 영향을 받는 사람이 갖지 않는 전문성을 갖는 경우
준거적 권력(referent power)	• 권력자가 영향을 받는 사람이 권력자를 모방하려는 욕구를 갖는 경우

출처: 김성국 외(2014). 최신 경영학의 이해. 비앤앰북스. p.305~306

▌조직행동에 기여한 이론

조직행동(OB, organizational behavior)이란 조직의 성과를 창출하기 위해 조직유효성을 향상시키는 영역이다. 이를 통해 개인, 집단, 조직구조가 조직 내부의 행동에 미치는 영향을 살펴볼 수 있다. 이 분야는 인간의 행동과 관련된 다양한 학문의 영역에 걸쳐 있다. 예를 들면 심리학(psychology), 사회심리학(social psychology), 사회학(sociology), 인류학(anthropology)

등이다.

첫째, 심리학은 인간 행동을 측정하여 설명하는 영역으로서 리더십, 동기부여, 직무설계, 훈련, 의사결정 등의 분야에 기여한다. 둘째, 사회심리학은 사회학과 심리학을 혼용한 영역으로 타인에 대한 인간의 영향에 초점을 둔다. 이는 커뮤니케이션, 행동 및 태도변화, 갈등관계 등의 분야에 기여한다. 셋째, 사회학은 사람들 간의 사회적 환경과 문화적 관계에 중점을 둠으로써 조직 기술과 변화 등의 분야에 기여한다. 마지막으로 인류학은 인간 존재와 활동을 알기 위해 사회를 단위로 연구하는 영역으로 조직 환경, 권력관계, 가치관 비교 등의 영역에 기여한다.

그림 5-1 **조직행동에 기여한 이론**

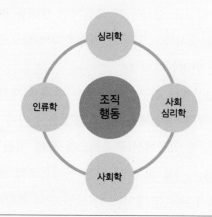

② 스포츠 조직의 특성

스포츠 조직은 기업 혹은 단체 등 일반 조직의 유사한 특징이 있는 반면, 스포츠 조직이 갖는 특수성이 있다. 스포츠 조직의 의미와 특성에 따라 다음과 같은 주요 요소와 특성을 갖고 있다.

① 스포츠 산업과의 관련성

② 사회적 단체(social entity)

③ 목표 지향적(goal–directed)

④ 구조적 활동체계

⑤ 구성원과 비구성원 간의 명확한 경계

첫째, 스포츠 조직은 스포츠 산업과의 관련성이 있다. 이는 스포츠 산업분야(스포츠 용품업, 스포츠 시설업, 스포츠 서비스업)에서 생산, 유통, 소비와 관련한 마케팅 시장에 직접 관여하고 있는 것이다. 1장에서 제시한 스포츠 산업의 특성으로 공간과 입지를 중시하고, 복합적인 형태를 띠며 시간 소비형 산업이다. 또한 오락을 중시하고 감동과 건강을 지향함으로써 다양한 형태의 스포츠 조직은 이를 반영한다.

프로구단 입장에선 접근성이 우수한 경기장 시설이 매우 중요하다. 지방자치단체가 관리하는 공공체육시설의 품질을 높이기 위해 복합적인 서비스를 가미한다. 프로연맹 입장에선 프로리그를 통해 직접적인 경제효과뿐만 아니라 고용 창출, 소비시장 확대 등 다른 산업으로의 파급효과를 기대할 수 있다. 리그 자체로서 의미를 벗어나 타 산업 간의 복합적 범주에서 이루어진다.

스포츠를 관람하거나 배우기 위해 센터를 찾는 소비자는 시간을 투자한다. 이 시간을 효율적이고 효과적으로 소비했다는 인식을 갖게 하기 위해 서비스와 프로그램 품질을 향상시킨다. 재미를 선사하고 궁극적으로 감동을 키우며 건강을 제공하게 됨으로써 스포츠 조직이 갖는 특성을 보유하고 있다.

둘째, 스포츠 조직은 사회적 단체이다. 스포츠 조직은 사회적 시스템에서 서로 작용하는 사람 혹은 집단으로 구성되어 있다. 특정 종목을 배우거나 즐기기 위해 결성된 스포츠 동호인은 각계각층에서 모인다. 기본적으로 본업을 갖고 공통된 관심사를 공유하기 위해 시간과 비용을 지출한다.

체육관련 단체는 선수, 감독, 코치 등의 권익을 높이고 역할을 부여하기 위해 활동한다. 사무국장과 행정직원은 대한체육회가 추구하는 미션과 비전을 공유하고, 행정적 절차를 완수해야 한다. 선수는 국가 시스템을 통해 자격을 부여받아 올림픽과 세계선수권 대회에 참가하고, 단체는 좋은 성적을 내기 위해 인적, 물적 자원을 지원한다. 이처럼 많은 분야에서 다양한 사람과 집단 관계를 통해 이루어진다.

셋째, 스포츠 조직은 목표 지향적이다. '스포츠의 마케팅(marketing of sports)' 주체인 스포츠 단체는 경기성과 달성, 건강증진을 위한 공익성의 목표를 지향하고 있다. 민간 스포츠 센터뿐만 아니라 비영리 법인도 운영에 필요한 최소한의 수익창출을 위해 노력을 한다.

'스포츠를 통한 마케팅(marketing through sports)' 주체인 기업은 궁극적으로 자사 상품 판매를 증진시켜 이윤을 창출하는데 목표를 갖고 있다. 기업 협찬환경에 의해 운영되는 프로스포츠 팀 운영도 이러한 측면을 반영한 것이다.

넷째, 스포츠 조직은 구조적인 활동체계를 갖추고 있다. 이는 스포츠 조직의 목표를 달성하기 위해서 조직의 다양한 분야(제품개발, 마케팅, 재무관리, 인적자원관리 등)에서 의도적으로 구성된 활동 시스템이라 할 수 있다.

다양한 형태의 스포츠 조직마다 의사결정 시스템과 역할을 수행하는 부서가 설치돼 있다. 스포츠 에이전시는 선수 1명을 관리하기 위해 섭외, 일정관리, 홍보, 마케팅, 법률지원, 협찬 및 광고출연 기업 관리 등 개별화된 구조와 총체적 의사결정 시스템을 갖추고 있다.

마지막으로 스포츠 조직은 구성원과 비구성원 간의 명확한 경계가 있다. 하지만 스포츠 조직 특성상 고정되어 있는 경계가 아니라 유연하게 바뀔 수 있는 구성원과 비구성원의 구분을 의미한다. 예를 들면 구단에 속한 선수와 감독은 다음 시즌에 경쟁사의 구성원으로 바뀔 수 있다.

❙ 기업의 종류

기업의 행태(forms of enterprise)는 기업의 규모, 업종, 출자, 성격, 법제도, 정부와의 관계 등을 기초로 분류한다. 이 중에서 소유 방식에 의한 분류를 살펴보면 다음과 같다. 우선 크게 **사기업, 공기업, 공사공동기업**으로 분류할 수 있다. 사기업은 개인기업(sole proprietorship)과 공동기업으로 재분류할 수 있다. 공동기업은 소수공동기업과 다수공동기업이 있다.

첫째, **소수공동기업**은 법률적 형태에 따라 합명회사(general or unlimited partnership), 합자회사(limited partner ship), 유한회사(private company), 민법상의 조합, 익명조합(undisclosed association) 등이 있다.

둘째, **다수공공기업**은 협동조합과 주식회사(joint stock corporation, stock company)가 있다. 자본적 공동기업의 대표적 형태로 다수인의 출자에 의해 성립되는 자본단체인 주식회사는 오늘날 자본주의의 경제체제의 대표적인 기업형태이다.

주식회사는 우선 상법 제236조에 의거하여 유한책임제도를 갖는다. 주주는 출자액인 주식금액을 한도로 회사의 자본위험으로부터 발생하는 채무에 대해 책임을 지게 된다. 또한 자본의 증권화 제도를 통해 기업자본이 영구자본으로 남길 원하는 경영자와 투자자본으로 활용되길 원하는 투자자 간의 관계를 고려한다. **주식회사의 가장 대표적인 특징은 소유와 경영의 분리**를 의미한다. 즉, 회사의 소유 기능은 주주가 맡고, 전문 경영인이 경영과 관리를 맡는다.

❙ 스포츠 조직의 종류

스포츠 조직(sport organization)을 스포츠 산업과 관련돼 있는 모든 형태의 사회적 집합체에서 찾아볼 수 있다. 우선 **국제적 스포츠 조직**인 IOC(국제올림픽위원회)와 FIFA(국제축구연맹)가 있다. 올림픽과 월드컵이란 좋은 제품과 서비스를 통해 전 세계인의 축제로 만들었다.

———— 스포츠 조직

국가별로 살펴보면 아마추어 종목의 각종 **체육가맹단체**가 있다. 대한체육회의 회원으로 가입돼 있는 비영리법인으로서 해당

종목 선수의 권익과 복지를 담당하고, 국내외 대회에 참여할 선수, 코치, 감독 및 기타 인력을 지원한다.

또한 흥행을 통해 프로스포츠 리그 운영과 관리를 담당하는 **프로연맹**을 비롯해서 이윤을 추구하기 위한 **프로스포츠 구단**도 전형적인 스포츠 조직이다. 프로구단의 숫자, 연고지, 기업 스폰서십의 환경을 조성해야 하고, 선수영입과 가치를 높이기 위한 노력을 통해 수익창출 구조를 고려한다.

선수는 스포츠 마케팅 현장에서 가장 중요한 상품(goods)이다. 이를 관리하기 위해 소속구단의 마케팅 활동도 있지만, **스포츠 에이전시**와 **매니지먼트 회사**도 스포츠 조직이라 할 수 있다. 체계적인 관리와 지원을 통해 선수란 상품가치를 높임으로써 자사의 이익과 브랜드를 높이기 위한 노력을 한다.

경마, 경륜, 경정과 같이 스포츠 갬블링 **경주사업**(racing business)을 주관하는 스포츠 조직도 있다. 우선 북미, 유럽, 아시아 여러 나라에서 시행하고 있는 경마(horse racing)를 주관하는 조직이다. 국내는 농림축산식품부 정부조직 산하에 있는 마사회가 있다. 또한 일본과 우리나라에서만 시행하고 있는 경륜(cycle racing)과 경정(motor-boat racing)을 주관하는 문화체육관광부 산하 서울올림픽기념국민체육진흥공단도 있다. 공익조직이지만 스포츠를 매개로 한 설립취지와 기금조성·지원의 역할을 담당함으로써 스포츠 조직의 형태를 띤다. 선수, 심판, 경주와 관련된 각종 매뉴얼, 장비, 시설 등에 이르기까지 스포츠 요인을 관리 운영하고 있다.

스포츠 조직설계

❶ 조직설계의 개념

(1) 조직설계

조직목표 달성을 위한 직무의 배열과 구조화를 조직화(organizing)라고 앞서 정의하였다. 또한 조직 내 직무의 공식적인 배열을 조직구조(organization structure)라고 하였는데 경영자는 구조를 만들고 수정할 때 조직설계(organization design)를 하게 된다. 즉, 조직구조를 구축하거나 변경하는 일련의 활동을 조직 설계라고 한다.

Robins & Coulter(2012)에 따르면 조직구조 설계를 위해 이해해야 할 요인은 다음과 같다.

① 전문화(work specialization)
② 분화와 부문화(differentiation & departmentalization)
③ 공식화(formalization)
④ 명령계통(chain of command)
⑤ 통제의 범위(span of control)
⑥ 집권화와 분권화(centralization & decentralization)

첫째, 전문화는 조직 구성원의 생산성을 증가시키기 위해 전체 공정으로 구조를 설계하기 보다는 전문적 기능을 부여하기 위해 다양한 직무로 구분하는 것이다. 둘째, 분화는 직무를 어떻게 세분화할 것인가, 부문화는 직무를 어떻게 묶는 것이 효율적인지를 고려한다. 셋째, 공식화는 어떻게 조직 직무를 표준화하고, 규칙과 공정에 의해 구성원 행동을 규정할 것인가를 고려한다. 넷째, 명령계통은 의사결정이 되는 절차와 관련된 시스템을 말한다. 초창기 조직에선 최고경영층에 의사결정 권한이 집중되기도 하고, 상위직급에서 하위 직급으로 권한을 위임할 수도 있다. 다섯째, 통제의 범위는 상급자가 하급자를 관리하는 규모를 뜻한다. 통제의 범위에 따라 조직 단계와 규모가 결정된다. 마지막으로 집권화는 의사결정이 조직의 상위계층에 집중되는 경향이고, 분권화는 하부계층에 결정을 내릴 권한에 대해 많은 부분을 위임하는 경향이다.

(2) 분화와 부문화

앞서 언급한 분화와 부문화를 보다 더 자세히 설명하면 다음과 같다. 조직은 정해져 있는 틀로 존재하기 보다는 상황에 따라 큰 조직이 작아질 수도 있고, 소규모 조직끼리 합쳐져 규모가 확대될 수도 있다. 조직설계를 위한 기본원칙은 다음과 같이 두 가지로 구분할 수 있다.

① 분화(differentiation)
② 부문화(departmentalization)

첫째, 분화는 전체과업을 더 작은 과업단위로 세분화하는 활동을 의미한다. 이는 수평적 분화, 수직적 분화, 지리적 분화 등으로 조직특성에 따라 다시 분류할 수 있다. 둘째, 부문화는 분화된 하위단위들을 전체의 효율성을 높이기 위해 결합하는 활동을 말한다. 즉, 조직 내에서 조화적이고 통합적인 방법을 통해 직무를 서로 연결하고 묶는 작업을 의미한다.

여기서 잠깐!

▌ 대학스포츠 조직의 혁신

대학의 체육특기자 제도는 1972년부터 시작되어 엘리스 스포츠 근간이 됐다. 고등교육법 시행령 제34조 제2항에 따르면 "특별한 경력이나 소질 등 대학이 제시하는 기준 또는 차등적인 교육적 보상기준에 의한 전형이 필요한 자를 대상으로 학생을 선발하는 전형으로서 사회 통념적 가치기준에 적합한 합리적인 입학전형의 기준 및 방법에 따라 공정한 경쟁에 의하여 공개적으로 시행되어야 한다."고 명시돼 있다. 2014년 기준 129개 대학이 운동부를 운영하고, 총 4,520명의 학생이 체육특기자로 등록돼 있다.

하지만 몇 해 전 체육특기자 입시비리로 정권이 교체될 만큼의 홍역을 치렀고, 잊을만하면 지도자 폭력, 선수 간 폭력, 지도자의 훈련비 횡령, 승부조작, 브로커에 의한 사기, 성폭력, 인권침해 등의 문제가 드러나고 있다. 근본적 구조의 문제점, 관리와 관심 부족의 현실 등 위기를 타파하고, 그동안 쌓아온 인적, 물적 자산을 활용해 새로운 패러다임을 만들기 위한 대학스포츠 조직의 변화가 필요한 시점이다.

오랜 기간 동안 국내 스포츠 발전에 기여하고 엘리트 스포츠의 근간이 됐던 대학스포츠가 프로스포츠 산업의 발전, 최저학력제도를 명시한 「학교체육진흥법」의 제정(2012년), 엘리트와 생활체육의 통합을 위한 「국민체육진흥법」의 일부개정(2014년) 등의 여건 변화에 따라 자립을 위한 노력을 하지 않을 수 없게 됐다. 대학스포츠총장협의회(KUSF)에 따르면 운동부를 운영하는 대학의 연평균 예산은 4억 6천여만 원으로 자체 수입 없이 거의 대부분 교비로 운영되어 재정적 부담을 안고 있다(정재용, 2015).

위의 문제점을 보완하기 위해 KUSF는 2015년부터 대학운동부 평가 및 지원사업을 시작하여 매년 지원금을 늘리기 위한 노력을 하고 있다. 대학운동부 학생선수를 위해 훈련비, 훈련용품비, 출전비를 지원하고, 대학운동부 운영 평가를 통해 체계적으로 운영될 수 있도록 유도하고 있다. 2015년 40억 원의 예산으로 시작해 2021년 77억 원까지 규모를 확장시켰다. 이에 2015년 74개 대학(339개 운동부/4,827명 학생선수)에서 2021년 111개 대학(469개 운동부/8,123명 학생선수)로 늘었다. 이와 같은 예산 지원을 확대함과 동시에 체육 특기자 입시 제도 변화, 대학운동부 평가 개선 등의 제도적 변화에 대한 논의가 실행이 필요하다(김종민, 2021.12.6.).

미국 대학스포츠위원회 혹은 전미대학체육협회(NCAA, National Collegiate Athletics Association)에선 대학 평점 C학점을 받지 못한 학생 선수는 출전을 제한한다. 또한 학업병행이 가능하도록 '홈 엔드 어웨이(Home and Away)' 리그제를 도입하거나 일부 토너먼트 대회를 방학기간 중에 치를 수 있도록 했다. 대학스포츠 활성화를 위한 NCAA의 노력은 여기서 그치지 않고, 일명 '클린 마케팅(Clean Marketing)'이란 공익 마케팅을 통해 서로 어울릴법하지 않은 학습권 보장, 재정 자립, 대학스포츠 산업화, 미디어 노출, 스폰서 유치 등의 환경을 연계해서 조성하고 있다. 특히 세계에서 유일하게 성공하고 있는 미국 대학스포츠 산업화는 비영리기구 NCAA에 의해 2015년 기준 89개 챔피언십 대회를 운영하면서 마케팅 시장을 열었다. 2009~2010년 기준으로 한화 7,093억 원의 방송중계권 수입을 더해 총 8,248억 원의 수익을 거뒀다.

미국 대학 스포츠는 해를 거듭할수록 인기를 더해가고 있다. ESPN을 통해 2022년 개최된 대학풋볼 플레이오프(CFP) 결승전 경기 시청자 수는 2,260만 명으로 집계됐다. 최근 미국 프로농구(NBA) 파이널 시청자수가 2,000만 명을 잘 넘지 않는 점을 고려하면 놀랄만하다. 전미미식축구(NFL)의 슈퍼볼에 이어 2위를 차지할 정도로 미국 내 최고의 스포츠 이벤트로 꼽힌다. 2014년부터 12년 CFP의 독점 중계권을 가진 ESPN의 중계권료가 연간 4억 7천만 달러(한화 약 5,600억 원)으로 북미아이스하키(NHL)와 비슷한 수치로서 연간 3경기에 불과하다는 점을 고려하면 그야말로 대학 스포츠 산업의 위상을 느낄 수 있다. 이러한 성과는 1910년에 출범한 NCAA의 역사와 전통을 토대로 축적된 경영의 성과라 할 수 있다(유한결, 2022.1.20.).

스포츠 경영: 21세기 비즈니스 미래전략

▌임파워먼트(empowerment)

임파워먼트(empowerment)란 조직 구성원에게 권한을 위임하게 하여 동기부여를 통해 성과를 높이는 수단이다. 이를 통해 개인의 능력을 개발할 수 있고 조직의 역량을 강화하게 되어 기업의 혁신과 성과를 높이게 된다. 임파워먼트의 중요성은 다음과 같은 배경에서 비롯됐다.

① 조직 내 영향력은 크기가 정해져 있고, 구성원 상호 간에 영향력을 발휘한다.
② 급변하는 경영환경에서 능동적으로 대응하기 위해 조직을 유연하게 운영해야 한다.
③ 구성원 간에 지나친 경쟁과 결과 만능주의 등에 따른 조직 폐해를 최소화해야 한다.

효과적인 임파워먼트를 위해 조직적인 차원에서 무력감을 촉진하는 요인을 제거해야 한다. 또한 구성원 개개인의 역량 강화를 위해 다양한 학습기회와 수단을 제공하고, 자발적 학습이 가능하도록 해야 한다.

❷ 스포츠 조직의 구성요소

성공적인 조직화(organizing)를 위해 검토되어야 할 조직구조 구성요소는 핵심적인 요소(복잡성, 공식화, 집권화)와 부가적인 요소(통합화)로 분류할 수 있다. 각 구성요소별로 살펴보면 다음과 같다. 앞서 언급한 조직설계 요소와 중복된 개념을 다시 이해해보자.

① 복잡성(complexity)
② 공식화(formalization)
③ 집권화(centralization)
④ 통합화(integration)

(1) 복잡성

조직은 복잡성을 갖고 있다. 이는 앞서 살펴본 조직설계(organizational design)

의 기본적인 원칙인 분화(differentiation)의 개념과 연결되어 있다. 즉, 복잡성은 조직에 따라 정도의 차이는 있으나 기본적으로 복잡한 구조를 갖고 있다. 이러한 조직의 분화상태를 알 수 있고 권위의 계층을 파악할 수 있는 요소가 복잡성이라 할 수 있다. 복잡성에 따른 분화의 형태를 수평적 분화, 수직적 분화, 지리적 분화로 분류할 수 있다.

첫째, 수평적 분화는 부서별로 다른 역할과 권한에 따라 나타나는 형태이다. 스포츠 에이전시 회사는 선수섭외, 스케줄 관리, 홍보, 용품협찬 및 광고 출연 기업 탐색 등 동일한 상품(선수)을 놓고 각기 다른 접근법으로 업무를 추진한다. 즉, 관련 업무가 복잡해질수록 수평적 분화를 통해 효율적 처리를 기대한다. 앞서 언급한 전문화(work specialization) 및 부문화(departmentalization)와 관련돼 있다.

둘째, 수직적 분화는 조직 내에서 계층을 나누는 것을 의미한다. 업무가 복잡해질수록 하부직급에서 결정을 내릴만한 사항과 최고경영층에 의해 의사결정을 내리는 사항으로 구분될 수 있다. 조직 규모가 커질수록 수직적 분화를 통해 효율적 업무처리 구조를 만들 수 있다.

나이키 본사(미국 오레곤 주) ────

나이키 제조공장(동남아) ────

프로구단주의 영향력이 아무리 강해도 경기에 관한 한 감독이 권한을 행사하는 고유 영역이다. 선수를 구단에 영입하거나 트레이드와 관련한 구성원 자체의 변화는 구단주의 의사결정에 따라 이루어지지만, 경기도중 선수선발, 교체는 전략과 전술에 따라 감독이 결정한다.

마지막으로 지리적 분화는 하나의 조직이 여러 지역에 위치하여 업무를 처리하는 형태에서 비롯된다. 공간적 분화라고도 한다. 예를 들어 나이키 본사는 미국 오레곤 주에 위치하며 글로벌 시장에 효과적으로 진출할 수 있는 전략을 구상한다. 나이키 물류기지는 미국 테네시 주에 위치하고 있고, 제조업체는 동남아 등지에 있다. 이와 같이 다국적 네트워크가 필요한 조직의 지리적 분화를 통해 세계를 한 시장으로 묶는 효과를 보았다.

(2) 공식화

조직화에 필요한 요소에는 공식화가 있다. 이는 어떻게 조직의 직무를 표준화하고 조직 구성원들의 행위와 태도를 규정할 것인가 하는 문제이다. 공식화는 직무 표준화라고 불린다.

선수는 구단과의 계약을 통해 공식적인 활동을 한다. 구단 내 다른 구성원과 마찬가지로 근로시간, 시업, 종업, 휴식시간, 휴일 등 구단이 정한 바에 따라야 한다. 선수가 계약을 위반하거나 팀원 간 불화와 사회적 일탈행위 등을 통해 구단 발전에 저해하는 행동을 할 경우 구단은 직권으로 계약을 해지할 수 있다.

이와 같이 직무 표준화를 통해 구성원의 행동을 규정화하는 문제는 매우 중요하다. 팬 층을 몰고 다니며 대중적으로 유명한 선수라 할지라도 비공식적 절차와 용인을 통해 구단에 존속시킬 경우 여러 가지 폐단을 낳을 수 있다. 선수 간 위화감 조성, 팀워크 방해, 팀플레이에 악영향, 감독과 코치진과의 불협화음, 부정적인 언론보도 등 유명세에 의존한 구단 운영이 오히려 좋지 않은 결과를 초래할 수 있다. 스포츠 조직 내 구성원은 누구나 다 책임과 역할을 다해야 하는 공식적 환경을 만들어야 한다.

(3) 집권화

집권화는 어떤 계층에서 의사결정이 이루어지느냐 하는 문제와 직결되어 있다. 즉, 최고 경영자의 의사결정이 많이 반영되어 있는 조직은 집권화(centralization)된 조직이라 할 수 있고, 실질적 의사결정에 하부계층의 참여가 주도적으로 이루어진다면 분권화(decentralization)되어 있는 조직을 의미한다.

스포츠 분야의 창업회사는 초창기엔 임원진의 의사결정에 의존하게 된다. 모든 일을 신속하게 처리해야 하고, 급변하는 환경을 잘 대처해야 한다. 조직이 커질수록 회사가 내놓은 제품과 서비스를 찾는 수요가 많아지고, 유사한 업종의 경쟁자가 생기게 된다. 중대한 의사결정은 최고경영자가 하겠지만, 중간경영층에 의해 결정을 내릴만한 사안들에 대해선 위임전결을 통해 하부에 일임하게 된다. 과업이 많고 세분화될수록 분권화를 통해 조직구조와 시스템을 재편하게 된다.

(4) 통합화

조직화를 위해선 통합이 필요하다. 이는 앞서 언급한 조직설계(organizational design)의 기본적인 원칙인 분화(differentiation)와 더불어 조정을 통한 통합의 중요성을 의미하는 것이다. 분화와 부문화를 통해 통제의 범위를 유연하게 조정하는 작업, 전문화와 공식화를 통한 역할 분담에 따른 권한과 책임을 위임하는 조정, 조직이 확대될수록 수평, 수직, 공간적 분화를 통한 의사결정 등에 이르기까지 조직구조는 생물체처럼 끊임없이 움직인다.

성공적인 스포츠 조직은 이러한 조정과 통합 과정에 익숙해야 한다. 행정적 마인드로 점철된 국가 조직처럼 고착화되거나 느린 변화의 속도(speed of change)를 수용한다면 소비자의 마음을 붙잡기 어려울 것이다. 혁신 마인드를 갖고 소비자 성향을 파악하고, 시대 트렌드를 분석해야 한다. 스포츠 조직이 존재하는 이유는 선수란 상품이 있기 때문이다. 그 상품을 소비하는 고객과의 교섭력(협상력)을 통해 시장을 확장시키고 있다. 궁극적으로 시장이 확대되어야 스포츠 조직의 목표를 달성하게 되는 것이다.

표 5-4 스포츠 조직구조를 형성하는 요소

구분		내용
핵심적 요소	복잡성	• 분화는 조직이 복잡해질수록 업무가 다양하고, 의사결정 시스템이 조정되어야 한다. • 수평적, 수직적, 지리적 분화로 구분할 수 있다.
		수평적 분화 • 새로운 부서를 신설하고, 분야별 전문인을 고용한다.
		수직적 분화 • 단계적 수준의 정도를 의미하고, 다른 조건이 일정한 조건에서 조직의 통제범위(span of control)가 넓거나 클수록 더 효율적이다.
		지리적 분화 • 한 조직 내에서 지역적 혹은 공간적으로 나누어진다(공간적 분화).
	공식화	• 조직 내 규정이 많고 행정절차가 구체적이면 공식화가 높은 조직이다. • 업무가 표준화되기 때문에 의사결정권은 최소화될 수 있다. • 조직 구성원이 언제, 무엇을, 어떻게 해야 하는지를 규정하고 명시한다.
	집권화	• 어떤 계층에서 의사결정이 이루어지느냐의 문제로서 최고경영층에 집중되는 경향이다(↔ 분권화). • 조직 내 의사결정이 서열이 높은 위치에서 이루어지고 있는지를 나타낸 것이다.
부가적 요소	통합화	• 조직 활동의 조정 및 통합을 의미한다.

💬 **여기서 잠깐!**

▎ 아디다스의 도전

북미 스포츠 시장에서 나이키에 이어 두 번째 매출을 올리는 아디다스가 있다. 독일에 본사를 둔 이 회사는 2017년 새로운 도전을 했다. 독일 안스바흐(Ans bach) 근처에 있는 스피드 팩토리(Speed Factory)라는 공장에서 시작됐다. 말 그대로 빠른 속도를 모토로 삼은 이 공장에선 로봇기술을 적용해 3D 프린터를 이용해 신발을 생산했다.

——— 스피트 팩토리

이 발상으로 제조업 분야에서 혁신의 가능성을 보여주었다. 사람 대신 신발을 제조하기 때문에 인건비를 줄일 수 있었다. 이는 저렴한 노동시장에서 신발을 제조할 필요가 없게 되면서 생산지가 곧 소비지가 됐다. 이를 통해 대륙을 이동(예: 동남아→다른 대륙)해야 하는 유통비용이 거의 무료가 될 수 있었다. 이는 스포츠 조직구조를 형성하는 개념 중에서 지리적 분화가 희박해질 수 있는 것이다.

2019년 말에 아디다스는 이 혁신적 생산모델을 중단한다고 발표했다. 많은 사람들이 아쉬워했지만 시대 트렌드가 다시 도래한다면 언제든지 등장할 것이다. 전략사업단위(SBU)로서 일시적인 철수(divest)를 했을 지도 모른다. 아무튼 새로운 기술을 통해 미국과 독일 등과 같은 선진국 본토에서도 값비싼 노동력의 제조환경에 두려워하지 않게 됐다.

③ 조직설계와 영향요인

효율적이고 효과적인 조직을 경영하기 위해 적절한 시점에서 조직설계(organizational design)를 한다. 즉, 내·외부 환경에 맞게 조직의 분화(differentiation)와 부문화(departmentalization)를 거쳐 미션과 비전을 달성하기 위한 노력을 하게 된다.

예를 들어 프로스포츠 리그가 한창 진행되는 시점에 뜻하지 않던 천재지변으로 인해 장기간 경기를 진행할 수 없는 상황이라면 임시적인 조직설계에 착수해야 할 것이다. 연초에 수립된 경기숫자 조정, 구단 간 의견조정, 시설사용 및 임대 조정 등 분야별 상황을 대처하는 조직을 고려할 수 있다. 이처럼 단기간에 조직을 설계해야 하는 상황을 비롯해 중·장기적인 관점에서 설계를 해야 한다.

스포츠 조직설계에 영향을 주는 요인은 다음과 같이 6가지로 분류할 수 있다.

① 환경
② 전략

③ 기술

④ 사람

⑤ 규모

⑥ 라이프 사이클

(1) 환경과 조직설계 관계

외부환경의 불확실성이 낮은 경우는 수직적, 기계적, 관료적인 조직구조를 갖고 있다. 이는 일상적이고 예측이 가능한 조직으로 대기업처럼 큰 규모의 조직에 해당된다. 또한 외부환경의 불확실성이 높은 경우는 수평적, 유기적, 적응적인 조직구조를 갖고 있다. 이는 변화와 유연성에 초점을 맞춘 조직으로서 중소기업처럼 작은 규모의 조직에 해당된다.

지역연고와 기업협찬 환경에서 존속하는 프로구단은 대규모 조직이다. 조직 규모가 큰 만큼 많은 직원과 분야별 역할이 나누어져 있다. 이처럼 규모가 큰 조직 내 구성원은 경제, 인구, 사회문화, 정치법률, 기술, 국제환경과 같은 일반환경을 비롯해 구단 과업과 직결되는 경쟁자, 소비자, 공급자, 유통업자, 규제기관을 통한 외부환경 변화를 인지하기가 쉽지가 않다. 즉, 불확실한 환경에 대해 무감(無感)하게 느낄 수 있다. 본인 업무 처리를 하는데 에너지를 쏟고 있기 때문에 급변하는 환경에 대해 즉각적 대응을 하거나 예측을 통해 대처하는 관성을 갖기가 쉽지 않다.

반면, 프로구단에 용품을 납품하는 업체를 예로 들자면 외부환경의 불확실성을 모든 구성원이 쉽게 느끼게 된다. 모든 사항이 대표를 통해 신속한 의사결정이 이루어지고, 기일 내에 제품과 서비스를 제공하기 위한 총체적 노력이 필요한 조직 환경이다. 또한 다른 종류의 제품과 서비스를 소비자가 요구하게 되면 유연한 구조 재편을 통해 새로운 상품화 작업에 돌입할 수 있다. 분야별 인적, 물적 자산의 조정을 상대적으로 용이하게 함으로써 환경변화에 신속히 대처할 수 있다.

(2) 전략과 조직설계 관계

Raymond Miles(1932~)와 Charles Snow(1945~)에 따르면 전략을 방어형 (defenders), 개척형(prospector), 분석형(analyser), 반응형(reactor)으로 분류했다 (Miles & Snow, 1978).

첫째, 방어형은 사업의 안정성과 효율성에 초점을 두어 잘 통제된 조직이 추구한다. 규모가 큰 조직일수록 안정된 기업 환경과 효율적인 내부 통제 시스템으로 인해 방어형 전략을 선호하게 된다. 전통적으로 브랜드가 잘 알려진 스포츠 용품 회사는 이미 확보된 시장 부문에서 경쟁자로부터 적극 방어할 수 있기 때문에 비즈니스의 안정을 추구한다. 하지만 산업 간 융·복합이 활발한 4차 산업혁명 시대엔 소비자 니즈가 다양화되면서 방어형 전략만 고수 한다면 변화의 속도에 뒤처질 수 있다.

둘째, 개척형은 신규 제품과 서비스 개발을 통해 새로운 시장을 창출하기 위해 모색하는 기업이다. 즉, 혁신(innovation)을 원하는 유연한 조직에서 추구한다. 방어형 전략과 반대되는 개념으로 시장에 도전장을 내민 작은 규모의 스포츠 조직에서 사업의 유연성을 갖고 추진하게 된다. 변화가 심한 환경에서 필요한 적응 전략으로 조직 규모와 상관없이 신제품과 기회를 적극 탐색해야 한다.

셋째, 분석형은 과도한 위험을 피하면서 새로운 제품과 서비스 제공에 집중하는 기업이다. 즉, 혁신에 성공한 사례를 집중 분석함으로써 리스크를 최소화하고 이윤을 창출한다. 통상 ICT 기업이 先사례를 분석하여 산업의 안정성과 유연성을 동시에 갖고자 한다.

마지막으로 반응형은 외부환경에 대해 통제력이 약한 수동적인 기업에서 추구하는 전략이다. 외부경쟁에 대처할 능력이 부족하거나 내부통제가 잘 되지 않아 효율성이 떨어지는 조직에서 주로 나타난다.

스포츠 경영: 21세기 비즈니스 미래전략

(3) 기술과 조직설계 관계

핵심기술은 조직설계 시 반드시 필요하다. 예를 들면 스포츠 센터를 새로 짓고, 효율적인 운영과 관리를 위해서도 기술을 도입해야 한다. 11장에서 언급할 스포츠 시설의 입지, 규모와 배치를 결정하는데 있어 대충 추진할 수 없는 부분이다. 스포츠 센터 규모와 프로그램이 정해질 때 조직 규모를 확정지을 수 있다.

글로벌 스포츠 용품업체는 ICT 산업 간 융·복합을 통해 '헬스케어(health care)' 산업 현장에 이미 뛰어들었다. 사람의 기본적 욕망인 건강하게 오래 살고 싶어 하는 니즈를 적극 반영했다. 그간 축적해 온 제품에 신규 서비스를 가미하여 새롭게 상품화를 시도하는 것이다.

———— 나이키 어댑트 비비신발

전통적인 제조공장에서 제작했던 스포츠용 신발은 이미 3D 프린팅 기술을 도입하게 되면서 새로운 가능성을 열었다. 아디다스는 2017년 4D 퓨처크래프트 서비스를 제공하게 되면서 소비자가 원하면 몇 시간 만에 맞춤형 용품을 개발할 수 있게 됐다. 즉, 제조인력이 기술인

———— 아디다스 3D 프린팅 신발

력으로 대체되고 있다. 오랜 기간 동안 인식해 왔던 조직설계 개념이 기술 도입에 따라 다양화되고 있다. 비록 2019년 하반기에 사업철회를 선포했지만, 1922년부터 유구한 역사를 지닌 독일의 아디다스의 경험치는 중요한 자산이 될 것이다.

1972년 후발주자로 설립한 나이키도 새로운 기술을 앞을 다퉈 도입하는

회사로 유명하다. 1980년대 후반에 흥행한 헐리웃 영화 '백 투터 퓨처(Back to the Future)'에 등장했던 알아서 끈을 조여주는 운동화가 실제 2015년 '하이퍼 어댑트 1.0'란 상품으로 출시했다. 2019년 가격을 내리고 '어댑트 비비(Adapt BB)'란 상품을 선보이면서 매니아층에게 큰 호응을 얻었다. 이와 같이 기술과 조직설계 간의 관계는 매우 긴밀하게 연결돼 있다.

(4) 사람과 조직설계 관계

대기업은 구성원의 권한을 축소함에 따라 역할이 세분화돼 있다. 즉, 수직적, 기계적, 관료적인 특성을 지닌다. 또한 중소기업은 구성원의 권한이 확대됨으로써 수평적, 유기적, 적응적인 조직의 특성을 갖는다. 이는 직원 수에 비해 업무가 많아지면서 발생하는 현상이다.

선수 계약을 대리하고 마케팅 활동을 관리함으로써 전문적 영역을 구축하는 스포츠 에이전시도 규모에 따라 사람의 역할과 범위가 달라질 것이다. 규모가 큰 회사는 업무가 세분화돼 있어 다른 부서 사람들 간 관계를 통해 업무가 추진되지만, 소규모 회사는 한 사람이 수행해야 할 역할과 비중이 확대될 수 있다. 기술과 네트워크를 축적할 수 있는 기회는 대기업보다 중소기업에서 얻을 가능성이 높다. 유사한 일을 하더라도 사람과 조직설계는 차이가 있을 수밖에 없다.

(5) 규모와 조직설계 관계

앞서 언급한 것처럼 규모가 큰 조직은 업무가 세분화, 전문화되어 있고, 규칙에 의해 조직을 통제하며 관료적, 수직적, 기계적인 조직의 특성을 갖고 있다. 안정과 성장을 위한 혼합전략을 선호한다. 과감한 혁신도 최고경영자의 의사결정에 따라 속도가 빨라질 수도 혹은 정체될 수도 있다.

중소기업처럼 규모가 작은 조직은 노동 분화가 미약하고 규칙이 상대적으로 적어 상황변화에 따른 창의성이 요구된다. 수평적, 유기적, 적응적인 조직의 특성을 갖고 있어 성장전략과 고수익 전략을 선호한다. 혁신을 추진하기에 상대적으로 유연한 조직 문화가 있지만, 안정성을 선호하는 구성원에겐 불확실한 외부환경에 대해 민감한 인식을 드러낼 수 있다.

국제올림픽위원회(IOC)와 같이 규모가 큰 국제 스포츠 조직은 종목별, 지역별로 분권화돼 있다. 위원장의 업무 지시가 있더라도 각종 위원회를 통해 집단의사결정 시스템에 따라 결정되는 경우가 많다. 경주사업(racing business)을 주관하는 시행단체도 대규모 조직이다. 국내 경륜의 예를 들어보면 소속 선수가 600명이 넘고, 심판 및 장비·시설 지원인력, 선수관리, 경주의 공정성 확인, 선수 상금 지급, 발매업무 등을 포함하면 업무가 세분화돼 있는 규모가 큰 조직이다. 판정의 불만을 품고 소요 사태가 발생했을 때 수직적 업무 지시에 따라 신속하게 대처해야 한다. 반면, 지역적 스포츠 이벤트를 개최하는데 대행사 역할을 하는 조직은 구성원 전체가 행사현장에서 과업을 수행해야 한다. 업무 지시와 즉각적 대응 등 유연한 업무 환경을 통해 달성한다.

(6) 라이프 사이클과 조직설계 관계

라이프 사이클은 조직구조와 관련돼 있다. 마치 생명체처럼 태어나고 성장하고 성숙한 시기를 거쳐 점차 소멸하게 된다. 업종별, 규모별 스포츠 조직에 따라 수명주기가 다르다.

표 5-5 스포츠 조직설계와 영향요인

구분		내용
환경과 조직설계 관계	외부환경 불확실성의 낮은 인식	• 외부환경의 불확실성이 낮게 인식될 경우 특성을 보인다. • 대기업과 같이 규모가 큰 조직에서 특성을 보인다. • 특성: 수직적, 기계적, 관료적
	외부환경 불확실성의 높은 인식	• 외부환경의 불확실성이 높게 인식될 경우 특성을 보인다. • 중소기업과 같이 규모가 작은 조직에서 특성을 보인다. • 특성: 수평적, 유기적, 적응적

전략과 조직설계 관계	방어형	• 안정성과 효율성에 초점을 맞춘다. • 이미 확보된 시장에서 수익을 창출한다.
	개척형	• 새로운 제품과 서비스 개발을 통해 시장을 개척한다. • 혁신적 마인드가 있다.
	분석형	• 혁신을 통해 성공적인 사례를 분석한다. • 위험을 최소화하고 수익을 창출하고자 한다.
	반응형	• 내부 통제가 잘 되지 않는 기업이 추구한다. • 외부 통제가 잘 되지 않아 수동적 입장을 취한다.
기술과 조직설계 관계		• 핵심기술은 조직설계 시 반드시 필요한 요인이 됐다. • 기술환경에 뒤처지게 되면 시장에서 퇴보될 수 있다.
사람과 조직설계 관계	구성원의 권한 축소	• 구성원의 권한이 축소되거나 한계가 있는 규모가 큰 조직에서 특성을 보인다. • 특성: 수직적, 기계적, 관료적
	구성원의 권한 확대	• 구성원의 권한이 확대되거나 현장에서 과업을 수행해야 하는 규모가 작은 조직에서 특성을 보인다. • 특성: 수평적, 유기적, 적응적
규모와 조직설계 관계	대규모	• 대기업처럼 규모가 큰 조직에서 특성을 보인다. • 안정과 성장의 혼합전략을 선호한다. • 특성: 수직적, 기계적, 관료적, 세분화, 전문화
	중소규모	• 중소기업처럼 규모가 작은 조직에서 특성을 보인다. • 성장전략과 고수익 전략을 선호한다. • 특성: 수평적, 유기적, 적응적, 노동 분화
라이프사이클과 조직설계 관계		• 조직은 시장에 첫 선을 보이고, 성장과 성숙을 거쳐 결국엔 퇴보시기를 맞이한다. • 과정: 형성기 → 성장기 → 중년기 → 장년기

❹ 스포츠 조직의 수명주기

앞서 조직설계와 영향요인에서 다룬 스포츠 조직의 라이프스타일을 분석하는 것은 매우 중요하다. 스포츠 조직의 수명주기는 다음과 같이 4가지 단계로 분류할 수 있다.

① 형성기(startup stage)
② 성장기(growth stage)
③ 중년기(maturity stage)
④ 장년기(decline stage)

그림 5-2 **스포츠 조직의 라이프사이클**

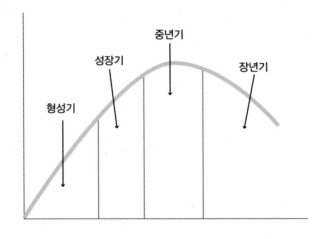

(1) 형성기

형성기는 조직의 창업단계(startup stage)에 해당되며 지원부서가 없고 규칙
및 규정이 상대적으로 적다. 제품이 시장에 처음 나왔을 때의 도입기(introduction
stage)와 유사하다. 즉, 조직이 새로운 시장에 처음으로 진출한 상황이다. 특화
된 과업이 미약하고 최고경영자(Top manager) 혹은 소유주에 의한 의사결정 권
한이 집중되어 있다. 즉, 집권화(centralization)된 특성이 강하다고 볼 수 있다.

(2) 성장기

성장기는 조직의 성장단계(growth stage)에 해당되며 종업원이 증가하게 됨에 따라 업무가 분화하게 된다. 이로써 규칙과 규정이 신설이 되고 형성기처럼 여전히 집권화가 되어 있다. 제품이 시장에서 처음 도입돼 수요가 많아지며 경쟁사의 제품이 나오는 시기와 유사하다. 즉, 스포츠 조직의 형성기엔 사업 확대와 성과로 이어지며 비슷한 사업에 뛰어드는 경쟁사가 출현하는 시기라 할 수 있다.

(3) 중년기

중년기는 조직의 성숙단계(maturity stage)에 해당되며 규모가 확장되면서 기업이 번창을 하는 시기라 할 수 있다. 하지만 제품이 시장에 처음 진출해 성장기를 거쳐 사업의 정점에 도달하는 시기처럼 시스템 둔화로 이어질 수 있다. 즉, 통제시스템이 강화되고 지원부서가 신설되는 등 업무가 세분화, 전문화되지만 혁신성과 유연성이 감소하는 단계이다.

(4) 장년기

장년기는 조직의 퇴보단계(decline stage)로서 대규모의 기계적 조직에 해당된다. 즉, 작업의 세분화는 지속되면서 업무가 중복된다. 조직 곳곳에 병폐가 발생하게 되면서 통제시스템이 일반화되고 변화를 위한 혁신적인 노력이 발생하기도 한다. 스포츠 제품이 정점을 찍은 후, 쇠퇴기에 접어들면서 시장에서 상품이 사라지는 것을 인식하기 전에 신상품 도입을 추진해 사람들의 시선을 잡아둔다. 다시 말해 스포츠 조직 내에서 의사결정 과정이 급격히 둔화되거나 구성원 간에 동기부여 저하, 커뮤니케이션이 막히게 될 시기에는 과감한 혁신이 필요하다.

표 5-6 스포츠 조직의 수명주기

구분	내용
형성기	• 지원부서가 미비하게 갖추어진 상태이다. • 제도와 규정이 미비해 거의 모든 상황에 대해 최고경영자가 의사결정을 한다. • 초창기 조직으로 집권화 현상이 강하다.
성장기	• 종업원이 증가하면서 업무분화가 본격화되는 시기이다. • 제도와 규정이 신설되고 정비가 됨에 따라 부서와 직원이 늘어난다. • 조직이 발전하는 단계이므로 여전히 집권화 현상이 있다. • 유사한 업종의 경쟁사가 시장에 출현하는 시기이다.
중년기	• 기업이 번창하면서 규모가 확대되는 시기이다. • 지원부서가 신설되고 통제시스템이 확대되며 업무가 전문화된다. • 권한이 많이 이양되지만, 유연성이 감소하고 혁신성이 감퇴하는 시기이다.
장년기	• 대규모 조직으로 통제 시스템이 일반화된 시기이다. • 작업이 세분화되지만, 업무가 중복되고, 조직의 병폐가 발생한다. • 혁신의 필요성이 대두되는 시기이다.

 과제

1. 조직설계를 통해 성공한 국내외 스포츠 조직의 사례를 찾아보시오.
2. 스포츠 조직의 라이프사이클 각 단계에 해당하는 국내외 스포츠 조직 사례를 찾아보시오.

SPORT MANAGEMENT

제6장

스포츠
조직유형 및 관리

SPORT MANAGEMENT

CONTENTS

스포츠 조직유형 및 관리

제1절 스포츠 조직유형

💬 **여기서 잠깐!**

▌ 조직이론

① 고전 조직이론

1890년대부터 등장한 초기이론이다. 대표적으로 테일러(F. W. Taylor, 1911)의 과학적 관리론은 19세기의 대량생산 시스템이 도입되는 데 큰 공헌을 했다. 노동자의 작업시간과 동작에 대한 연구, 노동자의 능률을 높이기 위한 과업관리법 등을 통해 작업환경의 변화를 이루었다. 가내 수공업에서 대량생산이 가능하게 돼 동일한 품질의 상품을 저렴한 가격에 공급할 수 있게 됐다. 하지만 지나친 분업에 따른 조정과 통제비용을 처리하는 데 있어 한계점을 드러냈다. 또한 기계처럼 돌아가는 인간의 노동 분업에 대해 인간성이 결여될 수밖에 없다는 비판을 받았다.

② 신고전 조직이론

1920년대부터 고전이론의 비판에서부터 등장했다. 인간에 대해 기계부품과 같은 하찮은 존재가 아니고, 감정적이고 사회적 동물로 보게 된 것이다. 이러한 관점의 변화는 인간이 처한 노동 환경에 관심을 불러 일으켰다. 대표적으로 메이요(E. Mayor)의 호손(Hawthorne) 공장실험을 통해 생산성에 미치는 영향요인으로 공장 내 조명의 밝기보다는 사회적 관계가 보다 중요하다고 했다. 그가 제시한 인간관계론에 따르면 구성원은 집단에서 활동할 때 반응을 나타내며, 경제적 유인요인보다 비경제적인 보상과 제재에 더 큰 관심을 보인다는 것이다. 다만 지나친 감정논리에 우선하여 공식조직의 구조와 기능과의 관계를 규명하는 데는 한계를 드러냈다.

③ 현대 조직이론

1950년대에 고전이론과 신고전 이론을 비판하면서 등장했다. 조직을 복잡한 시스템으로 인식하게 됨으로써 획일화를 배제하고 다양성을 추구했다. 특히 조직의 외부환경이 날로 복잡하게 됨에 따라 적절한 대응책을 준비하는 것은 매우 중요해졌다. 조직구조의 다양성을 인정하게 되면서 상황론적 조직이론(contingency theory), 주인-대리인 이론(principle-agent theory), 거래비용 이론(transaction-cost theory), 조직군 생태론(population ecology theory), 자원의존 이론(resource-dependence theory) 등이 제시됐다.

출처: 문개성, 김동문(2022). 체육·스포츠 행정의 이론과 실제. 박영사. p.87, 88.

❶ 민츠버그의 조직구성 요인

효과적인 조직구조의 설계방식을 제시한 학자는 Henry Mintzberg(1939~)로서 '효과적인 조직설계: 조직구조의 5대 유형(Structural in Fives: Designing Effective Organization)'을 제시해 현대 경영학의 새로운 지평을 열었다. 민츠버그는 조직구조의 기본 유형으로 다음과 같이 5가지 부문을 제시하고 각 부문별 역할을 규정하였다.

① 전략부문(Strategic Apex) = 최고경영층
② 중간라인부문(Middle Line) = 중간관리층
③ 핵심운영부문(Operating Core)
④ 기술전문가부문(Technostructure)
⑤ 지원스태프부문(Support Staff)

(1) 전략부문

전략부문은 조직의 주요 경영층으로 전체적인 방향성을 제시하는 전략상층부 집단을 말한다. 이들은 집권화(centralization)를 향한 힘이 강하고, 직접적인 감독활동, 외부환경과의 상호작용활동, 전략수립활동이라는 3대 핵심과제를 수행한다.

전략부문에 속하는 계층은 최고경영자, 사장, 부사장, 이사회, 경영위원회, 비서진 등이 포함된다. 이들은 직접적인 감독(direct supervision)에 의한 조정을 강조하므로 단순구조(simple structure)로 형성된다.

(2) 중간라인

중간라인부문은 핵심운영층과 최고경영층(전략부문)을 연결하는 중간관리자들이다. 이들은 각 기능들의 원활한 업무진행을 위해 상하 간에 명령의 전달과 피드백 역할을 하고, 부분적인 전략수립활동을 한다.

이들은 관리이사, 영업이사, 공장장, 지점장 등이 중간관리층에 속한다. 산출물의 표준화(standardization of outputs)를 향한 힘이 강하게 작용하므로 중간라인부문의 역할이 강조되는 사업부제(divisional Form) 조직유형으로 형성될 수 있다.

(3) 핵심운영

핵심운영부문은 재화와 용역의 산출업무와 직결되는 기본업무를 담당한다. 최종 생산물을 만들기 위한 기본적인 업무에 필요한 근로자(노동자)들을 비롯하여 조직 내 현장을 관리하는 운영의 핵심으로써 실제로 무언가를 해내는 실무진(구매, 제조, 판매 등)을 일컫는다.

즉, 현장주임, 영업주임, 구매담당, 기계기사, 조립담당, 판매담당, 배송담당 등이 속한다. 이들은 분권화(decentralization)와 지식 및 기술의 표준화(standardization of skills)를 향한 힘이 강하므로 전문적 관료제(professional bureaucracy)로 형성될 가능성이 높다.

(4) 기술전문가

기술전문가는 다양한 분야의 전문적인 분석을 통해 조직 활동의 표준화에 대한 시스템을 구축하는 역할을 한다. 즉, 전략수립, 경영평가, 인력개발, 경영분석, 생산계획, 작업연구, 전문사무 등 총체적인 분야에 대한 과업의 표준화(standardization of work) 작업을 수행한다. 이로써 이 부문이 강화된 기계적 관료제 구조(machine bureaucracy)로 형성될 가능성이 높다.

(5) 지원스태프

지원스태프는 조직운영을 위한 나머지 부문을 담당한다. 법률고문, 대외관계, 노사관계, 임금관리, 인사관리, 서무관리, 문서관리, 구내식당 등 원활한 조직운영을 위해 다양한 분야에서 지원역할을 한다. 이들은 부서 간 유기적인 협조에 바탕을 두기 때문에 상호 적응(mutual adjustment)에 의한 조정압력이 강하므로 애드호크러시(adhocracy)와 같은 경계가 희미한 조직 특성을 지닐 가능성 있다.

그림 6-1 조직구성 요인

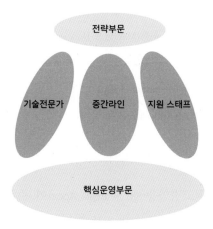

표 6-1 민츠버그의 5가지 조직구성 요인

구분	내용
전략부문	• 전략상층부, 최고경영층에 해당되며 집권화를 향한 힘이 강하다. • 직접적인 감독활동, 외부환경과의 상호작용활동, 전략수립활동을 한다.
중간라인 부문	• 상하 간 원활한 업무전달 및 조율을 위해 부분적인 전략 수립을 한다. • 산출물의 표준화를 향한 힘이 강하다.
핵심운영 부문	• 재화와 용역의 산출업무와 직결되는 업무를 담당한다. • 분권화를 향한 힘이 강하다.
기술전문 가부문	• 전략수립, 경영평가, 인력개발, 경영분석, 생산계획, 작업연구 등을 수행한다. • 과업의 표준화를 향한 힘이 강하다.
지원스태 프부문	• 법률고문, 대외관계, 노사관계, 임금관리, 인사관리, 서무관리, 문서관리, 구내식당 운영 등 조직운영과 관리의 전반적 지원역할을 한다.

② 민츠버그의 조직구조 유형

Mintzberg(1980)는 이러한 5가지 조직구성 단위에서 각각의 서로 다른 방향으로 권한을 행사함에 따라 조직구조 설계의 이론위주 접근에서 벗어나 실무적인 관점의 중요성을 강조하였다. 또한 각 부문의 핵심역할에 따라 5가지 조직구조 유형으로 분류하였다.

① 단순구조(Simple Structure)

② 기계적 관료제 구조(Machine Bureaucracy)

③ 전문적 관료제 구조(Professional Bureaucracy)

④ 사업부 형태(Divisional Form)

⑤ 애드호크러시(Adhocracy)

(1) 단순구조

단순구조는 최고경영층(SA, Strategic Apex)이 주체가 되는 조직구조 형태를 말하며 상대적으로 작은 규모의 조직에서 볼 수 있는 구조라 할 수 있다. 이는 권한이 상층부인 최고경영층에 집중되다 보니 직무분할이 복잡하지 않아 공식화 정도가 낮고, 업무추진을 함에 있어 신속성과 유연성의 장점이 있다. 하지만 기업주 판단 하에 조직의 성패가 좌우되는 단점이 있다.

설립한 지 얼마 되지 않은 스포츠 용품업체는 중간관리자를 충분히 보유할 만큼 인원이 많지 않다. 즉, 최고경영자(Strategic Apex)와 핵심운영층(Operating Core) 간에 직접적인 의견 교환이 신속하게 이루어진다. 회사가 가고자 하는 방향을 서로 간에 쉽게 이해하고, 거의 모든 일처리를 최고경영자의 최종결정에 따라 추진한다. 〈그림 6-2〉를 살펴보면 최고경영층에 집중되어 있음을 볼 수 있다.

그림 6-2 단순구조

(2) 기계적 관료제 구조

기계적 관료제 구조는 대규모 조직에서 이루어지는 고도로 표준화된 업무를 수행할 수 있다. 최고경영층과 핵심운영층 간에 중간관리층(Middle Line)의 역할이 집중하게 된다. 최고경영층의 미션과 비전을 중간관리층에 의해 핵심운영층으로 정확히 전달이 돼야 체계적인 업무의 흐름을 유지해 나갈 수 있다.

과업의 표준화를 지향하는 힘이 강한 기술전문가(Technostructure) 집단은 기계적 관료제를 선호하게 된다. 정확한 행정 절차와 체계적인 의사결정 시스템을 통해 조직 내 모든 과업을 공식화시키고자 한다. 스포츠 에이전시 조직을 예로 들어보면 분야별 과업 표준화(공식화)를 위한 작업 수행을 할 것이다.

즉, 스포츠 선수를 많이 보유하고 있는 스포츠 에이전시는 초기에는 단순 구조로 시작하다가 대기업에서 볼 수 있는 기계적 관료제 구조로 발전하게 된다. 다양한 부서가 생겨나면서 업무가 세분화되고, 반복적이고 연속적인 업무 시스템을 갖추게 된다.

기술전문가 그룹은 소속선수 브랜드를 보다 체계적으로 홍보할 수 있는 방안을 연구하거나 가치를 증대시킬 수 있는 다양한 전략을 수립한다. 더불어 에이전시가 보유한 자산을 보다 확장시킬 수 있도록 인력을 개발하고, 생산과 산출에 대한 계획을 수립하는 등 과업의 표준화를 위한 작업을 수행한다.

지원스태프는 선수의 법률지원, 건강관리, 재산관리 등을 비롯하여 직원들의 복지를 위한 다양한 분야에서 역할을 담당한다. 기술전문가로부터 수립된 선수 홍보 마케팅 방안을 실무적으로 지원하는 역할도 지원스태프에서 다루어야 할 담당영역으로 설정할 것이다.

기계적 관료제 구조의 정형화된 업무는 인간적인 면이 결여될 수도 있다. 부서 간에 협조를 필요로 하게 되므로 중간관리층의 역할이 중요해지고, 자칫 지나친 과업의 정형화로 중간관리층이 비대해질 우려가 있다.

그림 6-3 기계적 관료제 구조

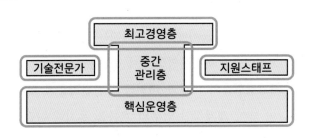

(3) 전문적 관료제 구조

전문적 관료제 구조는 대학, 병원, 로펌, 회계법인 등의 전문적 기관을 예로 들 수 있다. 또한 대형스포츠 에이전시도 이에 속한다. 분권화(decentralization)와 지식 및 기술의 표준화(standardization of skills)를 향한 힘이 강한 핵심운영층(Operating Core)은 분야별 전문성을 강조하게 되고, 지원스태프의 역할과 권한이 확대되는 것을 선호한다. 공식적 지위에서 업무가 진행되지만 전문성에서 시작과 결론을 내릴 수 있게 됨으로써 전문적 관료제 구조로 발전한다.

개인의 전문성이 극대화되다 보니 지원스태프의 조직 규모는 나날이 비대해진다. 스포츠 스타를 비롯하여 다양한 종목의 많은 선수를 관리하다 보면 전문 분야(법률지원, 건강 및 재산관리, 광고출연, 용품협찬 등)의 인력이 충원돼야 한다. 이러한 조직은 전문적, 민주적, 분권적, 자율적, 협력적인 특성을 나타냄으로써 조직 전체 업무가 급격히 확대되더라도 위험요소를 최소화하며 운영이 가능한 역량을 갖추게 된다. 하지만 분야별 전문성이 강한 구성원 간의 집합체이다 보니 이견(異見)이 도출됐을 때 수평적 갈등을 조정하기가 어려워질 수도 있다.

그림 6-4 **전문적 관료제 구조**

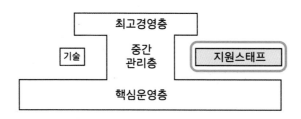

(4) 사업부 형태

사업부 형태는 기계적 관료제 구조에서 몇 개의 사업이 핵심운영층으로 분권화된 형태이다. 즉, 사업부별로 독자적인 조직구조를 갖춘 형태가 확장되다보면 선수관리 사업 외에도 많은 영역으로 확대된다. 산출물의 표준화(standardization of outputs)를 향한 힘이 강한 중간관리층(Middle Line)에서 선호하게 된다. 하나의 큰 조직에서 여러 개의 성과물이 도출되게 함으로써 조직 확대, 이윤 창출 등 지속가능한 사업구조를 기대하는 것이다.

선수 가치를 높이기 위한 전략으로 미디어 사업을 전략적으로 운영할 수도 있다. 자사가 보유한 선수들에 대해 미디어를 통해 잠재적인 팬을 확보하고, 긍정적인 활동상황을 항시 알릴 수 있다. 다양한 특화분야를 통한 조직자원의 효율적인 배분에 따라 회사의 미션을 극대화하고자 한다.

오늘날 세계적인 대기업이 갖추고 있는 사업부 형태는 사업이 비대해지면서 자본주의의 전형적인 산물이란 비판을 안고 있다. 또한 최고경영층(본부)이 독자적 경영체계로 자리 잡은 각각의 사업부 권한을 침범할 수 있는 우려도 있다.

각각의 사업부 조직을 놓고 생각해보면 4장에서 언급한 기업 전략, 사업부 전략, 기능별 전략을 통해 운영되는 조직이 된다. 또한 최고경영층, 중간경영층, 일선경영층이 존재하는 거대 조직인 만큼 모든 조직을 총괄하는 최고경

그림 6-5 **사업부 형태**

영층에서 사업 방향을 갑자기 수정하거나 후퇴하게 한다면 많은 혼란을 야기할 수 있다.

(5) 애드호크러시

애드호크러시는 테스크포스팀(TFT), 매트릭스 조직, 프로젝트 팀 등으로 대변되는 임시조직을 뜻한다. 이 조직은 과제를 최종적으로 실행하기보다는 그 실행을 위한 문제 해결에 초점을 맞추고 방향성 정도를 제시하면서 임무를 완수하게 된다.

예를 들어 잘 나가던 프로구단 선수가 뜻하지 않은 슬럼프를 겪게 되면서 선수를 담당하는 부서 외에 다른 부서 도움이 필요한 상황이 있을 때 최고경영자는 한시적으로 임시조직을 구성할 수 있다. 또한 갑자기 경기장을 찾는 입장객 수가 급격히 줄어들면서 해당 종목 프로연맹의 최고경영자는 각 부서에서 인력을 차출, 임시조직을 운영하여 원인과 방향을 찾아보라고 할 수 있다.

해당 부서를 비롯해 다른 부서의 구성원 능력을 최대한 발휘하게 하여 효율성을 추구하게 된다. 하지만 고도의 불확실성으로 뜻하지 않은 갈등이 양산될 수도 있다. 수평적, 유기적 구조로 이루어지고, 매 건마다 의사결정자로부터 결론을 짓는 방식이 아니기 때문이다. 과업수행 방향이 서로 일치하지 않거나 역할 분담의 모호성에서부터 출발한다면 효과를 거두기 어렵다.

즉, 운영기간이 지나치게 길거나 알아서 하는 식의 과업 지시는 효과를 거두기 어려울 수 있다. 단기간 동안 내부환경과 외부환경(일반환경, 과업환경) 분석을 통해 문제점을 정확히 파악하고, 해결방안에 대해 몇 가지 대안을 도출하도록 해야 한다. 공식적인 문서화 작업을 통해 TFT 결과보고서에 대한 최고경영자의 결재가 이루어지게 하고, 명확한 방향을 명시토록 해야 한다. 최종적인 방향성을 결정하는 몫은 최고경영자의 의사결정을 통해 수행돼야 한다.

그림 6-6 애드호크러시

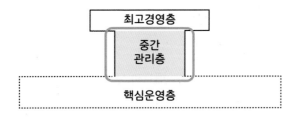

💬 여기서 잠깐!

┃ 매트릭스 조직구조

애드호크러시는 분야별로 전문성을 갖춘 직원들로 구성된 시스템이기 때문에 **수평적 분화**(horizontal differentiation)는 매우 커지는 반면, 수직적 분화(vertical differentiation)는 낮아진다.

의사결정은 전문직원들로 구성된 분권화된 팀에 의존하므로 조직 내의 영향력은 지위 권한보다는 능력에 따라 따르게 된다. 규칙과 규정이 거의 없는 상태로 운영된다.

매트릭스 조직은 일종의 애드호크러시에 해당하는 조직개념으로 프로젝트를 중심으로 조직화된 신속한 변화와 적응이 가능한 임시적 시스템이다. 애드호크러시 조직 형태 중에서 가장 많이 적용하는 **다중명령체계**(multiple command system)를 따른다. 즉, 수평적·수직적 권한이 결합된 형태로서 직능별 조직구조와 사업부별 조직구조의 장점을 강화하고, 단점을 보완한 조직구조이다.

표 6-2 민츠버그의 5가지 조직구조 유형

구분	내용
단순 구조	• 전략부문(최고경영층)이 주체가 되는 조직구조이다. • 권한이 상층부로 집중되다보니 공식화가 약한 특징이 있다. • 의사결정을 하는데 신속하고 유연성이 있지만, 경영층 판단 하에 조직성패가 좌우될 수 있는 단점이 있다. • 중소기업 등 작은 규모의 조직으로 대표된다.

기계적 관료제 구조	• 대규모 조직에서 이루어지는 고도로 표준화된 업무를 수행한다. • 업무가 반복적, 연속적, 세분화되어 효율성을 추구한다. • 지나친 과업의 정형화로 중간관리층이 비대해질 수 있다. • 기계적 시스템으로 자칫 인간적인 면이 결여될 수 있다. • 대기업과 같은 큰 규모의 조직으로 대표된다.
전문적 관료제 구조	• 공식적 지위에서 비롯되지만 분야별 전문성을 통해 이루어진다. • 개인의 전문성이 극대화되면서 지원스태프 조직 규모가 비대해진다. • 전문적, 민주적, 분권적, 자율적, 협력적인 특성이 있다. • 다른 의견이 도출됐을 때 수평적 갈등을 조정하기가 어려울 수 있다. • 대학, 병원, 로펌, 회계법인, 대형스포츠 에이전시 등의 조직으로 대표된다.
사업부 형태	• 사업부별로 분권화된 독자적인 조직구조를 갖춘 형태이다. • 중간관리자가 조직의 주요 부문으로 등장한다. • 자본주의의 전형적 산물이란 비판을 받는다. • 조직자원의 효율적인 배분을 통해 다양한 성과를 도출할 수 있다. • 전체 조직 본부가 각 사업부 권한을 침범할 수 있다. • 다국적 기업 조직으로 대표된다.

애드
호크러시
	• 과제를 최종적으로 실행하기보다 그 실행을 위한 문제해결에 대한 방향성 제시에
	  초점을 둔다.
	• 구성원의 능력을 최대한 발휘하게 하고, 효율성을 추구한다.
	• 고도의 불확실성으로 뜻하지 않은 갈등이 양산될 수 있다.
	• 수평적이고 유기적인 구조로 인해 과업수행 방향이 불일치하거나 역할분담이
	  모호해질 수 있다.
	• 테스크포스팀(TFT), 매트릭스 조직, 프로젝트 팀 등의 임시조직으로 대표된다.

💬 여기서 잠깐!

┃ 조직유형

• 블라우(P. M. Blau)와 스콧(W. R. Scott)의 조직 유형(1962)
① 호혜조직: 구성원의 이익을 위한 조직(정당, 노동조합, 이익단체 등)
② 기업조직: 조직의 능률성을 강조하는 경쟁체제의 조직(사기업, 은행, 보험회사 등)
③ 봉사조직: 고객과 직접적인 관계를 갖는 조직(병원, 학교 등)
④ 공익조직: 다수가 주요 수혜자가 되는 조직(소방서, 경찰서, 행정기관 등)

- 에치오니(A. Etzioni)의 조직 유형(1964)

① 강제적 조직: 조직의 통제수단이 강제적이고, 구성원들은 고도의 소외의식을 가짐(교도소, 수용소, 정신병원 등)

② 공리적 조직: 조직은 구성원들에게 보수를 제공하고, 구성원들은 받은 보상만큼 일함(사기업)

③ 규범적 조직: 규범적 권한과 도덕적 복종으로부터 통제받음(종교단체, 정당, 병원 등)

- 퀸(R. E. Quinn)과 로어바우(J. Rohubaugh)의 조직 유형(1981)

① 내부과정모형: 조직내부의 효율적 통제에 중점을 둠

② 인간관계모형: 조직내부에서 인간의 유연성을 강조함

③ 개방체제모형: 환경변화에 대응하기 위해 조직의 유연성을 강조함

④ 합리적 목표모형: 생산적이고 효율적인 목표달성을 위해 통제를 중시하고 조직자체를 강조함

출처: 문개성, 김동문(2022). 체육·스포츠 행정의 이론과 실제. 박영사. p.94, 95.

제2절

스포츠 조직자원 및 인적관리 요소

❶ 인적자원관리 개념

(1) 인적자원관리의 목표 및 중요성

현재 흔히 사용하고 있는 인적자원관리(HRM, Human Resource Management)란 용어는 인적자원을 관리하는 모든 제반사항을 의미하는 인사관리(PM, Personal Management)의 의미와 유사하다. 이는 기존에 노동력이라는 생산요소의 효율적인 관리란 측면에서 통용되었던 노무관리(labor management)와 최근 노동자와 경영자의 상호 대등한 입장에서 단체교섭을 통해 근로조건을 개선시키는 활동인 노사관계관리(labor management relations)가 포함된 개념으로 발

전한 것이다. 즉, 궁극적으로 조직의 목표를 달성하기 위해 필요 인력을 확보하고 관리하는 모든 기능과 과정을 의미하는 것으로 최근 전략적인 관점에서 인적관리에 초점을 맞춘 전략적 인적자원관리(SHRM, Strategy Human Resource Management)로 발전하여 시대의 흐름에 따른 용어의 변천을 확인할 수 있다.

인적자원관리의 궁극적인 목표는 조직의 목표를 달성하기 위함이다. 이를 위해서는 필요한 인력을 확보하고, 확보된 인력이 갖고 있는 능력을 개발하는 과정(훈련, 교육 등)을 거쳐 개인의 성장과 발전을 도모해야 한다. 이는 곧 개인의 목표와 조직의 목표를 동시에 달성할 수 있는 이상적인 결과를 도래할 수 있기 때문이다.

(2) 인적자원관리의 절차

스포츠 조직 내 인적자원은 조직마다 다양하다. 대한체육회와 가맹단체는 행정인력으로 채워진다. 각종 국내외 대회를 주관하거나 인적, 물적 자원을 지원한다. 또한 선수, 감독, 코치 등의 권익과 처우를 위해 활동한다. 마사회와 국민체육진흥공단은 행정인력뿐만 아니라 소속선수와 심판 등 특수직종의 인력도 필요하다. 선수는 1년 정도의 훈련기간 동안은 해당 기관으로부터 모든 지원을 받고, 졸업 후엔 개인사업자등록을 통해 각자 활동을 한다. 경주에 따른 각종 수당을 받는다.

이와 같이 스포츠 공익기관 외에 민간조직을 살펴보면 프로연맹과 구단은 분야별 행정인력이 있다. 기획, 예산, 선수영입과 지원, 홍보 및 마케팅, 경기 및 훈련시설 관리, 이동, 물자 등 다양하다. 연맹엔 각종 심판이 소속돼 있고, 구단에는 선수, 감독, 코치가 있다.

스포츠 에이전시엔 에이전트, 행정인력 등이 있고, 필요에 따라 변호사와 회계사가 소속돼 있는 경우도 있다. 스포츠 용품 기업에는 디자인, 제조, 마케팅, 판매 등의 인력이 있고, 서비스 직종엔 강사 인력이 필수적이다. 이와 같이 스포츠 조직 특성에 따라 구성원 분포는 매우 다양하다.

프로구단 내에서 협상과 계약절차에 따라 이적을 하는 선수와 감독 등 특수직종 외에 일반적으로 직원을 선발하고 평가하는 인적자원관리 절차는 다음과 같다.

① 계획수립
② 모집활동
③ 선발
④ 훈련 및 개발
⑤ 평가관리
⑥ 승진, 이동, 보상
⑦ 보직, 퇴직관리

첫째, 계획수립을 통해 필요한 인력 수급, 훈련과 개발, 평가 등 전반적인 분야를 다룬다. 둘째, 계획에 근거해 모집활동을 한다. 홈페이지, 신문지면 등을 통해 모집공고를 하게 된다. 셋째, 선발을 한다. NCS(National Competency Standards, 국가직무능력)는 최근 블라인드 채용형식으로 취지와 의미를 이어가고 있다. 넷째, 훈련 및 개발을 한다. 이는 어렵게 채용한 직원의 역량을 높이기 위한 프로그램을 개발하고 적용한다. 다섯째, 평가관리를 통해 직원을 평가한다. 여섯째, 승진·이동·보상을 한다. 보상은 상여금, 복리후생과 같은 금전적 보상과 승진, 인정, 칭찬 등과 같은 비금전적 보상이 있다. 인사이동에는 배치관리 원칙을 적용해야 한다. 즉, 인재육성주의, 균형주의, 실력주의, 적재적소주의를 내세울 수 있다. 마지막으로 보직 및 퇴직관리의 단계가 있다. 보직관리는 인적자원의 교체와 이직관리를 통해 조직의 유효성과 공정성을 진단하는 것이다. 또한 인적자원의 퇴직관리를 통해 적정 인력보전을 위한 대책을 마련한다.

그림 6-7 인적자원관리 절차

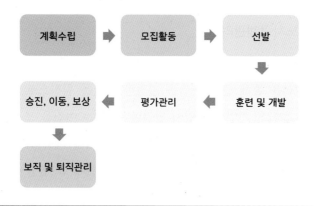

(3) 훈련과 개발

훈련과 개발은 신입직원, 경력직원 등 모든 구성원에게 인적자원개발의 방법으로 적용된다. 훈련은 개인의 직무수행능력을 개선하기 위해 지속적인 변화를 추구하고, 학습경험을 중시하게 된다. 즉, 구성원에게 현재지향적인 인적자원개발의 방법이다. 개발은 조직구성원의 개인 성장과 발전에 초점을 두어 미래지향적인 방향을 갖는다.

훈련과 개발을 하는 목적은 다음과 같이 정리할 수 있다.

① 사람마다 경험과 능력에 차이가 있기 때문에 필요하다.
② 사람과 업무를 적합하게 결합할 필요가 있기 때문에 필요하다.
③ 조직과 자신의 업무에 대한 호의적인 태도를 갖고, 바람직한 행동을 하는 조직구성원의 양성을 위해 필요하다.
④ 급변하는 경영환경에 대처하기 위해 필요하다.

인적자원개발 프로그램은 신입사원교육, 기초교육, 실무교육 등으로 대상에 따른 분류가 있다. 또한 장소에 따른 분류로서 직장 내 훈련(OJT, On the

Job Training)과 직장 외 훈련(Off-JT, Off the Job Training)이 있다.

(4) 노사관계관리

노사관계관리는 노동자(근로자)와 사용자(경영자) 간에 상호 대등한 입장에서 단체교섭을 통해 근로 조건을 결정하는 것을 원칙으로 한다. 이는 조직의 생산성을 높이고 기업과 개인이 발전할 수 있는 여건을 조성할 수 있다. 궁극적으로 사회 안전과 국가경제에 안정적인 환경을 제공하게 된다. 단체교섭은 선수들의 노동조건을 유지하거나 개선하기 위해 노사가 대등한 입장에서의 교섭행위를 의미한다. 이는 교섭결과를 협약으로 체결하기 위한 것이다.

부당노동행위는 근로자의 정당한 노동기본 권리행위인 노동조합활동을 사용자가 방해하는 행위를 의미한다. 대표적인 부당노동행위인 황견계약(yellow dog contract)이란 노동조합에 가입하지 않거나 탈퇴조건 등을 내세워 고용조건으로 하는 내용의 계약을 의미한다. 이외에도 단체교섭거부, 불이익 대우, 지배, 개입, 경비원조, 보복적 불이익 취급 등이 있다.

⌨ 여기서 잠깐!

▌ 선수 노조

반독점법은 19세기 말 미국에서 처음 제정됐다. 말 그대로 독과점의 폐해와 가격단합과 같은 공정한 경쟁시스템을 해치는 영업행위를 규제하기 위한 것이다. 첫 연방법을 주도한 미 오하이오 주 상원의원인 셔먼의 이름에 따라 셔먼법(Sherman Act, 1890) 이후, 클레이턴 법(Clayton Act, 1914), 연방거래위원회법(Federal Trade Commission Act, 1914) 등 추가적인 법제정이 이루어졌다. 현재는 연방공정거래위원회(Federal Trade Commission)와 법무부(Department of Justice)가 반독점법의 집행을 담당하고 있다.

반독점법 제정의 취지에 따라 관람스포츠 산업은 리그 전력의 평준화를 위해 노력해야 하는 구조를 갖는다. 소비자들에게 매력적인 상품을 시장에 내놓기 위해 관람을 위한 속성(경기진행, 우승 장면, 우승을 결정짓는 방식 등)뿐만 아니라 지역 연고제, 연봉상한제, 드래프트,

자유계약제도 등 다양한 제도가 포함돼야 함을 의미한다.

미국 대법원이 인정한 스포츠 리그의 특수성에 관한 판결이 있다. 풋볼에 집중적으로 투자해온 오클라호마 대학 등이 전미대학스포츠연맹(NCAA, National Collegiate Athletic Association)을 상대로 1970~80년대에 소송을 했다. 방송권에 관한 소송인데, 방송권을 독점관리하고 있던 NCAA가 개별 학교당 방송될 수 있는 풋볼 경기 수를 제한하려고 하자 시작됐던 것이다. 대법원은 연맹의 방송권 장악에 따른 방송횟수의 제한은 관람스포츠 시장 경제에 해롭다는 대학들의 주장을 받아들였다. 즉, NCAA의 풋볼에 관한 독점 방송권 및 지배력이 반독점법 위반임을 판시했다.

반독점법과 함께 프로스포츠 시장에서 이슈가 되는 **노사관계법**이 있다. 이 법은 취지와 내용 측면에서 상충된다. 프로스포츠 리그에서 전력 평준화를 위해 만들어놓은 연봉상한제, 자유계약선수 신분의 제한, 신인 드래프트 등을 놓고 봤을 때 시장 내에서 자유로운 경쟁을 막는 제도로 인식해 반독점법 소송에 노출될 수도 있다. 생산자(선수)와 수요자(팀, 리그) 간의 자유로운 거래를 저해하는 요인으로 인식할 수도 있다는 것이다. 이에 선수노조가 있는 미국의 모든 메이저 프로스포츠 리그에선 선수를 대리하여 노동환경, 보수 등에 관한 단체협약을 맺음으로써 반독점법 소송으로부터 보호하고 있다. 향후 국내 스포츠 산업 시장의 급격한 성장에 따라 프로스포츠 리그 내의 두 축인 선수와 팀 관계자 간의 이익배분 및 제반권리에 관련된 공정거래법 상의 논쟁은 얼마든지 일어날 수 있다. 해외 사례를 바탕으로 다양한 의견을 듣고 법과 제도적 뒷받

———— 프로스포츠 노사

침을 하기 위한 노력이 필요하다(조성호, 2015).

❷ 직무특성모형과 인적자원관리 평가

(1) 직무특성모형

Richard Hackman과 Greg Oldham은 다음과 같은 5가지의 직무특성모형 (JCM, job characteristic model, 1976)을 제시했다.

① 기술 다양성(skill variety)

② 직무 정체성(task identity)

③ 직무 중요성(task significance)

④ 자율성(autonomy)

⑤ 피드백(feedback)

첫째, 기술 다양성은 직무 수행에 요구되는 구성원의 기술과 다양성의 정도를 뜻한다. 둘째, 직무 정체성은 구성원이 직무를 수행하면서 눈에 보이는 결과를 예상하고 전체적인 업무를 수행하는 정도를 의미한다. 셋째, 직무 중요성은 직무가 다른 사람들의 생활과 일에 미치는 영향의 정도이다. 넷째, 자율성은 외부의 어떤 제재 없이 작업을 계획, 실행에 사용될 절차를 결정하는 데 있어서 개인에게 자유와 재량을 제공하는 정도를 말한다. 마지막으로 피드백은 작업 활동의 수행이 자신의 성과에 관해 직접적이고 분명한 정도를 불러일으키는 정도이다.

핵심 직무 차원을 통해 주요 심리상태와 개인 및 작업의 결과에 이르는 과정을 거친다. 핵심차원들을 동기부여 잠재력 점수(MPS, motivating potential score)라 부르는 단일 예측 지수로 다음과 같은 공식으로 구할 수 있다. 이는 다양성, 정체성, 중요성, 자율성, 피드백이 높을수록 만족스러운 직무성과로 이어진다고 볼 수 있다.

$$\text{MPS} = \frac{\text{기술 다양성} + \text{직무 정체성} + \text{직무 중요성}}{3} \times \text{자율성} \times \text{피드백}$$

(2) 직무분석

직무분석(Job Analysis)은 직무수행을 하기 위해 필요한 구성원의 적성에 대한 정보를 수집하고 분석하는 일이다. 직무분석을 하는 목적은 업무의 양과 범위를 조정하고, 업무 환경을 개선하기 위함이다. 또한 정원을 정확하게 산정하고, 인사고과의 기초자료로 활용할 수 있다. 직무급 산정과 같이 조직 합리화를 위한 기초자료로 활용할 수 있기 때문에 직무분석을 한다. 대표적인 직무분석의 방법은 다음과 같다.

① 면접법
② 관찰법
③ 중요사건화법
④ 워크샘플링법
⑤ 질문지법

첫째, 면접법은 면접을 통해 직무에 대한 정보를 습득하고 분석하는 방법이다. 둘째, 관찰법은 관찰을 통해 직무에 대한 정보를 습득하고 분석하는 방법이다. 셋째, 중요사건화법은 중요한 일을 사건화하여 정보를 습득하고 분석하는 방법이다. 넷째, 워크샘플링법은 여러 번의 관찰을 통해 직무의 정보를 습득하고 분석하는 방법이다. 마지막으로 질문지법은 질문지를 통해 직무에 대한 정보를 습득하고 분석하는 방법이다.

(3) 직무평가

직무평가(Job Evaluation)는 직무의 난이도와 책임도 등에 따라 직위의 비중을 기준으로 직위등급을 평가하고 결정하는 일을 말한다. 대표적인 직무평가 방법은 다음과 같다.

① 분류법
② 서열법
③ 점수법

④ 요소비교법

첫째, 분류법은 기준을 정한 후 직무별로 분류하고 평가하는 방법이다. 둘째, 서열법은 직무 간의 상호를 비교하고 직무에 대해 서열화해서 평가하는 방법이다. 셋째, 점수법은 요소별 중요도에 따라 점수를 부여하고 평가하는 방법이다. 마지막으로 요소비교법은 직무별로 평가 요소를 비교하고 평가하는 방법이다.

(4) 인사평가 방법

인적자원관리 평가를 통해 인적자원을 질적으로 향상시킬 수 있는 계기를 마련할 수 있다. 또한 조직발전의 기초가 되고 구성원들 사이에 인간관계 개선에 도움이 된다. 구성원의 리더십과 동기부여의 시작이 될 수 있다. 대표적인 인사평가 방법은 다음과 같다.

① 목표에 의한 관리(MBO, Management by Objectives)
② 인적평정센터법(HAC, Human Assessment Center)
③ 행위기준고과법(BARS, Behaviorally Anchored Rating Scales)
④ 다면평가법(Multisource Evaluation)

첫째, 목표에 의한 관리는 구체적인 목표와 성과기준을 상사와 부하와 함께 결정하고 목표 달성여부를 정기적으로 점검하고 보상하는 방법이다. 둘째, 인적평정센터법은 피평가자의 합숙교육을 통해 토의, 심리, 자질 등의 평가로 의사결정을 하는 방법이다. 셋째, 행위기준고과법은 평가자가 피평가자를 정기적으로 관찰하고 이를 근거로 평가하는 방법이다. 마지막으로 다면평가법은 상사, 동료, 부하, 본인, 고객 등의 다양한 평가 주체들이 평가자로 참여하여 개인이나 팀에 대해서 평가하는 인사평가제도이다.

과제

1. 민츠버그의 조직구조 유형에 따라 성공적인 국내외 스포츠 조직의 사례를 찾아보시오.

2. 가장 최근의 프로구단 내 노사관계에 관한 이슈를 찾아보시오.

3. 인적자원관리를 통한 성공적인 국내외 스포츠 조직의 사례를 찾아보시오..

SPORT MANAGEMENT

제7장

스포츠 조직의
리더십

SPORT MANAGEMENT

CONTENTS

제7장

스포츠 조직의 리더십

리더십

❶ 리더십의 개념과 역할

리더십(leadership)이란 조직 활동에 영향을 미치는 행위로 각종 유인들을 제공하여 동기부여를 유발시켜 조직의 목표를 달성하도록 하는 기능을 말한다. 즉, 비전 및 목적을 성취하기 위해 개인 혹은 집단에 영향을 미칠 수 있는 능력을 가진 사람을 리더(leader)라고 할 수 있다.

그렇다면 조직 내에서 필수적인 존재라 할 수 있는 리더(leader)와 경영자 혹은 관리자(manager)는 같은 존재일까? 결론적으로 말하자면 모든 리더는 매니저가 될 수 있지만, 모든 매니저가 리더는 될 수 없다. 즉, 리더와 매니저의 대표적인 역할을 살펴본다면 리더는 조직 구성원들에게 일을 하게끔 방향제시나 조언을 하고, 매니저는 이미 주어진 일이 완성되도록 구성원들에게 업무분담과 권한·책임을 적절히 배분하여 관리하는 역할을 하게 된다.

[💬 여기서 잠깐!

▌ 리더와 관리자

리더와 관리자의 차이는 무엇일까? 리더는 조직 구성원들에게 어떤 일을 잘 할 수 있게 방향을 제시하고 충고하는 역할을 한다. 관리자는 조직의 목표달성을 위해 계획을 수립하고 조직화를 실행, 지휘, 조정 및 통제하는 역할을 한다. Zaleznik(1986)와 Kotler(1990)에 따르면 다음과 같이 리더와 관리자 특성을 제시했다.

① 리더(leader): 리더는 인간적인 면모를 보여준다. 적극적인 목표수행 의지를 드러내고, 모험적인 의사결정을 한다. 또한 직관적이고 영감적인 의사결정을 통해 구성원들을 설득하게 된다. 리더는 변화와 혁신을 주도하면서 명확한 비전을 제시한다.

② 관리자(manager): 관리자는 공식적이고 사무적이다. 목표 지향적 의지를 드러내고, 기계적 의사결정을 한다. 또한 조직을 감독하고 통제하기 위해 계획적이고 공식적인 업무를 계획한다. 관리자는 업무관리를 위한 과정을 준수하고 역할을 한다.

프로스포츠 구단주 리더십을 통해 팀 내 분위기와 성격이 달라진다. 경직되거나 혹은 부드러운 분위기일 수도 있다. 구단 감독의 리더십에 따라 팀플레이와 선수 간 상호작용에 영향을 미친다. 리더십의 역할을 살펴보면 다음과 같다.

① 구성원의 동기부여 요인

② 조직 내에서 정보전달 기능

③ 개인 역량 배양

④ 조직발전 유도

⑤ 조직 전체 성과 유도

첫째, 구성원에게 동기를 부여함으로써 자발적으로 개인의 업무를 추진하는 동력으로 삼을 수 있다. 리더십은 반드시 최고경영자만 갖추어야 할 덕목이 아니라 구성원 개개인이 특정 프로젝트를 수행하기 위해 만들어진 소규모 조직을 이끌 때도 필요한 것이다.

둘째, 조직 내의 정보전달 기능을 강화함에 따라 다양한 정보를 공유하고 소통하게 한다. 조직 내에서 무엇보다 중요한 점은 정보가 특정인에 의해 차단되거나, 불리한 정보가 삭제되는 것을 방지하는 것이다. 모든 구성원이 공유함으로써 조직 정신의 근간인 미션(mission)과 비전(vision)을 함께 유지해야 한다.

셋째, 개인의 역량을 배양하게 한다. 좋은 리더를 통해 리더십을 배우고 익힐 수 있는 환경이 조성된다. 이는 새로운 구성원에게 지속적으로 역량을 발휘할 수 있게 한다. 즉, 리더십은 개인의 역량을 발전시키는데 매우 중요한 단서가 된다.

넷째, 조직발전에 스스로 참여하도록 유도하게 한다. 리더십을 통해 자발적으로 최선을 다하도록 유도하는 과정인 동기부여에 영향을 미친다. 타인에 의해 수동적으로 일을 하는 것보다 능동적인 일 처리를 통해 성과를 창출한다.

마지막으로 조직 전체의 성과를 좌우한다. 궁극적으로 리더십은 조직 전체가 발전할 수 있는 여건을 조성하게 한다. 개인의 성과가 곧 조직 전체의 성과를 의미한다.

🗨 여기서 잠깐!

❚ 영화 '코치 카터'

2005년에 개봉된 헐리우드 영화 '코치 카터'는 실존 인물을 모티브로 삼았다. 1970년대 미국 리치몬드 고등학교 농구팀의 '켄 카터'라는 코치의 리더십을 그린 영화다. 그는 모교 농구팀의 코치로 제의받고 구성원으로 활동하게 됐지만, 가난한 흑인들의 거주지인 리치몬드 아이들의 방황과 역경을 함께 할 수밖에 없는 처지가 된다. 학업을 포기하거나 마약에

———— 코치 카터

손대는 농구팀 학생들을 가르치기 위해 단순한 농구기술 뿐만 아니라 삶의 방향을 공감하게 하는 역할이 필요했던 것이다.

물론 이 과정에서 기존의 관습과 방식에 익숙한 학생과 학부모를 포함한 많은 사람들의 반대로 갈등을 겪는다. 결국 4년째 최하위인 팀의 기록에서 우승이란 목표를 달성하고, 무엇보다 중요한 학생들의 대학진학이라는 삶의 진로에 영향을 주기에 이른다. 이는 카터가 앞세운 **미션과 비전이 구성원들 간의 공유와 공감**에서 비롯됐다.

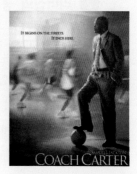
———— 영화 포스터

▌전능자적 관점과 상징자적 관점

경영자는 조직의 성공과 실패에 대해 막대한 영향력을 미친다. 구성원은 경영자가 모든 것을 알아서 해결해주고, 항상 성과를 도출해 주기를 바라지만, 일반적으로 경영자를 바라보는 관점을 두 가지로 바라볼 수 있다.

① 전능자적 관점(omnipotent view of management): 조직의 성공과 실패는 전적으로 경영자의 책임이라는 시각이다. 특히 스포츠 팀의 리더에게 성과를 창출하지 못했을 시 책임을 지게 하는 관점이다. 국가대표팀 성적이나 프로스포츠 리그 내에서 구단 성적이 나빴을 때 감독을 경질하는 방식으로 분위기 쇄신을 요구한다. 감독 스스로 물러나는 경우도 있고, 협회와 연맹을 통해 경질을 당한다. 이러한 시각을 활용해 협회(연맹) 내부의 문제점을 가리기 위해 전적으로 감독의 책임으로 몰고 가는 언론 플레이도 종종 목격되기도 한다. 선수로 구성된 팀과 같은 스포츠 조직의 가장 큰 특징은 결과가 매순간 도출된다는 것이다. 즉, 전능자적 관점을 통해 팀 성적 쇄신의 물꼬를 트기 위한 방식이 필요할 수 있다.

② 상징자적 관점(symbolic view of management): 조직의 성공과 실패는 외부환경과 같이 경영자의 통제 밖이란 시각이다. 이는 경영자의 영향력은 생각보다 크지 않고, 경영자는 급변하는 외부환경에 잘 대처해야 한다는 관점이다. 앞서 카츠(Katz, R.)가 얘기한 최고경영층(top manager)은 개념적 기술(conceptual skills)에 능숙해야 조직 미션을 수행하면서 비전을 달성할 수 있다. 즉, 새로운 사업과 혁신기술에 대한 투자는 경영자의 몫이지만, 어떻게 바뀔지 모르는 외부환경은 개인의 힘에 의해 바꿀 수 없다. 단, 미리 가능성을 예측하고 대처해야 할 것이다.

❷ 리더십의 종류

(1) 거래적 리더십

거래적 리더십(transactional leadership)은 전형적인 리더십의 유형이다. 리더가 구성원들의 생산성에 대해 보상으로 교환하는 방식이다. 목표 달성을 위해 방향을 정하고 동기부여를 한다. 성공에 대한 금전적 혜택 외에도 제도적 혜택을 부여함으로써 구성원의 동기부여를 직접적으로 자극하게 한다.

거래적 리더십의 특성을 살펴보면 다음과 같다.

① 조건적 보상(contingent reward)
② 예외에 대한 적극적인 관리(active management by exception)
③ 예외에 대한 소극적인 관리(passive management by exception)
④ 자유방임(laissez-faire)

첫째, 조건적 보상은 노력에 대한 교환으로서 보상을 규정하는 계약관계를 통해 이루어지는 것을 말한다. 둘째, 예외에 대한 적극적인 관리는 정해진 규정과 규칙을 위반하는 사례를 리더는 적극적으로 감시하고 시정조치에 관해 개입하는 것이다. 셋째, 예외에 대한 소극적인 관리는 업무표준을 벗어난 경우에만 리더가 개입하는 경우이다. 마지막으로 자유방임은 리더가 의사결정을 회피하며 책임범위를 벗어나고자 하는 경우를 뜻한다.

💬 여기서 잠깐!

▌국내 병역혜택 문제

올림픽, 아시아경기대회, 월드컵 등 세계적인 스포츠 이벤트 개최 전후에 개인과 팀 성적 외에 중요한 이슈는 병역혜택 문제가 있다. 태극마크를 달고 국가를 대표해서 좋은 성적을 얻었을 때 국위선양 차원에서 혜택을 준다. 최고의 기량을 발휘할 시기에 병역의 의무를 다른 기준과 조건을 통해 하는 것이다. 국민적 공감대를 형성해야 하는 목소리를 통해 다양한 대안이 필요하다.

병역혜택 문제는 다른 나라에선 보기 힘든 매우 독특한 거래적 리더십의 특징을 가진다. 즉, **조건적 보상(contingent reward)**에 대해 국가가 개입한 사례다. 엘리트 체육 부흥을 통해 국가적 위상을 높이기 위해 마련된 불가피했던 과거의 방식을 인정한다 하더라도, 앞으로 이 논의는 사회질서의 근간인 공평함 차원에서도 매우 의미가 있을 것이다. 이미 스포츠 강국의 위상과 국민적 의식 수준이 다양한 대안을 요구하고 있다.

더불어 메달 색깔별로 지급되는 선수 연금도 마찬가지다. 보상을 담보로 선수들에게 충분한 동기부여의 기회를 주었다는 과거의 인식도 인정한다 하더라도, 체계적인 선수관리에 대한 다양한 변화의 흐름도 살펴봐야 할 것이다. 모든 선수가 해당되지는 않더라도 프로 혹은 아마추어 선수를 전문적으로 관리하고, 그들의 가치를 높이는 마케팅적 측면의 활동이 활발해졌다. 에이전시와 매니지먼트 회사를 통해 용품협찬 및 광고출연 등 번외의 활동을 통해 수익창출과 선수가치를 높이는 시장(market)이 다양해졌다.

올림픽 출전을 하는 미국선수는 어떨까. 미국정부 지원 자체가 없고, 미국올림픽위원회로부터 부분적인 재정적 지원정도가 있다. 대중에 이미 알려져 스폰서 기업이나 광고 출연 등을 통해 비용을 충당할 수 있는 스포츠 스타 외의 다수의 선수들이 인터넷 등을 통해 기금모금 활동으로 올림픽을 준비하고 출전한다.

▌ 19세기 아마추어 정신

19세기 영국은 근대 스포츠의 출발지였다. 프로스포츠 선수를 동경하고, 다양한 영역의 상업주의가 팽배한 오늘날의 스포츠 문화 활동을 상상하면 안 된다. 상류층 중심으로 사교의 활동장소로 인식했던 아마추어리즘이 주를 이룬 문화 공간이었다. 기독교 신앙심과 건강한 신체와 사고를 중시한 상류층은 상업적 선수의 대회 출전을 금지시키고, 심지어 하얀색으로 상징되는 유니폼 착용을 고수하면서 절제와 매너의 환경을 만들고자 했다.

반면 대다수의 하류층은 스포츠 활동이 곧 성공의 지름길이라 믿고 활동했다. 스포츠 활동을 통해 얻는 승리수당을 받는 환경을 통해 프로페셔널리즘이 발전하게 된 계기가 됐다. 당시 상류층은 스포츠 활동을 통한 금전적 대가를 경멸했기에, 오늘날 보상을 담보로 한 프로스포츠 산업의 발전은 노동자들에 의해 발현된 것이다. 아마추어리즘을 표방한 올림픽 대회도 기업 스폰서십 환경, 방송중계권 사업 등 비즈니스의 경연장이 됐다.

19세기 영국 스포츠 _____

(2) 변혁적 리더십

변혁적 리더십(transformational leadership)은 구성원들 개개인 스스로 문제를 능동적으로 해결할 방식으로 찾도록 지원하는 리더십의 유형이다. 목표와 가치를 더 높은 차원으로 고양시킨다. 이를 통해 높은 생산성, 낮은 이직률, 구성원의 만족도 제고, 창의력 증진 등의 높은 성과를 보여주고 있다고 평가받고 있다.

변혁적 리더십의 특성은 다음과 같다.

① 이상적인 영향(idealized influence)
② 영감을 불어넣기(inspiration)
③ 지적인 자극(intellectual stimulation)
④ 개인적인 배려(individual consideration)

첫째, 이상적인 영향은 리더의 미션, 비전 및 가치를 구성원들과 공감하고, 존경과 신뢰를 받는 것을 말한다. 둘째, 영감을 불어넣기란 높은 수준의 기대감을 리더가 구성원들에게 심어주고, 그들에게 노력을 집중시키기 위한 것이다. 셋째, 지적인 자극은 리더의 지적인 수준과 합리적 판단능력, 신중한 문제해결 등을 통해 구성원들에게 영향을 주는 것을 의미한다. 마지막으로 개인적인 배려는 리더가 구성원을 개별적으로 상대하고 개개인에게 지도와 조언을 아끼지 않는 것을 뜻한다.

📰 여기서 잠깐!

▎ 히딩크 감독

2002년 한·일 월드컵 때 우리나라를 4강까지 올린 거스 히딩크(Guus Hiddink) 감독의 열풍은 한국 사회에 적잖은 영향을 미쳤다. 축구에 한정된 분야에서도 다양한 기술과 환경을 조성하는데 일조했지만, 리더십 영역에서도 히딩크를 연구하는 분위기가 팽배했다.

개인이 갖고 있던 기량과 기술을 결집시켜 팀의 변화를 이끌어냈고, 결국 엄청난 성과를 가져왔다. 선수들에게 어떤 메시지를 전달했기에 하루가 다르게 변화하는 모습을 보여주었을까. 전문 코치진을 통한 지도, 개인의 체력증진과 상호 간에 기량을 증폭시키는 기술, 상대팀 전술과 전략 분석 등 축구 영역에 한정하지 않더라도 선수를 자극할 무언가가 있었을 것이다.

———— 히딩크 감독

거래적 리더십을 통해 열심히 뛰고 성과가 나면 유럽 리그로 데려갈 것이라는 메시지가 전달됐다고 상상해보자. 확실한 조건적 보상(contingent reward)은 선수 스스로 경쟁력을 쌓기 위한 노력을 했을 것이다. 또한 예외에 대한 적극적인 관리(active management by exception)를 통해 감독이 제시한 원칙과 기준에 위배된 선수는 과감하게 대표팀 탈락과 교체카드를 제시했을 것이다. 여론의 동향보다는 팀 성과가 가장 중요한 명제였기에 험난한 과정을 선택했을 것이다.

더불어 **변혁적 리더십**을 통해 수동적이었던 선수들에게 영감을 불어넣고, 지적인 자극을 통해 창의적 플레이가 가능하게 했을 것이다. 불가능할 것 같았던 목표를 수행하기 위해 리더의 미션과 비전을 충분히 공감하게 하고, 선수 개개인에게 아낌없는 지도와 조언이 따랐을 것이다. 즉, 히딩크 감독은 거래적 리더십과 변혁적 리더십의 조화를 통해 아직도 한국 축구 위기가 뒤따를 때면 인구(人口)에 회자되고 있다.

▌박항서 감독

축구변방이었던 베트남을 2018 AFC(Asian Football Confe-deration) U-23 축구 선수권 대회에서 준우승, 2018 자카르타-팔렘방 아시아 경기대회에서 4강, 2018 스즈키컵 우승, 2019 동남아시아경기대회(SEA) 우승 및 국제축구연맹(FIFA) 월드컵 아시아지역 최종예선 진출까지 기록을 달성한 박항서 감독의 리더십도 빼놓을 수 없다. 2002년 한국에서 느꼈던 히딩크 감독의 리더십을 오늘날 베트남에서 박항서 감독을 통해 다시금 스포츠 조직 내의 리더십을 살펴보는 계기가 됐다.

―――― 박항서 감독

축구명문 출신학교, 엘리트 코스 등과는 거리가 멀었던 박항서 감독은 역경을 극복한 사례로 보도되기도 한다. 한국 내의 고질적인 문제를 타파하기 위해 히딩크 감독을 통한 선수 선발권의 효과는 베트남에서도 통했다. 기존 관습을 깨기 위한 쉽지 않은 노력을 통해 박항서 감독을 선임하고, 전적으로 감독에게 신임을 줌으로써 베트남 축구의 가능성을 열었다.

물론 이론적으로 거래적 리더십과 변혁적 리더십을 적절히 구사했겠지만, 무엇보다 당국과 감독 간의 신뢰는 곧 선수와 감독 간의 애정과 두터운 믿음을 형성하게 했다. 개인성과가 팀 성과로 이어지고, 궁극적으로 한 국가의 위상을 높이고 국민단합과 에너지를 표출할 수 있는 장을 마련했다는 점에서 이러한 축구 리더십을 통해 많은 시사점을 얻을 수 있다.

제2절

리더십 이론

전통적인 리더십 이론은 리더의 특성과 자질을 중시하는 특성이론(trait theory), 리더의 행동을 중시하는 행동이론(behavioral theory), 리더가 처한 상황에 초점을 맞춘 상황이론(situational theory)으로 발전하였다.

그림 7-1 리더십 이론의 순서

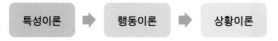

특성이론 ➡ 행동이론 ➡ 상황이론

❶ 특성이론

특성이론은 리더십 연구의 초기 이론으로서 리더의 개인 자질과 성격에 중점을 둔 연구이론이라 할 수 있다. 즉, 리더는 고유의 카리스마적인 특성을 갖고 구성원에게 영향을 준다는 관점이다. 다시 말해 성공적인 리더들이 갖추고 있는 공통된 특성(traits)을 연구한 이론으로 보통사람보다 뛰어난 측면이 있는지를 연구하여 개념화하였다.

Ralph. M. Stogdill(1904~1978)은 리더의 특성으로 지성, 지배력, 자신감, 추진력, 실력이 중요하다고 제시했지만, 이 특성을 가진 모든 사람이 리더가 되는 것은 아니란 사실도 발견했다. Bass(1990)는 스톡딜(Stogdill)의 특성이론에 대한 리더십 차원을 연구하여 개념화한 특성을 다음과 같이 6가지로 분류하였다.

———— 랄프 스톡딜

① 신체특성(physical characteristics)

② 성격(personality)

③ 사회적 배경(social background)

④ 사회적 특성(social characteristics)

⑤ 지능과 능력(intelligence and ability)

⑥ 과업관련 특성(task-related characteristics)

또한 Katharine C. Briggs(1875~1968)와 그의 딸 lsabel B. Myers(1897~1980)

가 제2차 세계대전 시기에 개발한 구성원의 성격(personality)의 평가도구인 마이어스-브리그스 유형 지표(MBTI, Myers-Briggs Type Indicator)가 유명하다. 즉, 빅 파이브 모델(Big-Five Model)을 통해 리더십의 특성이론에 대한 연구가 활발하게 진행되었다. 상당수의 리더십 특성이론에 대한 연구에서 빅 파이브 요인 중 하나의 요인과 일치하게 됨으로써 리더의 출현과 리더십의 등장을 예측하는데 적합한 결론에 이르게 되었다.

캐서린 브릭스와
이사벨 마이어 ————

① 외향성(extraversion)
② 포용성(agreeableness)
③ 신중성(conscientiousness)
④ 정서적 안정성(emotional stability)
⑤ 경험에 대한 개방성(openness to experience)

첫째, 외향성은 사교적이고 확신에 차 있는 성향이다. 타인과 대화를 나누길 좋아한다. 둘째, 포용성은 남을 도우려 하고 협조를 하는 성향이다. 남에게 협조하길 좋아하고 신뢰를 쌓기 위한 노력을 한다. 셋째, 신중성은 책임감이 있고 성취력이 있는 성향이다. 서로 믿음을 쌓기 위한 노력을 한다. 넷째, 정서적 안정성은 말 그대로 정서의 안정과 불안정과 관련한 성향이다. 정서적 안정성이 높은 사람은 열정을 갖고 있고, 차분한 성향이 있지만 낮은 사람은 초조하고 불안한 성향을 나타낸다. 마지막으로 경험에 대한 개방성은 상상력과 창의력이 높은 성향이다. 예술적인 감각을 지니고 지적인 취향을 지향한다.

그림 7-2 빅 파이브 모델

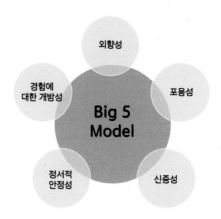

▍카리스마적 리더십

카리스마(Charisma)란 그리스어 'Charis(은혜 또는 선물)'에서 유래됐다. 리더십에서도 카리스마적 리더십이란 구성원들이 리더의 불가항력적인 능력에 힘입어 맹목적일 정도의 추종을 하게 하는 유형을 의미한다. 이 분야를 연구한 Conger & Kanungo(1987)는 다음과 같이 특성을 5가지로 분류했다.

① 현상(status quo)을 참을 수 없는 것으로 간주하여 이상적인 세계에 대한 비전을 제시한다.
② 미션과 비전 달성을 위해 위험을 감수하고 모든 수단을 동원한다.
③ 추종자들의 욕구와 관심을 주목하고 해결할 것이라는 자신감을 강조한다.
④ 구성원 간의 합의보다는 개인적인 자질을 통해 영향력을 행사한다.
⑤ 과격한 변화를 추구하지만, 현실적인 인식을 가진 자이다.

▍위인이론(the great man theory)

위인이란 일반인과 달리 훌륭한 사람들을 지칭한다. 정치, 경제 등의 분야에서 성공한 사람들을 대상으로 공통점을 찾기 위해 연령, 신장, 건강상태, 얼굴 생김새, 육체적 힘 등과 같은 외면적 특성을 찾았다. 또한 판단력, 결단력, 추진력, 자신감 등과 같은 심리적 특성을 비롯해 심지어 IQ까지 조사했다. 물론 위인이라 불리는 사람들의 특성이 모두 일치하거나 일반 사람들에 비해 더 우수한 것인지는 의문이다.

❷ 행동이론

1940년대 후반부터 초기 리더십의 특성이론을 보완하기 위해 많은 연구자들은 리더의 행동에 중점을 두게 되었다. 리더란 특성이론의 리더처럼 타고나는 것이 아니라 교육을 통해 훌륭한 리더로 만들어질 수 있다는 의미를 갖고 있다. 행동이론의 연구들은 대학연구를 중심으로 이루어졌는데 아이오와대학 연구, 오하이오주립대학 연구, 미시건대학 연구 등이 있다.

(1) 맥그리거의 X-Y이론

더글라스 맥그리거 ———

미국의 사회심리학자이자 경영학자인 Douglas M. McGregor (1906~1964)는 Abraham H. Maslow(1908~1970)의 동기부여의 욕구단계이론을 바탕으로 하여 'X-Y이론'을 개발했다(McGregor, 1966). 이는 리더십 외에도 동기부여 영역에서도 자주 등장하는 이론이다. 다시 말해 구성원에게 동기를 부여하기 위해선 조직 내에서 적합한 리더십이 중요하다.

X이론은 기존의 인간에 대한 평가를 다룬 경영관리론의 견해이고, Y이론은 새로운 인간관계론에 대한 견해이다. 즉, X이론은 조직 구성원이 일을 싫어하고 원래 게으르기 때문에 강제성을 통해 일을 수행해야 한다는 개념이다. 또한 Y이론은 조직 구성원이 일을 좋아하고 창의적이기 때문에 상사가 강요하거나 통제하지 않아야 목표를 달성할 수 있다는 개념이다.

'자발적인 동기부여이론'으로 일컬어지며 앞서 설명했듯이 리더십과 밀접한 관련이 있는 동기부여 부분에서 설명할 수도 있는 이론이다. 다만, 경영학의 아버지라고 평가받는 F. Taylor(1856~1915)의 비인간적인 경영방식에 이의를 제기했다고 평가받는 X-Y이론을 통해 최근 창조와 혁신을 강조하는 미래지향적인 인재를 육성하기 위해 필요한 리더십 유형이다. 즉, 경직성을 강조한 X이론보다 유연함을 강조한 Y이론을 통해 인간의 잠재력이 능동적으로 발휘될 수 있는 리더의 행동으로 설명할 수 있다.

표 7-1 맥그리거의 X-Y 이론

X이론	Y이론
1. 사람은 일을 싫어한다.	1. 사람은 원래 일을 싫어하지 않는다.
2. 사람은 책임을 회피하려고 한다.	2. 사람은 일의 조건에 따라 만족할 수 있다.
3. 사람은 강요, 명령, 징벌이 필요하다.	3. 사람은 목표달성을 위해 열심히 일한다.
4. 사람은 도전보다 안정을 바란다.	4. 사람은 책임감을 갖고 일을 잘 처리하려고 노력한다.
5. 사람은 창조적이지 않다.	5. 사람은 창조적이다.

(2) 블레이크와 머튼의 관리격자이론

Robert R. Blake(1918~2004)와 Jane S. Mouton(1930~ 1987)의 연구는 맥그리거와 달리 인간과 생산 모두를 강조한 연구라 할 수 있다. 그들이 연구한 이론인 관리격자(managerial grid) 모형은 생산에 대한 관심(concern for production)을 나타낸 수평축과 인간에 대한 관심(concern for people)을 나타낸 수직축으로 분류하여 리더의 행동유형을 다음과 같이 계량화하였다. 이 이론은 미국 오하이오주립대학의 구조 주도적 리더십과 배려적 리더십의 연구 개념을 기초하

_____ 로버트 블레이크

여 보다 구체적인 리더의 행동유형을 개발한 이론이다(Blake & Mouton, 1964).

① 1.1형: 방임형＝무관심형(impoverished)

② 1.9형: 인간중심형＝인기형(country club)

③ 9.1형: 과업중심형(task or authority－obedience)

④ 5.5형: 중간형＝타업형(middle of the road)

⑤ 9.9형: 이상형＝팀형(team)

제인 머튼 ――――

첫째, 1.1형은 생산에 대한 관심과 인간에 대한 관심이 각각 1에 해당하는 수준의 리더 유형이다. 즉, 일과 구성원에 대해 관심이 없는 유형으로 무기력한 리더가 될 수 있다.

둘째, 1.9형은 생산에 대한 관심은 1이지만, 인간에 대한 관심은 9로 높은 리더 유형이다. 일은 주로 하부조직에 맡기고 인기에 영합하거나 구성원과의 친분을 내세우는 걸로 우리나라 회식 문화와 같이 친교활동을 자주 한다.

셋째, 9.1형은 생산에 대한 관심은 9에 해당되지만, 인간에 대한 관심은 1로 작다. 과업 중심형 리더로서 업무추진과 성과창출에 주요 목표를 두고 있다. 다만 구성원과의 소통에 대해 미흡함에 따라 비인간적인 조직 문화가 형성되는데 영향을 미칠 수 있다.

넷째, 5.5형은 생산과 인간에 대한 관심이 중간정도인 유형이다. 이는 타업형의 리더 유형으로 적절한 수준을 유지한다. 마치 너무 튀지 말고 '중간만 가자'란 우리나라의 고질적인 조직 문화를 빗댈 수 있다. 하지만 선수로 구성된 팀과 같은 스포츠 조직은 성과(우승, 준우승 등)를 나타내는 빈도가 잦기 때문에 선호할 수 없는 리더유형이 될 수 있다.

마지막으로 9.9형은 생산과 인간에 대한 관심이 매우 높은 리더 유형이다. 이상형으로 표현하지만 반드시 좋은 성과로 이어지지 않는다고 블레이크와 머튼은 주장했다. 그렇다 하더라도 승패에 따라 평가받는 스포츠 조직에서 이 유형의 리더라면 최상으로 바라볼 것이다.

그림 7-3 관리격자 모형

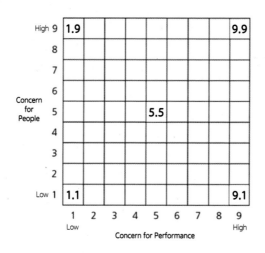

▎리더십 행동이론

리더십 행동이론은 1930~40년대부터 대학연구를 중심으로 이루어졌다. 대표적인 연구는 미국 내 대학 중심으로 이루어졌다. 구체적으로 살펴보면 다음과 같다.

(1) 아이오와대학 연구

1938년 아이오와대학 연구에서 청소년들의 행동을 관찰하기 위해 권위적 리더(authoritarian leader), 민주적 리더(democratic leader), 자유방임적 리더(laissez-faire leader) 유형을 중심으로 진행됐다. 3가지 유형의 리더십에 대한 실험결과는 다음과 같다.

① 그룹 구성원들은 권위적 리더보다 민주적 리더를 선호한다.
② 그룹 내 적대행위는 민주적 그룹보다 권위적 그룹과 방임적 그룹이 높다.
③ 그룹의 생산성은 민주적 리더가 제일 높다.

(2) 오하이오주립대학 연구

1940년대 후반 오하이오주립대학 연구에서 구조주도(initiation structure)와 배려(consideration)로 대표되는 리더십의 2요인 이론이 개발됐다. 앞서 언급한 블레이크와 머튼의 관리 격자이론에 영향을 주었다.

① 구조주도: 리더가 부하들의 역할을 명확히 정해주고 그들에게 기대하는 것이 무엇인지 알려주는 행동을 뜻한다. 구조주도가 높은 리더는 일 중심의 성향을 중시하고, 과업의 성과에 따라 평가한다.
② 배려: 리더가 부하들의 복지, 지위, 공헌 등에 관심을 가져주는 행동을 의미한다. 배려가 높은 리더는 구성원의 의견을 존중하고, 대화와 참여에 적극 지원한다.

오하이오주립대학의 4가지의 리더십 유형은 다음과 같다.

(고)	높은 배려 및 낮은 구조주도 (Ⅲ 유형)	높은 배려 및 높은 구조주도 (Ⅱ 유형)
배 려	낮은 배려 및 낮은 구조주도 (Ⅳ 유형)	낮은 배려 및 높은 구조주도 (Ⅰ 유형)
(저)	(저)	(고)

구조주도

(3) 미시간대학 연구

1940년대 후반부터 1950년대 초반까지 미시간대학의 연구에서 리더의 행동(leader behavior), 집단과정(group process), 집단성과(group performance) 간의 관계에 초점을 맞춰 집단의 성과를 증진시키는 리더십 유형을 찾기 위한 노력을 했다. 또한 다양한 직종의 수천 명에 달하는 연구대상을 통해 2가지의 리더 유형을 제시했다.

① 직무중심적 리더(job-centered of production-centered leader): 생산과업에 대한 관심이 높고, 공식적인 권한을 통해 구성원들을 면밀하게 관리 감독하는 스타일
② 구성원 중심적 리더(employee-centered leader): 부하 직원들과의 관계를 중요시하게 생각하고, 권한위임을 통해 구성원들의 성취를 지향하는 스타일

❸ 상황이론

(1) 피들러의 상황적합성 이론

상황이론이란 리더십의 효율성에 초점을 맞춘 리더십 행동이론과 달리 상황이론은 리더가 처해 있는 상황에 잘 맞아 떨어져야 성과창출을 할 수 있다는 관점이라 할 수 있다.

최초의 체계적인 상황이론은 Fred E. Fiedler(1922~2017)에 의해 개발되었다. 그는 개개인의 리더십 스타일이 가장 중요한 리더의 요인으로 판단하여 과업(업무) 중심의 사람과 관계 중심의 사람을 분류하기 위해 특이한 설문을 만들었다. 이는 곧 '가장 싫어하는 동료에 관한 설문(LPC, least preferred co-worker)'을 개발하여 동료들의 여러 특성들에 대해 부여한 합산 점수를 기준으로 과업 지향적인 리더인지 관계 지향적인 리더인지를 파악하였다(Fiedler, 1967).

———— 프레드 피들러

또한 피들러(F. F. Fiedler)는 상황변수로서 다음과 같은 요인으로 구분하였다.

첫째, 리더-구성원 관계(leader-member relationship)이다. 리더에 대한 부하직원의 신뢰, 존경 등의 정도를 의미한다.

둘째, 직위 권력(position power)이다. 조직 내에서 공식적인 지위를 통해 채용, 해고, 승진, 급여인상 등에 미치는 정도를 의미한다.

마지막으로 과업 구조(task structure)로 업무분담이 절차화된 정도를 의미한다.

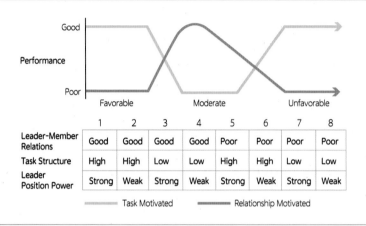

그림 7-4 상황적합성 이론 모형

	1	2	3	4	5	6	7	8
Leader-Member Relations	Good	Good	Good	Good	Poor	Poor	Poor	Poor
Task Structure	High	High	Low	Low	High	High	Low	Low
Leader Position Power	Strong	Weak	Strong	Weak	Strong	Weak	Strong	Weak

Task Motivated — Relationship Motivated

(2) 허시와 블랜차드의 상황대응이론

폴 허시 _____

켄 블랜차드 _____

Paul H. Hersey(1931~2012)와 Ken Blanchard(1939~)는 상황적 리더십 이론(situational leadership theory)을 제시했다. 이는 성공적인 리더십은 구성원의 준비수준에 맞는 적합한 리더십 스타일을 통해 조직 목표달성의 성과를 얻을 것으로 기대한다.

상황적 리더십 이론은 다음과 같이 4가지로 분류했다 (Hersey & Blanchard, 1982).

① 설득형(높은 과업－높은 관계)
② 설명형(높은 과업－낮은 관계)
③ 참여형(낮은 과업－높은 관계)
④ 위임형(낮은 과업－낮은 관계)

첫째, 설득형의 리더는 지시적이고 지원적인 행동을 제공한다. 둘째, 설명형의 리더는 역할을 정의하고, 사람들에게 효율적으로 과업을 수행할 수 있도록 내용, 방법, 시기, 장소 등을 알려준다. 셋째, 참여형의 리더는 의사결정을 구성원과 분담하고, 커뮤니케이션을 강화한다. 마지막으로 위임형의 리더는 지시나 지원을 거의 하지 않는 유형이다.

부하직원의 준비성에 초점을 맞춘 이론이므로 이 이론에선 4단계의 준비성(readiness)을 제시했다. 준비성이란 사람들이 특정한 과업을 달성하고자 하는 능력 정도를 뜻한다.

① R1: 능력이 없거나 자신이 없는 단계로 어떤 일을 하기 위한 능력이 없고, 책임을 질 의지가 없다.
② R2: 동기부여는 되었으나 적당한 기술을 갖추지 못한 단계로 어떤 일을 하기 위한 능력은 없지만, 하고자 하는 의지는 있다.
③ R3: 어떤 일을 하기 위한 능력은 있지만, 리더가 원하는 것을 하고자 하는 의지는 없다.
④ R4: 어떤 일을 하기 위한 능력과 의지가 있다.

그림 7-5 상황적 리더십 모형

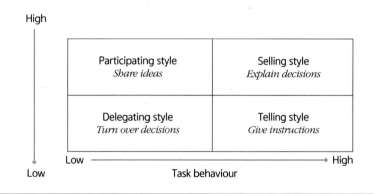

(3) 하우스의 경로-목표 이론

로버트 하우스 _____

Robert J. House(1932~2011)에 의해 개발된 경로-목표 이론(path-goal theory)은 과업 지향적, 인간적 배려 및 동기부여(motivation)의 기대이론(expectancy theory)을 접목한 이론이다. 즉, 리더의 역할은 구성원들에게 길(path)을 따라 목표지점(goal)에 이르도록 한다는 개념이 내포되어 있다.

단계별로 다음과 같이 필요하다고 제시하였다(House, 1971).

① 지시적 리더(directive leader)

② 지원적 리더(supportive leader)

③ 참여적 리더(participative leader)

④ 성취 지향적 리더(achievement oriented leader)

첫째, 지시적 리더는 목표 달성 방법을 명확히 설정해주는 리더이다. 조직의 현재적 가치인 미션(mission)과 미래적 가치인 비전(vision)을 최고경영자부터 하부직원까지 공유한다.

둘째, 지원적 리더는 구성원 모두의 욕구충족에 관심을 보이는 리더이다. 개인별, 업무별, 부서별 등으로 차이가 있는 각각의 특성을 잘 파악하고, 효율적·효과적인 업무를 추진하기 위해 무엇이 필요한지에 대해 관심을 기울인다.

셋째, 참여적 리더는 의사결정 과정에 구성원들의 의견을 적극 반영하는 리더이다. 최고경영자의 단독 의사결정에 따른 위험요소를 최소화하고, 다양한 의견을 통해 최종 의사결정을 내릴 때까지 신중을 기한다.

마지막으로 성취 지향적 리더는 구성원의 능력을 최대로 끌어올리기 위해 노력하는 리더이다. 개인의 성과 창출이 곧 조직 전체의 성과로 이어지기 때문에 다양한 교육과 훈련 프로그램을 적용한다.

(4) 첼라두라이의 다차원적 리더십 모델

Chelladurai(1978)는 상황이론에 기초하여 스포츠 상황에서 지도자 행동이 선수의 만족도와 수행능력에 영향을 미친다고 제시했다. 선행조건으로 상황특성, 리더특성, 구성원 특성이 있고, 리더행동으로는 규정행동, 실제행동, 선호행동으로 구분했다. 결과는 수행결과와 선수만족으로 분류했다. 아래 <그림 7-6>을 통해 살펴보면 다음과 같다.

———— 패키애너선
첼라두라이

첫째, 상황요인이 규정행동에 영향을 미치면 실제행동에 영향을 미치고, 이는 곧 수행결과에 대한 선수 만족에 결과변인으로서 작용한다. 또한 상황요인이 선호행동에 영향을 미치면 마찬가지로 실제행동을 거쳐 선수 만족으로 이어진다.

둘째, 리더특성이 실제행동에 영향을 미치고, 수행결과와 선수만족 변인에 영향을 미친다.

마지막으로 구성원 특성은 선호생동을 거쳐 수행결과와 선수만족에 영향을 미친다.

Chelladurai & Saleh(1980)은 스포츠 리더십 척도로서 지도자 행동에서 훈련과 지시행동, 권위적 행동, 민주적 행동, 사회적지지 행동, 긍정적 피드백 행동으로 분류했다.

그림 7-6 다차원적 리더십 모델

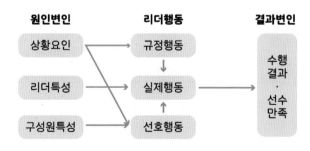

표 7-2 리더십 이론

구분	대표학자	내용
특성이론	바스와 스톡틸	• 신체특성, 성격, 사회적 배경, 사회적 특성, 지능과 능력, 과업 관련 특성
행동이론	맥그리거	• X–Y이론 　– X이론: 사람은 원래 일을 싫어하고 도전보다 안정을 원한다. 　– Y이론: 사람은 목표달성을 위해 일하고 창조적이다.
행동이론	블레이크 & 머튼	• 관리격자이론 　– 1.1형: 방임형(무관심형) 리더 　– 1.9형: 인간 중심형 리더 　– 9.1형: 과업 중심형 리더 　– 5.5형: 중간형(타협형) 리더 　– 9.9형: 이상적 리더
상황이론	피들러	• 상황 적합성 이론 　– 리더 – 구성원 관계 　– 직위 권력 　– 과업 구조
상황이론	허시와 블랜차드	• 상황적 리더십 이론 　– 설득형: 높은 과업 – 높은 관계 　– 설명형: 높은 과업 – 낮은 관계 　– 참여형: 낮은 과업 – 높은 관계 　– 위임형: 낮은 과업 – 낮은 관계
상황이론	하우스	• 경로–목표 이론 　– 지시적 리더 　– 지원적 리더 　– 참여적 리더 　– 성취 지향적 리더
상황이론	첼라두라이	• 다차원적 리더십 모델 　– 선행조건: 상황특성, 리더특성, 구성원 특성 　– 리더행동: 규정행동, 실제행동, 선호행동 　– 결과: 수행결과, 선수만족

과제

1. 리더십 특성이론에 적합한 국내외 스포츠 리더의 사례를 찾아보시오.

2. 리더십 행동이론에 적합한 국내외 스포츠 리더의 사례를 찾아보시오.

3. 리더십 상황이론에 적합한 국내외 스포츠 리더의 사례를 찾아보시오.

SPORT MANAGEMENT

제8장

스포츠 조직의
동기부여와
커뮤니케이션

SPORT MANAGEMENT

CONTENTS

스포츠 조직의 동기부여와 커뮤니케이션

동기부여

❶ 동기부여의 개념과 절차

목표를 달성하기 위한 개인의 노력, 방향, 지속성을 통해 자발적으로 최선을 다하도록 유도하는 과정을 동기부여 혹은 동기유발(motivation)이라 한다. 동기부여를 통해 개인 인성의 변화와 노동 조건의 품질을 높일 수 있다. 무엇보다 조직성과를 향상시키는데 기여한다.

동기부여는 다음과 같은 절차를 거치는 반복적 과정이다.

① 활성화(energize): 인간의 행동을 활성화한다.
② 경로(channel): 목표를 설정하고 지향한다.
③ 유지(maintain): 행동을 지속적으로 유지한다.
④ 욕구(want): 내적 욕구에 영향을 미친다.

⑤ 동인(drives): 어떤 사태를 일으키거나 변화시키는데 작용하는 직접적
인 원인에 영향을 미친다(동인, 動因).

❷ 동기부여 이론

동기부여 이론은 내용이론(content theories)과 과정이론(process theories)으
로 구분할 수 있다. 내용이론에 대해 살펴보면 다음과 같다.

그림 8-1 **동기부여 이론의 순서**

내용이론 ➡ 과정이론

1) 내용이론

(1) 매슬로우의 욕구단계이론

러시아에서 뉴욕으로 이민 온 유대인 가정에서 태어난 Abraham
H. Maslow(1908~1970)는 1954년 인간의 두 가지 욕구를 발표했다.
즉, 부족해서 생기는 하위욕구(deficiency needs)와 더 성장하고 싶어
서 생기는 상위욕구(growth needs)이다. 이를 바탕으로 제시한 욕
구단계이론(hierarchy of need theory)은 인간의 내부에선 5가지 계
층이 있고, 하위계층이 충족되면 다음의 상위계층의 욕구가 충족
된다는 이론이다. 하위계층의 욕구에 대한 내용을 살펴보면 다음
과 같다.

에이브러햄
매슬로우 _____

① 생리적 욕구(physiological needs)

② 안전 욕구(safety or security needs)

③ 사회적 욕구(social or belonging needs)

④ 존경 욕구(esteem needs)

⑤ 자아실현 욕구(self-actualization needs)

첫째, 생리적 욕구는 의, 식, 주, 성적욕구와 같은 인간의 가장 기본적인 욕구이다. 가장 기본적이고 신체적인 욕구로서 배고픔, 목마름, 수면, 휴식 등에서 안락을 유지하는데 필요한 기초적이고 생리적인 욕구이다. 체육활동에 대입해 설명하면 운동을 하고 난 후, 목이 마르거나 배가 고픈 현상을 해결하고자 한다.

둘째, 안전 욕구는 육체적이고 정서적인 안전에 대한 욕구이다. 고통, 질병, 상해로부터 안정적으로 살고 싶은 욕구이다. 사람들은 노력, 시간, 재화를 투입하면서 신체적, 정신적 안전을 위해 운동을 하고자 한다.

셋째, 사회적 욕구는 타인과의 교제, 친분, 소속감에 관한 욕구이다. 이는 사랑을 주거나 받고 싶은 사랑(love) 욕구라고도 한다. 사람들은 경기장을 찾아 스포츠 경기를 관람하거나 특정 종목을 배우기 위해 참여하고자 한다. 생활 스포츠 동호회에 참여하고 사람들과 상호작용을 하고자 한다.

넷째, 존경 욕구는 타인으로부터 인정과 존경을 받고자 하는 등의 자존심, 인식, 지위에 관한 욕구이다. 남들로부터 존경, 인정, 칭찬을 받고자 하는 자존(혹은 명예) 욕구이다. 스포츠 동호회에 소속된 후 대회에 적극적으로 참여하고 실력을 인정받고 싶어 한다. 번지점프와 자유낙하와 같은 익스트림 스포츠(extreme sports)에 도전하는 이유도 사회적으로 존중과 존경을 받고 싶은 욕구의 일환으로 해석할 수 있다.

마지막으로 자아실현 욕구는 개인의 잠재적 능력을 발휘하고 싶어 하는 등의 성장욕구, 자아계발과 실현에 관한 욕구이다. 스포츠 분야에서도 인간이 추구하는 가장 높은 단계인 신체적, 정신적 한계를 극복하고자 한다. 히말라야 최고봉 등반, 철인 3종 경기 등에도 전문인 못지않게 도전의식을 갖는다.

그림 8-2 욕구단계이론

(2) 앨더퍼의 ERG 이론

미국의 심리학자인 Clayton P. Alderfer(1940~2015)의 ERG 이론(Existence, Relatedness, & Growth needs, 1972)은 매슬로우의 욕구단계이론을 확장시킨 것이다. 다음과 같이 세 가지로 분류했다.

① 존재 욕구(Existence needs)
② 관계 욕구(Relatedness needs)
③ 성장 욕구(Growth needs)

클레이턴 앨더퍼 _____

첫째, 존재 욕구는 매슬로우(A. Maslow)의 생리적, 안전 욕구와 관련한 욕구이다. 신규직원이 스포츠 조직에 채용이 되면 경제적 보상과 안전한 작업환경 등에 관한 욕구를 갖는다. 둘째, 관계 욕구는 매슬로우의 사회적, 존경 욕구에 해당하는 욕구이다. 마지막으로 성장 욕구는 매슬로우의 자아실현 욕구에 해당되며 개인의 성취감, 창의성 등과 관련돼 있다.

그림 8-3 ERG 이론

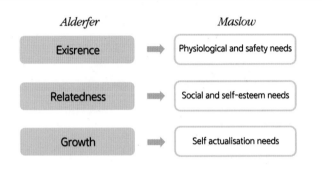

여기서 잠깐!

데이비드 맥클레랜드

┃ 성취, 권력 및 친교 욕구

David C. McClelland(1917~1998)는 매슬로우의 5가지 욕구 중에서 상위욕구만을 대상으로 3가지 범주로 나누어 다음과 같이 제시했다(McClelland, 1961).

① 성취욕구(need for achievement): 목표달성을 위해 다른 사람들보다 앞서려는 욕구

② 권력욕구(need for power): 다른 사람에게 영향력을 행사하여 통제하고 싶은 욕구

③ 친교욕구(need for affiliate): 다른 사람들과 사이좋게 잘 지내고 싶은 욕구

(3) 허츠버그의 2요인 이론

미국출신의 심리학자인 Frederick Herzberg(1923~2000)
는 1968년 '하버드 비즈니스 리뷰 (Harvard Business Review)'
에 "One more time: How do you motivate employees?"란 논
문을 통해 다음과 같이 2요인 이론(Two Factor Theory)을 제시했
다. 허츠버그는 만족(satisfaction)의 반대가 불만족(dissatisfaction)
이 아니라 만족이 아님(no satisfaction)이고, 불만족(dissatisfaction)
의 반대는 불만족이 아님(no dissatisfaction)이란 두 개의 연속
체를 제시했다.

_____ 프레더릭 허츠버그

① 동기부여 요인 = 만족요인(Motivator Need)
② 위생요인 = 불만요인(Hygiene Need)

첫째, 동기부여 요인은 직무만족에 영향을 주는 만족요인이다. 성취감, 책
임감, 목표달성 의욕과 관련 있는 승진, 보상, 좋은 평가 등의 내재적 요인이
해당된다. 이는 개인으로 하여금 열심히 일을 하게 하지만, 충족되지 않더라
도 불만으로 이어지지 않는다.

둘째, 위생요인은 직무불만족에 영향을 주는 불만요인이다. 개인 욕구를
충족시키는데 불만족을 방지해 주는 외재적 요인인 급여, 인간관계, 작업환
경, 회사방침 등이 해당된다. 이는 충족되지 않았을 시 구성원의 불만이 증폭
될 수 있다. 프로스포츠 선수의 기량에 비해 연봉이 낮게 책정되면 계약이 만
료되길 기다리고 이적을 생각할 수 있다.

▌태도와 직무만족

태도(attitude)는 사람, 사물, 일 등과 관련하여 좋고 싫음에 대한 평가적 서술이다. 태도는 세 가지로 분류할 수 있다. 부하직원이 상사에 대한 태도를 예로 들어 대입해보면 다음과 같다.

① 인지적 요소(cognitive component)
  - 개인이 지닌 믿음, 지식, 견해, 정보 등을 의미한다.
  - "상사는 공정하지 못한 사람이다"와 같이 평가(evaluation)와 관련돼 있다.
② 정서적 요소(affective component)
  - 감정적이고 감각적인 부분이다.
  - "상사가 싫다"와 같이 감정(feeling)과 관련돼 있다.
③ 행동적 요소(behavior component)
  - 사람, 사물에 대해 특정한 방식으로 대하는 경향이다.
  - "상사에 대한 불만을 제기했다"와 같이 행동(action)과 관련돼 있다.

직무만족은 개인의 직무에 대한 일반적인 태도를 뜻한다. 직무만족이 높은 사람은 직무에 대해 긍정적인 태도를 지니고, 낮은 사람은 직무에 대해 부정적인 태도를 갖는다. 직무만족은 조직 내의 생산성, 고객만족과 높은 상관관계를 나타내고 있다. 또한 구성원의 결근율과 이직률을 낮출 수 있게 한다.

또한 직무 불만족의 주요 원인은 직무상 스트레스, 임금, 승진, 일 자체, 고용안정, 직장상사, 직장동료와의 관계 등을 들 수 있다. 불만족에 대한 구성원의 다음과 같이 네 가지 반응을 설명할 수 있다(Robbins et al., 2013, p.88~89).

① 이탈(exit): 조직을 떠나려는 행동을 통해 표출되는 불만
② 주장(voice): 상황을 개선하려는 능동적, 건설적인 시도를 통해 표출되는 불만
③ 충성(loyalty): 상황이 개선되기를 수동적인 자세로 표출하는 불만
④ 방관(neglect): 상황이 악화되는 것을 개선하고자 노력하지 않는 자세로 표출하는 불만

2) 과정이론

(1) 브룸의 기대이론

Victor Vroom의 기대이론(expectancy theory)은 가장 폭넓게 받아들이는 이론으로서 사람은 무엇을 얼마나 원하고, 원하는 것을 얻을 가능성이 얼마나 되는가를 제시하는 내용이 있다 (Vroom, 1964).

① 기대(expectancy)

② 수단(instrumentality)

③ 가치(valence)

———— 빅터 브룸

즉, 노력을 하면 원하는 것을 획득할 수 있을지에 대한 확률적 기대 (expectancy), 획득하게 되면 다른 조건(급여인상, 승진 등)이 추가로 따라올 수 있는 확률로서의 수단(instrumentality), 추가로 획득된 조건(급여인상, 승진 등)에 대한 욕구 크기의 합으로서 가치성 혹은 유인성(valence)에 의해 동기수준이 결정이 된다고 하였다.

브룸의 기대이론은 다음과 같이 세 가지 관계에 초점을 둔다.

① 노력 – 성과 관계(effort – performance relationship)

② 성과 – 보상 관계(performance – reward relationship)

③ 보상 – 개인목표 관계(reward – personal goal relationship)

첫째, 노력-성과 관계는 '구성원이 노력을 하는 만큼 성과에 관해 평가를 인정받을 수 있을까'라는 근본적인 질문에 관한 것이다. 둘째, 성과-보상 관계는 '구성원이 좋은 성과를 받는 만큼 조직의 보상을 가져올 것인가'라는 질문과 연관돼 있다. 마지막으로 보상-개인목표 관계에 대해선 '구성원이 보상을 받는다면 그 구성원은 매력적으로 인식을 할 것인가'라는 질문을 던질 수 있다.

그림 8-4 동기부여의 강도

기대 ✖ 수단 ✖ 가치 ＝ 동기부여

(2) 애덤스의 공정성 이론

존 애덤스 _____

John S. Adams가 제시한 공정성 이론에 따르면 사람은 자신의 성과에 대해 보상을 받을 때 사회적 공정성(social equity)이 발생하고 그때 동기부여가 된다고 하였다. 즉, 타인과 비교했을 때 상대적으로 공정하게 대우를 받는 것을 의미한다. 사람들은 자신의 직무 투입과 산출에 대해 다른 사람의 직무 투입과 산출을 비교하게 된다. 이에 불공정성을 제거하기 위해 반응을 보인다는 것이다.

최근의 공정성 이론 연구에서는 공정성(equity) 혹은 공평함(fairness)의 의미를 확대하였다. 기본적으로 애덤스가 제시한 공정성은 분배 공정성(distributive justice)이란 개념이다. 이는 조직차원의 공정성으로 살펴보면 공평하게 분배해야 하는 문제뿐만 아니라 절차(process)와 상호작용(interactional) 측면에서도 중요하게 되었다.

조직 공정성(organization justice)이란 구성원들이 일하는 작업장에서의 공정한 것에 대한 전반적인 지각을 뜻한다. 조직 공정성을 3가지 관점에서 살펴보면 다음과 같다(Adams, 1963).

① 분배 공정성(distributive justice)

② 절차 공정성(procedural justice)

③ 상호작용 공정성(interactional justice)

첫째, 분배 공정성은 결과의 공정성에 대한 지각이다. 구성원 간의 보상의 양과 할당이 공정해야 한다는 인식에 초점을 둔다. 조직몰입과 급여와 같은 결과에 대한 만족과 관련돼 있는 인식으로 임금과 성과를 연결시키는데 공감을 얻고 있다.

둘째, 절차 공정성은 결과를 결정하는데 사용되는 과정의 공정성에 대한 지각이다. 보상의 분배를 결정하는 데 사용되는 과정의 공정성으로 분배 공정성이 부족할 때 더 중요하다. 구성원의 직무만족과 신뢰, 직무성과, 조직 탈퇴와 관련돼 있는 인식이다.

마지막으로 상호작용 공정성은 한 개인이 존경과 관심으로 대우를 받는 정도에 대한 지각이다. 부당대우를 받았을 때 어떤 식으로든 대응 혹은 보복을 하게 된다.

🔲 여기서 잠깐!

▌ 국가대표 선발문제

앞서 언급한 보상을 담보로 한 대형스포츠 이벤트에 국가대표로 참가한다는 것 자체는 영광일 뿐만 아니라 병역 혜택과 포상금 등의 혜택을 받을 수 있다는 점에서 초미의 관심사가 된다. 특히 사회적 공정성을 중시하게 된 국민인식 수준은 여론의 동향에 매우 큰 영향력을 행사하게 됐다. 다시 말해 한국의 고질적인 문제 중에 하나로 특정 대학 출신, 특정인의 라인과 소속, 스폰서십 환경을 주도하는 기업, 예산과 정책에 영향력을 미치는 정치권 등 다양한 사회문화적 환경에서 공정하고 공평한 것은 매우 중요한 가치가 됐다.

그럼에도 불구하고 2018년 자카르타-팔렘방 아시아 경기대회에 참가한 야구 대표팀은 선발과정에서 구설수에 올랐다. 감독의 고유 권한으로 침범할 수 있는 영역이 아니지만, 병역

면제를 위한 특정 선수의 선발과정에 문제가 됐다. 결국 최종 우승을 했음에도 불구하고 싸늘한 여론의 시선을 피해 가지 못했다. 급기야 국정감사장(2018.10.)에서도 이슈가 되면서 많은 국민들에게 씁쓸한 감정을 들게 했다. 분배와 절차의 공정성을 의심하게 됐고, 주최 측과 국민 간의 상호작용에 소홀하게 되면서 공정성은 이미 퇴색된 이미지로 자리 잡게 됐다. 다시 신뢰를 회복하기 위한 과정을 통해 KBO(야구위원회)는 별도의 에너지를 소모해야 하는 상황을 맞이하게 됐다.

(3) 스키너의 강화이론

버러스 스키너 ────

강화이론은 심리학자 스키너(Burrhus. F. Skinner, 1904~1990) 등에 의해 개발된 학습이론(learning theory)을 기초로 제시됐다. 강화이론 모델을 살펴보면 다음과 같다(Skinner, 1971).

① 동기유발은 자극(stimulus) 요인을 통해 반응을 한다.
② 반응을 통해 다양한 결과를 경험하게 된다.
③ 개인이 경험하는 가치에 따라 미래의 반응에 영향을 미치는 경로를 거친다.
④ 처음 경험한 결과가 바람직하다고 판단되면 동일한 자극을 통해 동일한 반응을 한다.
⑤ 만일 경험한 결과가 바람직하지 않다고 판단되면 다른 반응을 한다.

표 8-1 동기부여의 이론

구분	대표학자	이론	내용
내용 이론	매슬로우	욕구단계이론	① 생리적 욕구 → ② 안전 욕구 → ③ 사회적 욕구 → ④ 존경 욕구 → ⑤ 자아실현 욕구
	앨더퍼	ERG 이론(매슬로우 욕구단계이론 수정)	① 생존(존재)욕구 → ② 관계욕구 → ③ 성장욕구
	허츠버그	2요인 이론 (동기부여-위생이론)	• 동기요인(만족요인): 승진, 보상, 좋은 평가 • 위생이론(불만족요인): 인간관계, 작업환경, 회사방침, 급여

과정 이론	브룸	기대이론	• 동기유발 강도(M)=f(E×I×V)=f(기대×수단×가치성) – 기대: 노력을 하면 좋은 결과가 나오기는 할까? – 수단: 좋은 성과에 맞는 보상을 받을 수 있을까? – 가치성: 받은 대가가 내 개인적인 목표에 맞는 것일까?
	애덤스	공정성이론	• 투입: 시간, 경험, 노력, 교육, 충성심 등 • 결과: 임금, 인정, 승진, 사회적 관심, 자기존경, 성취감 등
	스키너	강화이론	• 자극요인 반응→ 다양한 결과 경험→ 미래 반응에 영향 → 동일한 자극을 통해 동일한 반응 → 다른 반응

❶ 커뮤니케이션의 개념과 전략수립

조직 내에서 커뮤니케이션이 잘 된다는 의미는 무엇일까? 이는 곧 커뮤니케이션의 기능으로 정보가 소통되고, 지시와 통제가 원활하게 이루어진다. 또한 구성원의 동기부여에 영향을 미치게 되고, 감정을 표출할 수 있는 방식이 된다. 커뮤니케이션은 조직 내에서 두 명 이상 구성원들 사이에 이루어지는 대인 커뮤니케이션(interpersonal communication)과 조직 내의 시스템과 네트워크를 통해 노조와 경영진, 이해관계에 있는 부서별 직원들 간에 이루어지는 조직 커뮤니케이션(organizational communication)이 있다.

1940년대 말에 커뮤니케이션 이론가인 Harold D. Laswell(1902~1978)이 제시한 5가지 커뮤니케이션 과정은 송신자 – 부호화 – 매체 – 해독화 – 수신자 반응 순서이다. 미국 수학자인 Claude E. Shannon(1916~2001)은 송신자는 메시지를 상징적으로 전환한다는 개념인 부호화(encoding) 이후, 매체(경로)를 통해서 해독(decoding)하는 과정을 거쳐 수신자에게 전달되는 것이라고 하였다. 이에 수학자이자 전기공학자인 Norbert Wiener(1894~1964)는 발전되어온 커뮤니케이션의 모형에 정보전달의 순환이 계속되는 의미로 피드백(feedback)하는 과정을 추가하여 완전한 모형으로 발전시켰다.

그림 8-5 커뮤니케이션 프로세스

조직 내에서 커뮤니케이션의 장애현상이 발생하거나 조직의 목표를 달성하기 위해 구성원들의 커뮤니케이션 강화가 필요하다는 인식이 도출됐을 때 전략은 문제점을 해결하는데 매우 중요하다. 전략수립단계는 인식수준 분석, 장애요인 파악, 대응방안 개발, 실행, 결과 평가의 단계를 통해 이루어진다.

그림 8-6 커뮤니케이션 전략수립단계

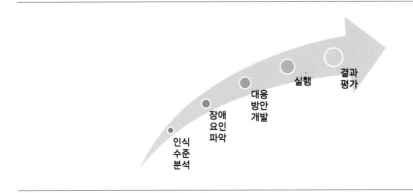

❷ 커뮤니케이션의 활성화 방안

커뮤니케이션 장애발생 원인은 개인적 차원, 조직적 차원, 메시지 차원으로 비롯된다. 각 사안별 대응방안을 살펴보면 다음과 같다.

첫째, 송신자와 수신자 간의 기술적 차이에 의한 개인적 차원에 원인이 있다. 이 경우의 대응방안으로는 커뮤니케이션의 기술 교육을 통해 피드백을 강화해야 한다.

둘째, 내용의 여과를 필요로 하거나 지리적으로 먼 경우를 비롯해서 경직적인 조직 분위기와 같은 조직적 차원에 원인이 있다. 이러한 경우에는 커뮤니케이션 내용이 즉시 전달되지 않게 하는 관료적 조직문화 혹은 위계적 질서에 의한 조직 환경 등의 문제가 있는 것이다. 즉, 조직구조를 개편하거나 비공식 채널을 육성하여 원활한 소통이 되도록 개선책을 강구해야 한다. 전반적으로 참여문화의 확산을 위해 노력해야 한다.

마지막으로 메시지의 양이 지나치게 많거나 시간적 제약이 있을 때와 같은 메시지 차원에 원인이 있다. 커뮤니케이션의 내용이 복잡하다 보면 정보를 전달하기 위해 필요한 시간이 제약을 받을 경우가 많다. 이 경우 메시지의 양을 조정하거나 적합한 경로의 개발과 조정을 위해 노력해야 한다.

위에 언급한 것처럼 각 사안별 원인을 분석하고 대응방안을 적용하는 것은 매우 중요하다. 이처럼 커뮤니케이션의 활성화 방안에 대해 개괄적으로 설명하면 다음과 같다.

첫째, 수신자 입장을 고려해야 한다. 메시지를 전달하는 송신자와 메시지를 받는 수신자 사이에는 간극이 있게 마련이다. 앞서 언급했듯이 부호화 상태인 메시지는 특정 매체를 통해 해독화(decoding) 과정을 거친다. 예를 들어 '아'라고 메시지를 보냈는데 '어'라고 해석을 하고 받아들인다면 원활한 커뮤니케이션이 이루어지지 않는 것이다. 즉, 메시지를 보내는 사람의 입장이 아니라 메시지를 받는 사람의 입장을 우선 고려해야 한다.

통상 최고경영자는 본인이 얘기한 메시지가 하부조직에서 알아서 정확히 해석할 것이라 믿지만, 그렇지 않은 경우가 많다. 또한 담당자가 일을 추진하기 위해 상사에게 승인을 받기 위한 문서화 작업도 수신자 입장에서 이해하기 쉽게 정리돼야 한다. 하지만 자신의 논리와 용어, 글의 전개 방식 등에 대해 제대로 이해할 거라고 믿기 십상이다.

둘째, 적절한 기호를 사용해야 한다. 수신자 입장을 고려하는 내용과 맥을 같이한다. 즉, 송신자만이 이해하는 기호가 아니라 수신자가 이해할 수 있는 기호를 사용해야 한다. 예를 들어 보편적인 용어, 도식도, 그래프 등 다양한 형태의 기호가 있다.

셋째, 신뢰적 분위기를 조성해야 한다. 성공적인 조직 운영에 무엇보다 필요한 요인이다. 평상시에 구성원 간의 신뢰는 커뮤니케이션을 활성화하기 위한 조직 문화를 구축하기 위한 기본적 요소이다.

마지막으로 정보흐름의 규제가 필요하다. 조직 안팎으로 다양한 정보가 산재한다. 최고경영자 수준에서만 알아야 할 핵심정보가 누설돼서는 안 된다. 또한 조직에 부정적인 영향을 미칠 수 있는 정보를 우연하게 알게 됐다면 즉각적으로 공유해야 하는 체제가 필요하다. 즉, 조직의 성공여부는 넘쳐나는 정보를 걸러내고, 유용한 정보를 공유하며 조직이 나아가야 할 방향을 설정해야 한다.

표 8-2 커뮤니케이션의 장애발생 원인과 대응방안

구분	내용
개인적 차원	• 송신자(발신자)와 수신자 간의 커뮤니케이션 기술 차이에서 발생한다. • 대응: 커뮤니케이션 기술 교육을 통해 피드백 강화
조직적 차원	• 커뮤니케이션의 내용을 즉시 전달되지 않게 하는 관료적 조직문화에서 발생한다. • 위계적 질서에 의한 경직적인 조직 분위기에서 발생한다. • 지리적으로 떨어져 있는 구성원 사이에서 발생한다. • 대응: 조직구조 재편, 비공식 채널 육성, 참여문화 확산
메시지 차원	• 커뮤니케이션의 내용이 너무 많거나 복잡할 때 발생한다. • 정보를 전달하기 위해 필요한 시간이 제약을 받을 때 발생한다. • 대응: 메시지 양의 조정, 적합한 경로의 개발 또는 조정

🖵 여기서 잠깐!

▌온 · 오프라인 통합시장인 마켓 4.0의 가짜 뉴스(fake news) 현상

최근 가짜 뉴스가 횡행하고 있다. 정확한 용어는 기만, 속임수와 가깝다. 즉, 단순히 진짜와 가짜를 구분하는 정도가 아니라 의도적으로 남에게 피해를 준다는 의미를 내포한다. 정치, 경제, 사회, 문화 등에 상관없이 국적을 불문하고 전 세계적인 현상 중의 하나다. 우선 뉴스 채널이 다변화됐다. 전통적인 인쇄매체(신문, 잡지)와 방송매체(TV, 라디오)를 통해 접했던 뉴스를 비롯해 인터넷 매체(온라인, SNS) 등을 통해 양산된다.

특히 걸러지지 않는 익명의 소식은 인터넷 매체를 통해 확산되는 현상이 가중화되고 있다. 또한 어느 정도 편향된 보도를 했던 인쇄와 방송매체마저도 나름 사실 확인을 거쳤지만, 최근 이러한 매체마저도 페이크 뉴스의 유통 채널이 될 정도이다. 그만큼 사실과 유사하게 포장되거나 특정한 목적을 위해선 엄청난 영향력을 행사한다는 사실을 인지했기 때문일 것이다.

이러한 파급력은 커뮤니케이션 속성을 잘 파악한데서도 기인한다. 수신자 입장을 고려하고 적절한 기호를 사용하고 배포한다. 즉, 믿고 싶은 내용만을 잘 선별하여 매우 자극적인 방식의 용어선택, 프레임 설정, 내용 설명 등이 담긴다.

더불어 마켓 4.0 시장에서 가장 큰 특징인 온라인상에서 가입한 커뮤니티를 신뢰하는 현상이 강해졌다. 오프라인에서 접하는 기업의 광고보다 소셜미디어 내의 댓글을 더 믿는다. 투명성과 진정성을 담보해야 하는 기업 활동의 긍정적 측면을 갖는 동시에 페이크 뉴스를 퍼뜨리고 소비하는 관계에서 이미 투철한 신뢰가 형성되고 있다는 부정적인 측면도 있다.

코로나 19 팬데믹 현상으로 마켓 5.0시장이 예상보다 일찍 도래했다. 시장 5.0은 고객을 지적으로(1.0), 정서적으로(2.0), 정신적으로(3.0) 자극하며 온 · 오프라인의 통합시장(4.0)을 거쳐 필요한 모든 구성 요건을 기술(기계)에 의해 해결하고자 하는 개념이 자리 잡혀가고 있기 때문이다. 오랜 기간 동안 연구돼 왔지만 소비자의 행동패턴을 기계 및 기술에 의해 발견하는 수준에까지 다다르면서 특정한 세력에서 그들만의 이익을 추구하기 위해 마음만 먹으면 잘못된 정보를 교묘히 퍼트릴 수 있는 시장에 놓여 있다. 알아서 걸러 들어야 하는 부분을 소비자의 몫으로만 남겨두기엔 역부족이라 할 수 있다. 가짜 뉴스를 의도적으로 퍼트리는 세력이 회생하지 못할 정도로 강력한 법적 장치가 필요하다.

❸ 커뮤니케이션의 방향

(1) 수직적 커뮤니케이션

커뮤니케이션은 수직적 혹은 수평적으로 흐른다. 수직직 차원의 커뮤니케이션은 위로 흐르느냐 혹은 아래로 흐르느냐에 따라 두 가지로 분류할 수 있다.

① 상향적 커뮤니케이션(upward communication)
② 하향적 커뮤니케이션(downward communication)

첫째, 상향적 커뮤니케이션을 통해 하부직원으로부터 경영자에게 정보가 흐르게 된다. 경영자는 구성원들이 개인별 업무, 동료와 회사 전반에 대해 어떻게 생각하는지를 알아차리게 한다. 즉, 하부직원이 경영자로부터 지시를 받고 업무의 진행결과를 위로 피드백을 할 때 커뮤니케이션이 위로 흐르게 된다. 경영자는 조직 내에서 성과를 창출할 수 있다면 구성원들의 아이디어를 상향적 커뮤니케이션을 통해 얻고자 한다.

둘째, 하향적 커뮤니케이션을 통해 경영자로부터 하부직원에게 정보가 흐르게 된다. 즉, 구성원들에게 목표할당을 제시하고, 업무를 지시, 조정 및 평가를 한다. 하부직원으로부터의 조언과 의견을 경영자가 적극적으로 수용하기가 쉽지 않다. 하지만 혁신을 통해 회사가 위기를 극복하고, 미래지향적으로 발전하기 위해선 구성원들의 제안에 적극 귀를 기울여야 한다.

(2) 수평적 커뮤니케이션

조직 내의 커뮤니케이션은 수직적 방향이 익숙한 체제이지만, 비슷한 조직 수준의 직원들 사이에서는 수평적 커뮤니케이션(lateral communication)이 발생한다. 경영자가 권한을 위임함으로써 지위가 다르더라도 집단 간 커뮤니케이션을 통해 성과를 도출하려는 의지가 내포돼 있다. 공식적인 커뮤니케이션

보다 비공식적 커뮤니케이션에서 주로 나타난다.

④ 커뮤니케이션의 방법

(1) 언어 커뮤니케이션

언어 커뮤니케이션은 오랜 세월동안 커뮤니케이션의 방법으로 자리 잡았다. 전통적인 매체로서 대표적으로 '말'과 '글'이 있다. 다수의 커뮤니케이션 학자는 송신자의 생각과 정보가 수신자에게 전달될 수 있게 하는 중간매체는 모두 언어라는 견해를 갖고 있다. 반면, 언어학자는 송신자의 뜻이 수신자에게 전달된다고 하더라도 신호, 기호, 상징 등은 언어라고 하지 않는다.

언어 커뮤니케이션은 구두(oral) 커뮤니케이션과 문서(written) 커뮤니케이션으로 분류한다. 조직 내에서 구두 커뮤니케이션은 문서보다 시간을 더 할애하게 하고, 보다 많은 훈련을 통해 정확한 의사전달을 할 수 있다. 상급직위에 있는 구성원은 문서보다 구두 커뮤니케이션을 선호한다고 보고되고 있다 (임창희, 2014).

문서 커뮤니케이션은 조직 내에서 매우 중요한 의사전달 수단이다. 다양한 업무가 정확하게 전달, 처리가 됐는지에 대한 기억과 보존은 문서 커뮤니케이션이 탁월하다. 하급자가 상급자에게 보고할 때 한두 장 정도의 문서와 구두 커뮤니케이션을 병행하면 생산성을 증대시키는데 큰 도움이 될 수 있다.

현대사회에선 전통매체인 말과 글의 전달수단이 혁신적 기술에 의해 확장된 매체를 사용하게 됐다. 컴퓨터 매체로 시작된 전자 커뮤니케이션 수단은 오늘날 실시간으로 정보를 주고받는 소셜미디어로 발전됐다.

(2) 비언어 커뮤니케이션

흔히 일상 속에서 언어 커뮤니케이션을 구사하는 것 같지만, 대다수 시간에서 비언어 커뮤니케이션에 의해 이루어진다. 비언어 커뮤니케이션은 대표적으로 표정과 몸짓이 있다. 또한 눈 마주침(eye contact)은 많은 것을 전달하는 매체로서 말로 표현하지 않아도 표정을 읽을 수 있거나 진심과 거짓의 마음을 드러내는 수단이 된다. 개별적으로 다른 신체크기, 언행, 태도, 패션 등의 이미지도 비언어 커뮤니케이션에 속한다.

목소리의 높고 낮음과 억양 등은 언어의 보조수단이다. 대화를 하면서 말을 더듬거나 허풍을 떠는 상황, 무엇인가를 숨기는 듯 하는 뉘앙스를 풍기는 것도 준언어(paralinguistic channel)로서 비언어 커뮤니케이션의 일종이다.

💬 여기서 잠깐!

▌의사소통 네트워크

사전에 정해진 의사소통 경로로서 구성원 상호 간의 의사소통을 할 수 있는가를 지시해 주는 것으로 조직마다 다르게 나타난다. 유형을 살펴보면 다음과 같다(김성국 외, 2014, p.480).

① **연쇄형**: 의사소통이 위와 아래로만 이루어진다.
② **바퀴형**: 한 사람의 감독자에게만 보고가 이루어진다. 중간에 있는 사람이 의사소통 창구 역할을 한다.
③ **Y형**: 연쇄형과 바퀴형이 혼합된 형태로 중심인물이 의사소통 창구 역할을 한다.
④ **원형**: 널리 분산되는 의사소통 유형으로 구성원 간의 상호작용으로 특정 개인에게 집중되지 않는다.
⑤ **스타형**: 조직 내의 비공식적 의사소통 경로로서 구성원 누구나 의사소통을 한다.
⑥ **com—con형**: 스타형과 같이 모든 구성원이 리더 역할을 하며 직접 의사소통을 할 수 있다.

 과제

1. 동기부여 내용이론과 관련된 국내외 스포츠 조직의 사례를 찾아보시오.
2. 동기부여 과정이론과 관련된 국내외 스포츠 조직의 사례를 찾아보시오.
3. 성공적인 커뮤니케이션을 적용한 국내외 스포츠 조직의 사례를 찾아보시오.

제9장

스포츠
파이낸싱

SPORT MANAGEMENT

CONTENTS

스포츠 파이낸싱

제1절 | 스포츠 재무관리의 이해

1 재무관리 기능

재무관리(finance management)란 기업이 필요한 자금을 마련하고 운영하는 일을 말한다. 스포츠 재무관리 목표는 스포츠 조직의 가치 극대화를 위해 필요한 과정이라 할 수 있다.

재무관리의 기능은 다음과 같이 3가지로 분류할 수 있다.

① 투자결정기능(investment decision)
② 자본결정기능(financing decision)
③ 배당결정기능(dividend decision)

첫째, 투자결정기능은 어디에 어떻게 얼마를 투자할지를 결정하는 기능을 뜻한다. 투자할 대상을 탐색하고, 새로운 투자기회를 발견하기 위한 노력을 해야 한다. 또한 투자안에 대해 경제적 타당성이 있는지를 평가하고, 투자 이후 투자안에 대한 재평가가 이루어져야 한다.

둘째, 자본결정기능은 내부조달과 외부조달 방법을 결정하는 기능을 말한다. 내부조달은 대표적으로 사내 유보금을 사용하는 방법이 있다. 외부조달은 직접금융과 간접금융으로 분류할 수 있다. 직접금융은 민자유치, 주식발행, 회원권, 기금, 채권발행, 스폰서십 유치 등이 있고, 간접금융은 기업어음, 은행차입, 매입채무 등의 방법이 있다.

마지막으로 배당결정기능은 수익에 대해 주주들에게 얼마나 배당할 것인지를 결정하는 기능을 의미한다.

💬 여기서 잠깐!

▍기업경영의 과제

기업은 수익을 증가시키거나 비용을 줄이면서 이익 또는 부가가치를 높이려는 노력을 한다. 경영의 선택원리로서 생산성과 경제성을 추구하고, 기업의 선택원리로서 수익성을 추구한다.

① 생산성

생산요소의 투입량(input)을 효과적으로 실현하여 생산물의 산출량(output)을 나타내는 지표로서 노동생산성(labor productivity), 부가가치생산성(value added productivity)이 있다. 노동생산성은 노동자 1인이 하루에 생산해 낼 수 있는 생산량을 의미하고, 부가가치생산성은 종업원 1인이 조직에 기여한 기여가치를 뜻한다.

$$생산성(productivity) = \frac{생산물의\ 산출량(output)}{생산요소의\ 투입량(input)}$$

$$노동생산성(물량표시) = \frac{산출량}{종업원\ 수}$$

$$노동생산성(화폐표시) = \frac{산출량\ \times\ 제품가격}{종업원\ 수}$$

$$부가가치생산성 = \frac{부가가치}{종업원\ 수}$$

② 경제성

경제적 가치에 의해 측정된 투입가치(input value)에 대한 산출가치(output value)의 관계를 의미한다. 투입가치는 일정한 수단의 사용에서 발생한 비용이고, 산출가치는 일정한 목표로서의 성과에서 나타난 수익이다.

$$경제성 = \frac{산출}{투입} = \frac{수익}{비용} = \frac{목표}{수단}$$

③ 수익성

기업의 수익과 자본에 대한 관계로서 수익성 원칙은 이익극대화의 원칙(principle of profit maximization)과 동일한 개념이다.

$$수익성(profitability) = \frac{이익}{자본}$$

❷ 화폐의 시간적 가치

스포츠 조직 내에서 재무관리를 담당하는 사람 혹은 팀이 가장 우선적으로 고려해야 할 사안은 미래에 기대되는 현금흐름을 현재시점에서 얼마로 평가할 것인가 하는 것이다. 즉, 화폐의 시간적 가치(time value of money)를 이 단락에서 이해해야 할 것이다.

화폐의 시간적 가치는 현재의 자본을 갖고 투자함으로써 얻을 수 있는 수익과 이자를 통해 벌어들일 수 있는 가치를 뜻한다.

(1) 화폐의 미래가치

화폐의 미래가치 (future value)	$P_n = P_0(1+R)^n = 현재원금(1+이자율)^{기간}$ 현재의 일정금액에 대해 일정기간 후 가치를 평가하는 것

📖 예제: 현금 2,000만원을 이자율 10%의 정기예금에 가입했을 때 3년
후의 미래가치는?

✎ 정답: 화폐의 미래가치 공식

$$P_n = P_0(1+R)^n = 현재원금(1+이자율)^{기간}$$
$$= 2,000만원(1+0.1)^3 = 2,662만원$$

(2) 화폐의 현재가치

화폐의 현재가치 (present value)	$P_0 = \dfrac{P_n}{(1+R)^n} = \dfrac{미래가치}{(1+할인율)^{기간}}$
	미래에 받을 현금을 현재시점에서 평가하는 것

📖 예제: 할인율 10%가 적용된 3년 후에 현금 3,000만원을 받을 수 있는
현재가치는?

✎ 정답: 화폐의 현재가치 공식

$$P_0 = \frac{P_n}{(1+R)^n} = \frac{미래가치}{(1+할인율)^{기간}}$$

$$= \frac{3,000만원}{(1+0.1)^3} = 2,253.9원$$

❸ 연금의 시간적 가치

(1) 연금의 미래가치

연금의 미래가치는 미래 일정기간마다 발생하는 연금의 미래 일정시점에
서의 누적 가치를 평가하는 것을 의미한다.

연금의 미래가치 (future value)	$S_n = A(\dfrac{(1+R)^n - 1}{R}) = 연금(\dfrac{(1+이자율)^{기간} - 1}{이자율})$ 연금의 마지막 수령시점에서 매년 말에 받은 연금의 미래가치를 합산한 금액

📖 예제: 어느 축구선수가 3년 동안 매년 말에 1,500만원의 연금을 수령한다. 이자율을 매년 10% 적용하여 3년 후에 연금으로 받을 일시불 금액은?

✎ 정답: 연금의 미래가치 공식

$$S_n = A(\frac{(1+R)^n - 1}{R}) = 연금(\frac{(1+이자율)^{기간} - 1}{이자율})$$

$$= 1,500만원(\frac{(1+0.1)^3 - 1}{0.1}) = 4,965만원$$

(2) 연금의 현재가치

연금의 현재가치는 미래에 받을 연금의 가치를 현재시점에서 평가하는 것을 의미한다.

연금의 현재가치 (present value)	$S_0 = A(\dfrac{1}{R} - \dfrac{1}{R(1+R)^n}) = 연금(\dfrac{1}{할인율} - \dfrac{1}{할인율(1+할인율)^{기간}})$ 일정기간 동안 매년 말 일정액의 연금을 수령할 때 매년 말에 수령하는 연금의 현재가치를 모두 합한 금액

📖 예제: 어느 농구선수가 3년 동안 매년 말에 1,500만원의 연금을 수령한다. 할인율 10%를 적용하여 현재시점에서 받을 수 있는 일시불 금액은?

✎ 정답: 연금의 현재가치 공식

$$S_0 = A\left(\frac{1}{R} - \frac{1}{R(1+R)^n}\right) = 연금\left(\frac{1}{할인율} - \frac{1}{할인율(1+할인율)^{기간}}\right)$$

$$= 1,500만원\left(\frac{1}{0.1} - \frac{1}{0.1(1+0.1)^3}\right) = 3,730만원$$

(3) 영구연금의 현재가치

영구연금의 현재가치 (present value)	$S_e = \dfrac{A}{R} = \dfrac{연금}{할인율}$
	매년 말 일정한 금액의 연금을 무한히 수령하는 금액

📖 예제: 어느 배구선수가 매년 말 1,500만원의 연금을 영구히 수령한다.
　　할인율 10%를 적용할 경우 영구연금의 현재가치는?

✎ 정답: 영구연금의 현재가치 공식

$$S_e = \frac{A}{R} = \frac{연금}{할인율}$$

$$= \frac{1,500}{0.1} = 1억\ 5천만\ 원$$

스포츠 조직의 재무분석과 투자기법

❶ 재무제표

스포츠 조직의 재무분석은 스포츠와 관련한 조직의 재무활동을 분석하고, 자금과 관련된 경영활동을 평가하여 조직의 운영을 위한 의사결정에 도움을 주기 위한 활동을 말한다.

즉, 조직은 자금의 흐름을 효율적으로 통제하기 위한 노력의 일환으로 기업의 자금 흐름을 기록, 측정, 평가, 보고하는 회계관리(accounting management)를 통해 기업에 필요한 자금을 마련, 운영하는 재무관리(finance management)를 효과적으로 수행하고 있다.

이러한 회계·재무활동을 하는데 가장 중요한 정보로 재무제표가 있다. 이를 결산서라고 부른다. 대표적인 재무제표(결산서)로는 대차대조표와 손익계산서가 있다. 구체적으로 살펴보면 다음과 같다.

(1) 대차대조표

대차대조표(B/S: Balance Sheet)는 자금을 얼마나 갖고 사업을 시작해 얼마가 남았는지를 계산한 표이다. 즉, 특정시점에서 자금이 기업에 얼마나 머물러 있냐를 숫자로 나타낸 표로서 일정시점의 조직 재무상태를 보여준다.

대차대조표의 기본구성인 자산, 자본, 부채를 어떤 양식으로 표시하는지를 살펴보면 다음과 같다.

① 자산
② 자본
③ 부채

흔히 자산(資産, assets)이라 하면 소득을 축적한 것을 말한다. 즉, 개인이나 법인이 소유하고 있는 경제적 가치가 있는 유·무형의 재산(財産)인데 사업에서 기본이 되는 돈인 자본(資本, capital)으로 마련되는 것이다.

자산을 불리기 위해 사업을 하려면 자기가 보유한 자본도 필요하지만 부족한 부분은 은행 등을 통한 남의 자본도 필요로 한다. 즉, 자본을 자기자본

스포츠 경영: 21세기 비즈니스 미래전략

과 타인자본으로 구분할 수 있을 것이다.

그렇다면 자산은 자기자본과 타인자본으로 구성된 것을 말하며 흔히 얘기하는 자본(capital)은 자기자본의 의미가 되고, 부채(debt)는 타인자본의 의미라 할 수 있다.

$$총 \ 자산 = 자본(자기자본) + 부채(타인자본)$$

앞서 언급한 자산은 자본과 부채를 합한 의미가 된다. 그렇다면 자산의 종류는 어떤 것이 있고, 자본과 부채의 종류는 어떤 것이 있을까.

자산	부채와 자본
유동자산	유동부채
고정자산	고정부채
	자본(자기자본)
자산총계 (10억 원)	부채와 자본 총계 (10억 원)

← "금액이 같다"

그림 9-1 대차대조표 예시

연결재무상태표

2017년 12월 31일 현재 (단위: 원)

계정과목	금액	계정과목	금액
자 산		**부 채**	
I. 유 동 자 산	429,932,798,096	I. 유 동 부 채	266,174,031,485
1 재 고 자 산	122,276,500,954	1 매입채무 및 미지급금	182,891,869,536
2 매출채권 및 기타채권	138,171,335,064	2 단 기 차 입 금	10,962,611,003
3 유동매도가능금융자산	2,025,429,143	3 유 동 성 장 기 부 채	34,050,900,000
4 기 타 금 융 자 산	46,427,352,990	4 기 타 금 융 부 채	22,018,285,748
5 기 타 유 동 자 산	2,655,706,590	5 기 타 유 동 부 채	10,322,602,614
6 현금및현금성자산	118,376,473,355	6 당 기 법 인 세 부 채	5,927,762,584
II. 비 유 동 자 산	323,705,813,594		
1 유 형 자 산	208,304,012,883	II. 비 유 동 부 채	26,798,464,504
2 무 형 자 산	13,297,895,162	1 장 기 차 입 금	13,087,079,000
3 투 자 부 동 산	77,176,956,032	2 순 확 정 급 여 부 채	398,090,156
4 관계기업에대한투자자산	1,081,071,037	3 기 타 금 융 부 채	12,937,612,756
5 매출채권 및 기타채권	184,575,617	4 관계기업에대한투자자산	375,682,592
6 매도가능금융자산	12,940,232,329	5 기 타 비 유 동 부 채	
7 기 타 금 융 자 산	10,075,847,336	부 채 총 계	292,972,495,989
8 기 타 비 유 동 자 산	591,288,651	**자 본**	
9 이 연 법 인 세 자 산	53,934,547	I. 자 본 금	24,646,734,000
		II. 자 본 잉 여 금	27,031,588,398
		III. 기타자본구성요소	(23,154,420,941)
		IV. 기타포괄손익누계액	447,232,798
		V. 이 익 잉 여 금	431,181,318,188
		VI. 비 지 배 지 분	513,663,258
		자 본 총 계	460,666,115,701
자 산 총 계	753,638,611,690	부채와자본총계	753,638,611,690

위와 같이 공고함.   ※ △는 부(-)의 수치임

자산은 유동자산(current assets)과 고정자산(non-current assets 또는 fixed assets)으로 분류한다. 유동자산은 현금화하기 쉬운 자산이란 뜻이다. 즉, 유동성(liquidity)이 높은 자산으로 현금에 가까운 자산이거나 빠른 시일에 현금화할 수 있는 자산을 의미하는데 결산일(대차대조표 작성일) 기준으로 1년 이내에 현금화할 수 있는 자산을 말한다. 반면에 고정자산은 1년 안에 현금화하지 않는 자산을 말한다. 즉, 유동자산과 고정자산의 차이는 1년 안에 현금화를 할 수 있느냐 하지 못하느냐의 기준이 된다.

유동자산은 말 그대로 빠른 시기 내에 현금화할 수 있는 자산이므로 즉시 현금화될 수 있는 자산인 당좌자산(quick assets)과 기업이 현재에 제조하거나 판매를 목적으로 보유 혹은 생산 중인 자산인 재고자산(inventories)으로 구분할 수 있다.

또한 고정자산은 1년 이내에 현금화하지 못하는 자산으로서 이자수익, 시세차익의 목적으로 예금, 증권투자 등에 쓰이는 투자자산(investment assets), 물리적인 실체가 있는 자산인 유형자산(tangible assets), 기업의 권리처럼 눈에 보이진 않지만 1년 이상 경영활동에 쓰이는 무형자산(intangible assets)으로 구분할 수 있다.

유동자산(당좌자산, 재고자산)과 고정자산(투자자산, 유형자산, 무형자산)의 종류를 살펴보면 〈표 9-1〉과 같다.

표 9-1 자산의 종류

구분		내용
유동자산	결산일 기준으로 1년 이내에 현금화할 수 있는 자산	
	당좌자산 (quick assets)	• 즉시 현금화 • 매출채권, 미수금, 선급금 등
	재고자산 (inventories)	• 현재 제조, 판매 목적으로 보유 및 생산 중인 자산 • 상품, 제품, 원재료, 저장품 등

고정자산	1년 이내 현금화하기 어려운 자산(건물, 토지 등)	
	투자자산 (investment assets)	• 이자수익, 시세차익 • 금융상품, 증권, 보증금 등
	유형자산 (tangible assets)	• 물리적 실체 • 토지, 건물, 선박, 기계장치 등
	무형자산 (intangible assets)	• 권리 • 영업권, 재산권, 광업권, 특허권 등

대차대조표 상의 기본구성인 자본 다음으로 표에 나타나 있는 순서대로 부채를 살펴보면 다음과 같다.

부채는 타인자본으로서 결산일(대차대조표 작성일) 다음날부터 갚을 기한이 1년 이내인 유동부채(current liabilities)와 1년 이내 갚을 수 없는 고정부채 (long-term liabilities)로 구분할 수 있다. 즉, 자산(유동자산, 고정자산)과 마찬가지로 1년이란 기준을 통해 갚을 수 있느냐 없느냐에 따라 분류한다. 다시 말해 1년 이내의 단기간에 갚을 수 있는 유동부채를 단기부채라고 하고 반면에 고정부채는 장기부채라고 한다.

부채(유동부채, 고정부채)의 종류를 살펴보면 〈표 9-2〉와 같다.

표 9-2 부채의 종류

구분	내용
유동부채	• 갚을 기한이 1년 이내 부채(=단기부채) • 단기차입금, 예수금 등
고정부채	• 갚을 기한이 1년 넘는 부채(=장기부채) • 사채, 장기차입금, 퇴직급여충당금 등

대차대조표의 기본구성으로 마지막은 자본이 있다. 앞서 언급한 대로 대차대조표 상에서 자본이라 함은 자기자본을 의미한다. 자기자본은 자산에서 부채(타인자본)를 뺀 금액이다.

$$자본 = 자산 - 부채$$

자본의 종류는 주주가 회사를 세울 때 낸 출자금(=납입자본금)인 자본금(capital stock), 주식발행초과금과 재평가적립금으로 구성된 자본잉여금(capital surplus), 회사가 사업을 통해 만들어낸 순이익을 쌓아둔 금액인 이익잉여금(retained earnings)이 있다.

표 9-3 자본의 종류

구분	내용
자본금(capital stock)	• 납입자본금, 보통주 자본금, 우선주 자본금 등
자본잉여금(capital surplus)	• 주식발행 초과금 등
이익잉여금(retained earnings)	• 이익준비금, 법정적립금 등

(2) 손익계산서

손익계산서(P/L, Profit and Loss Statement 혹은 IS, Income Statement)는 사업결과 손실(loss)과 이익(profit)이 얼마나 났는지를 계산한 표로서 수익(income) 상태에 초점을 두어 P/L 외에도 IS라고 부른다. 즉, 일정기간의 경영성과를 보여준다. 이는 대차대조표보다 경영성과를 더 직접적으로 표시하므로 수익성 분석에 편리한 측면이 있다.

계산식		용어 설명
(시작) 매출액		• 상품, 제품, 서비스 수익(sales)
− 매출원가		• 제조, 판매비용(cost of sales)
	= 매출총손익 ①	• 매출이익(gross profit from sales) • 매출손실(gross loss from sales): △표기
− 판매비, 관리비		• 인건비, 사무실 유지비 등

	= 영업손익 ②	• 영업결과 발생한 이익 혹은 손실
+ 영업외수익 − 영업외비용		• 부수적 수익(예금, 금융, 주식, 환율 등) • 부수적 손실(이자비용, 환율변동 등)
	= 경상손익 ③	• 기업 활동 결과의 손익 • 회사의 손익을 논할 때 주로 사용
+ 특별이익 − 특별손실		• 예상치 못한 이익과 손실 (주식 및 토지 매각, 천재지변 등)
	= 법인세 차감 전 순손익 ④	
− 법인세 비용		• 개인기업이 아닌 법인으로 등기를 마친 법인기업이 내는 세금(세무서)
	= 당기순손익 (끝) ⑤	• 이익이 나면 당기순이익 • 손실이 나면 당기순손실

손익계산서의 구성(표의 좌측)을 살펴보면 대표적인 기업의 5가지 이익은 매출총이익, 영업이익, 경상이익, 법인세 차감 전 순이익, 당기순이익이라 할 수 있다. 이익의 크기는 ① > ② > ③ > ④ > ⑤ 이다. 또한 몇 가지 주요한 수치를 계산할 수 있는데 표에서는 이익(profit or income)을 나타냈지만 실제로는 손실(loss)이 될 수도 있고, 이익(profit)이 될 수도 있기 때문에 계산 도식을 손익의 개념으로 다음과 같이 표시하였다.

- 매출총손익(Gross Profit from Sales 또는 Gross Loss from Sales) = 매출액 − 매출원가
- 영업손익 = 매출총손익 − (판매비 + 관리비)
- 경상손익 = 영업손익 + 영업외수익 − 영업외비용

그림 9-2 손익계산서 예시

A사의 손익계산서   (단위=백만원)

구분	2017년	2016년	2015년
Ⅰ.매출액	161.915.007	133.947.204	135.205.045
Ⅱ.매출원가	101.399.657	97.290.644	99.659.336
Ⅲ.매출총이익	60.515.350	36.656.560	35.545.709
판매비와 관리비	25.658.259	23.009.124	22.147.494
Ⅳ.영업이익(손실)	34.857.091	13.647.436	13.398.215
기타수익	2.767.967	2.185.600	1.543.190
기타비용	1.065.014	1.289.594	792.058
금융수익	4.075.602	5.803.751	4.917.385
금융비용	4.102.094	5.622.119	4.714.115
Ⅴ.세전이익	36.533.552	14.725.074	14.352.617
법인세비용	7.732.715	3.145.325	2.114.148
Ⅵ.당기순이익(손실)	28.800.837	11.579.749	12.238.469
Ⅶ.주당이익			
기본주당이익(손실)	208.881원	81.602원	82.682원
희석주당이익(손실)	208.881원	81.602원	82.680원

이전 단락에서 살펴보았던 대차대조표의 기본적인 구성은 자산, 자본, 부채이다. 반면 손익계산서는 기업이 영업활동을 시작하고 끝날 때까지 보유하고 있는 자산을 통해 얼마나 이익 혹은 손실이 났느냐를 살펴볼 수 있는 결산서이기 때문에 수익, 비용, 이익으로 구성되어 있다. 구체적으로 살펴보면 다음과 같다.

① 수익
② 비용
③ 이익

첫째, 수익은 회사의 자본(자기자본)을 늘려주는 금액을 의미한다. 즉, 일정기간 동안의 활동의 결과로서 발생된 현금 및 자산의 유입을 말한다. 수익의 종류에는 제품, 상품, 용역(서비스)의 대가로 회사로 들어오는 대금인 매출액(sales)인 영업수익이 있고, 기타 금융, 투자수익, 환율변동 등에 따른 부수적인 수익이라 할 수 있는 영업외수익이 있다. 또한 영업수익과 영업외수익 외에 발생한 수익인 특별이익이 있다.

표 9-4 수익의 종류

구분	내용
영업수익	• 매출액(sales)
영업외수익	• 금융, 투자수익, 환율변동 등
특별이익	• 보험차익, 채무변제이익 등

둘째, 비용은 회사의 자본(자기자본)을 줄여주는 금액을 의미한다. 즉, 수익을 발생시키는 과정에서 소모된 자산이나 용역의 원가를 말한다. 비용의 종류에는 매출을 올리기 위한 비용(제품, 용역 등)인 매출원가(cost of sales), 인건비와 사무실 유지비 등의 성격으로 지출되는 판매비와 관리비, 이자비용과 환율변동 등에 따라 지출되는 영업외비용, 재해손실처럼 비경상적으로 발생한 특별손실, 마지막으로 법인세가 있다.

표 9-5 비용의 종류

구분	내용
매출원가	• 제품, 용역 등의 매출을 올리기 위한 비용(cost of sales)
판매비와 관리비	• 인건비, 사무실 유지비 등
영업외비용	• 이자비용, 환율변동 비용 등
특별손실	• 재해손실 등
법인세	• 법인에게 부과하는 조세

마지막으로 이익은 수익에서 비용을 빼고 남은 금액을 의미한다.

$$이익 = 수익 - 비용$$

❷ 재무분석

대표적인 재무분석에는 다음과 같이 5가지가 있다. 다음 단락에서 각 재무분석별로 구체적으로 살펴보기 전에 개괄적인 내용을 먼저 이해하고자 한다. 또한 재무분석이란 결국 조직의 재무가 안정적이냐 그렇지 못하냐의 차이를 살펴봄으로써 조직의 운영을 위한 의사결정에 도움을 주기 위한 개념이기 때문에 재무 안정성 분석이라고 지칭한다.

① 레버리지 비율: 자산구조의 안정성 분석
② 유동성 비율: 지불능력의 안정성 분석
③ 안정성 비율: 설비투자의 안정성 분석
④ 수익성 비율: 조직의 수익성 분석
⑤ 활동성 비율: 조직 자산의 효과적인 활용성 분석

재무분석 방법으로는 세 가지로 구분할 수 있다.

① 대차대조표(B/S)를 이용한 재무 안정성 분석
② 손익계산서(P/L)를 이용한 재무 안정성 분석
③ 대차대조표(B/S)와 손익계산서(P/L)를 동시에 이용한 재무 안정성 분석

첫째, 대차대조표를 이용한 재무 안정성 분석은 레버리지 비율, 유동성 비율, 안정성 비율이 있다. 앞서 언급한 것처럼 재무분석은 기업의 재무 안정성을 분석하는 것이다. 또한 대표적인 결산서인 대차대조표와 손익계산서를 통해 재무 안정성을 분석하는 주요 방법은 5가지(레버리지 비율, 유동성 비율, 안정성 비율, 수익성 비율, 활동성 비율)가 있다고 했다. 이번 장에선 각 분석방법을 구체적으로 이해하고 계산식을 이용해 기업의 안정성에 대한 기준을 살펴보기로 한다. 우

선 대차대조표를 활용한 재무 안정성 분석방법으로 레버리지 비율(A), 유동성 비율(B), 안정성 비율(C)에 대해 표를 통한 도식을 살펴보면 다음과 같다.

그림 9-3 대차대조표를 이용한 재무분석 도식

재무분석 도식				재무분석 관계	
자산		부채와 자본	A	A	• A관계: 부채와 자본(자기자본) 관계
유동자산	←B→	유동부채	↑		
고정자산	←C→	고정부채	↓	B	• B관계: 유동자산과 유동부채 관계
		자본			
총계		총계			
"자금운용"		"자금조달"		C	• C관계: 고정자산과 고정부채 · 자본 관계

둘째, 손익계산서를 이용한 재무 안정성 분석은 수익성 비율이 있다.

마지막으로 대차대조표와 손익계산서 모두를 활용한 재무 안정성 분석은 수익성 비율과 활동성 비율이 있다.

그림 9-4 손익계산서를 이용한 재무분석 도식

재무분석 도식		내용
매출액		• 기본 개념
− 매출원가		1. 매출총이익 = 매출액 − 매출원가
	= 매출총이익 ①	2. 영업이익 = 매출총이익 − (판매비 + 관리비)
− 판매비, 관리비		3. 경상이익 = 영업이익 + 영업외수익 − 영업외비용
	= 영업이익 ②	
+ 영업외수익		• 기업의 5가지 이익 크기
− 영업외비용		: ① > ② > ③ > ④ > ⑤
	= 경상이익 ③	

+ 특별이익		
− 특별손실		
	= 법인세 차감 전 순이익 ④	
− 법인세 비용		
	= 당기순이익 ⑤	

• 수익성 비율분석은 ①, ②, ③, ⑤의 비율을
  이해하면 됨

표 9-6 재무분석 방법

구분	질문	재무분석 Tool
레버리지 비율	"자본(자기자본)에 비해 부채가 너무 많지 않은가?"	• 대차대조표
유동성 비율	"단기부채를 감당할 유동자산이 충분한가?"	• 대차대조표
안정성 비율	"설비투자(고정자산 투자)가 과도하지 않은가?"	• 대차대조표
수익성 비율	"얼마만큼의 이익을 달성하고 있는가?"	• 손익계산서 • 대차대조표 + 손익계산서
활동성 비율	"자금이 얼마나 활발하게 순환하고 있는가?"	• 대차대조표 + 손익계산서

앞서 설명한 재무분석 방법에 따라 5가지로 분류할 수 있는 레버리지 비율, 유동성 비율, 안정성 비율, 수익성 비율, 활동성 비율에 대해 각각 살펴보면 다음과 같다.

(1) 레버리지 비율

레버리지 비율에 의한 재무 안정성 분석을 설명하면 다음과 같다. 이는 자금조달을 통한 자본구조의 안정성을 분석하는 구조로서 자본(자기자본)에 비해 부채(타인자본)가 너무 많지 않은가를 살펴보는 것이다. 앞서 언급한 것처럼 대차대조표의 기본구성(자산, 자본, 부채)이 등장하므로 대차대조표를 통해 파악할 수 있는 분석방법이라 할 수 있다.

레버리지 비율(leverage ratios)은 〈그림 9−3〉의 A에 해당하는 개념으로 자

스포츠 경영: 21세기 비즈니스 미래전략

본(자기자본)에 비해 부채(타인자본)가 많지 않은가를 살펴보는 것이다. 즉, 조
직의 전체 자본 중 어느 정도가 타인자본에 의존하고 있는가를 나타내는 비
율이다. 주요 종류로는 자기자본비율(net worth to total assets ratio), 부채비율
(debt ratio), 이자보상비율(interest coverage ratio)이 있다. 구체적으로 살펴보면
다음과 같다.

▌ 자기자본비율(%)

$$\frac{자기자본}{총 \; 자본} \times 100 = \frac{자기자본}{부채 + 자본} \times 100$$

• 자기자본비율은 회사가 남의 돈(부채)과 자기 돈(자본)으로 마련한 총 자본
중에서 자기 돈이 얼마나 되는지를 알려주게 된다.
• 총 자본(부채 + 자본)에서 자기자본이 차지하는 비율이다.
• 자기자본비율이 높을수록 안정적인 회사의 자본구조를 나타내고, 50% 이
상이면 이상적이다.
• 자기자본비율이 높은 회사는 안정된 재무구조를 갖추고 있으므로 새로운
사업에 도전할 수 있다.

📖 예제: A 선수가 소속돼 있는 B 스포츠 에이전시가 보유한 자기자본이
5억 원이고, 은행을 통해 빌린 돈이 7억 원이다. B 스포츠 에이
전시가 자기자본비율을 통해 재무 안정성을 분석하시오.

✎ 정답: B 스포츠 에이전시 자기자본비율(%)은 50% 미만이므로 재무 안정
성이 좋지 않다.

$$\frac{5}{7+5} \times 100 = 41.7\%$$

▌ 부채비율(%)

$$\frac{부채}{자기자본} \times 100 = \frac{타인자본}{자기자본} \times 100$$

- 부채비율은 자기자본 중에서 남의 자본인 부채가 얼마나 되는지를 알려주게 된다.
- 자기자본에서 타인자본이 차지하는 비율이다.
- 부채비율이 낮을수록 안정적인 회사의 자본구조를 나타내고, 200% 이하이면 적정한 수준이다.
- 부채비율이 높은 회사는 자본(자기자본)보다 부채(타인자본)를 더 많이 사용하므로 안정성이 낮다.

📖 예제: A 선수가 소속돼 있는 B 스포츠 에이전시의 타인자본은 11억 원이고, 자기자본이 6억 원일 때 부채비율을 통해 재무 안정성을 분석하시오.

✎ 정답: B 스포츠 에이전시 부채비율(%)은 200% 이하이므로 재무 안정성이 적정한 수준이다.

$$\frac{11}{6} \times 100 = 183.3\%$$

▌ 이자보상비율(배)

$$\frac{이자\ 및\ 납세\ 전\ 이익(EBIT)}{이자비용} = \frac{이자비용\ +\ 납세\ 전\ 이익}{이자비용}$$

- 이자보상비율은 이자 및 법인세 차감 전 이익(EBIT, earning before interest and taxes)이 이자비용의 몇 배에 해당되는가를 나타내는 비율로 기업의 이자지급능력을 알려주게 된다.

- 부채(타인자본) 사용으로 발생하는 이자가 재정적으로 어느 정도 무리를 주는지 나타내는 비율이다.

자금조달과 자본구조의 안정성을 높이는 방법으로 자본(자기자본)을 늘리거나 부채(타인자본)를 줄여야 한다. 주식회사를 예로 기업 체질을 개선하기 위한 방법은 다음과 같다.

① 자본금을 늘린다.
② 사내유보금을 늘린다.
③ 부채를 줄인다.

첫째, 주식을 새로 발행해 투자자들에게 넘기는 대신 투자금을 받아 자본금을 늘리는 증자(capital increase)가 있다. 둘째, 주주총회를 통해 이익 처분 결의에 따라 이익일부를 주주에게 보유 주식량에 비례해 배당하고, 나머지는 사내에 쌓아둔다. 즉, 이익을 처분할 때 회사 외부로 유출되는 몫을 줄이고, 사내유보를 늘린다. 마지막으로 불필요한 자산을 팔거나 매출채권을 회수하여 부채를 줄인다. 또한 팔아야 현금으로 회수될 수 있는 재고자산을 최대한 줄이면서 그 대금으로 부채를 줄인다.

(2) 유동성 비율

유동성 비율에 의한 재무 안정성 분석은 지불능력의 안정성을 분석하는 구조로서 1년 안에 갚을 수 있는 유동부채(단기부채)을 감당할 유동자산, 즉 결산일 기준으로 1년 이내에 현금화할 수 있는 자산은 충분한가를 살펴보는 것이다. 레버리지 비율과 마찬가지로 대차대조표를 통해 파악할 수 있다.

유동성 비율(liquidity ratios)은 〈그림 9-3〉의 B에 해당하는 개념으로 유동부채(단기부채)를 감당할 유동자산이 충분한가를 보는 것이다. 즉, 조직의 단

기적인 채무지급능력을 측정하기 위한 비율이다. 주요 종류로는 유동비율
(current ratio)와 당좌비율(quick ratio)이 있다.

▌유동비율(%)

$$\frac{유동자산}{유동부채} \times 100$$

- 유동비율은 기업의 단기부채 지불능력을 가늠하는 지표로 '은행가 비율'이
라고도 한다.
- 유동비율이 높으면 단기 지급능력이 높아 기업의 재무건전성에 좋은 지표
가 될 수도 있으나 너무 많은 유동자산은 자산 활동도가 낮고 수익성이 낮
다는 것을 의미하므로 200% 이상이면 적정하다.
- 유동비율이 높으면 언제든 현금화할 수 있는 능력이 높은 것이지만, 현금이
있는데도 투자하지 않고, 비축만 한다면 자산을 생산적으로 운용하지 못할
수도 있다.

✎ 예제: 프로야구 A 구단의 재무 상태는 유동자산 200억 원, 유동부채
150억 원, 당기순이익이 40억 원이다. A 구단의 유동비율은 얼마
이고, 재무 안정성을 분석하시오.

📖 정답: 프로야구 A 구단의 유동비율(%)은 133.3%로 200% 미만이므로 재무 안
정성이 좋지 않다.

$$\frac{200}{150} \times 100 = 133.3\%$$

▌당좌비율(%)

$$\frac{유동자산 - 재고자산}{유동부채} \times 100$$

- 기업의 단기 지불능력을 더욱 정확히 가늠하기 위한 지표로서 유동자산에서 재고자산을 뺀 부분을 갖고 당좌자산이 유동부채에 얼마나 되는가를 보여준다.
- 당좌자산(언제든 빨리 현금화되는 자산)과 유동부채(단기부채)의 크기를 견준 비율이라 할 수 있고, '신속비율'이라고도 한다.
- 당좌비율도 유동비율과 마찬가지로 클수록 기업의 단기부채 지급능력이 좋은 것으로 평가되고 100% 이상이면 양호하다.
- 팔아야만 현금화할 수 있는 재고자산을 뺀 당좌자산과 유동부채에 대한 비율이므로 유동비율보다 더 정확히 파악할 수 있다.

✎ 예제: 스포츠 용품 창업회사인 A사의 유동자산이 1,000만 원인데 이 중 재고자산이 550만 원이다. 유동부채가 400만 원일 경우 당좌비율은?

📖 정답: A사의 당좌비율(%)은 112.5%로 100% 이상이므로 재무 안정성이 양호하다.

$$\frac{1,000 - 550}{400} \times 100 = 112.5\%$$

단기 지불능력을 높이는 방법으로 기본적으로 자본(자기자본)을 늘리고 부채(타인자본)를 줄인다. 부득이하게 부채가 있게 된다면 부채의 성격을 바꿀 필요가 있다.

① 자본금을 늘린다.
② 유동부채를 고정부채로 바꾼다.
③ 당좌자산을 늘린다.

첫째, 증자를 통해 자본금을 늘리고 단기차입금을 상환한다. 둘째, 회사채를 발행해 장기간 사용할 수 있는 부채를 얻는 등 당장 갚는 방식보다 오랜 기간 동안 갚는 방식으로 전환한다. 마지막으로 고정자산 및 재고자산을 줄이고 그 대금으로 부채를 갚고, 당장 현금화할 수 있는 당좌자산을 늘린다.

(3) 안정성 비율

안정성 비율에 의한 재무 안정성 분석은 고정자산, 즉 1년 이내에 현금화하기 힘든 자산의 투자가 균형 있게 배분되었는가를 분석하기 위함이다. 즉, 설비투자가 과도하지 않은지를 살펴보는 것이다. 앞서 언급한 레버리지 비율과 유동성 비율처럼 대차대조표를 통해 파악할 수 있다.

안정성 비율(stability ratios)은 도표 상에서 〈그림 9-3〉의 C에 해당하는 개념으로 고정자산 투자(설비투자)가 과도하지 않은가를 살펴보는 것이다. 즉, 조달된 자본이 기업의 자산에 얼마나 적절하게 배분되어 있는지를 측정하게 된다. 주요 종류로는 고정비율(fixed ratio)과 고정장기적합률(fixed assets to long-term capital ratio)이 있다.

▌ 고정비율(%)

$$\frac{고정자산}{자기자본} \times 100$$

- 자기자본에 비해 고정자산 크기가 얼마나 되는가를 나타내는 비율이다.
- 100% 이하이면 적정하지만, 업종에 따라 차이가 있다. 즉, 고정비율이 높은 업종은 제조업이고, 낮은 업종은 설비투자가 많지 않은 판매업, 은행업 등이다. 스포츠 용품업은 고정비율이 높지만, 유통 및 서비스업은 상대적으로 낮다.

✎ 예제: A 스포츠 매니지먼트사가 보유한 자기자본은 15억 원이고, 건물과 토지의 가치는 40억 원으로 평가받고 있다. 고정비율을 통해 재무 안정성을 분석하시오.

▌ 고정장기적합률(%)

$$\frac{고정자산}{자기자본 + 고정부채} \times 100$$

- 고정자산 투자원칙은 자기자본 범위 내에서 하는 것이나 설비투자(중화학 공업, 기간산업)는 자금 일부를 부채로 충당하는데 고정비율로 자본운용의 적정성을 체크하는 것이다.
- 100% 이하이면 적정하다.

(4) 수익성 비율

수익성 비율을 통한 재무 안정성 분석은 조직이 투자한 자본대비 이익 달성도를 측정하는 것이다. 손익계산서의 기본구성(수익, 비용, 이익)과 대차대조표의 기본구성(자산, 자본, 부채)의 수치를 통해 파악할 수 있기 때문에 수익성 비율은 대표적인 결산서인 손익계산서와 대차대조표를 통해 파악할 수 있다.

손익계산서를 통해 분석을 할 수 있는 수익성 비율(profitability ratios)의 주요 종류는 매출액 총 이익률(gross profits to net sales 또는 gross margin on sales), 매출액 영업이익률(operating profits to net sales 또는 operating margin on sales), 매출액 경상이익률(ordinary profits to net sales)과 매출액 순 이익률(net profits to net sales)이 있다.

■ 매출액 총 이익률(%)

$$\frac{\text{매출 총 이익}}{\text{매출액}} \times 100 = \frac{\text{매출액} - \text{매출원가}}{\text{매출액}} \times 100$$

- 매출액에 비해 매출 총 이익이 얼마나 되는가를 나타내는 비율지표로 '매출 이익'이라고 한다.
- 매출 총 이익률이 높을수록 기업 수익성이 높고 경영이 합리화되어 있음을 의미한다.

■ 매출액 영업이익률(%)

$$\frac{\text{영업이익}}{\text{매출액}} \times 100 = \frac{\text{매출총이익} - (\text{판매비} + \text{관리비})}{\text{매출액}} \times 100$$

- 손익계산서에서 매출액 가운데 영업이익이 얼마나 되느냐를 비율로 나타내는 분석지표이다.
- 영업활동에 의한 경영성과를 판단하기 위한 수익성 지표이고, '판매마진'이라고 부른다.
- 매출총이익이 높을수록, 판매비와 관리비가 적게 들수록 매출액 영업이익률이 높아진다.
- 매출액 영업이익률이 높을수록 좋고, 높다는 것은 매출액에 비해 영업이익이 높아 영업성과가 좋다는 것을 의미한다.

📖 예제: A 프로축구 구단은 연 매출액이 35억 원이고, 영업이익이 12억 원이다. 반면, B 프로축구 구단의 연 매출액은 28억 원이고, 영업이익은 10억 원이다. 어느 구단이 수익성 비율이 높은지 분석하시오.

✎ 정답: B 구단 영업이익률(%)이 A 구단 영업이익률(%)보다 근소하게 수익성 비율이 높다.

$$A: \frac{12}{35} \times 100 = 34.3\%$$

$$B: \frac{10}{28} \times 100 = 35.7\%$$

▌ 매출액 경상이익률(%)

$$\frac{경상이익}{매출액} \times 100 = \frac{영업이익 + 영업외수익 - 영업외비용}{매출액} \times 100$$

• 손익계산서에서 경상이익 매출액이 얼마나 되는가를 비율로 나타내는 수익성 지표로 '경상이익'이라고 한다.

• 수치가 높을수록 수익성이 좋다.

📖 예제: A 프로야구 구단의 연 매출액은 100억 원이다. 단, 매출원가는 15억 원이 발생했고, 구단을 운영하는데 필요한 판매비와 관리비는 30억 원의 비용을 지출했다. 또한 영업외수익 7억 원, 영업외비용은 5억 원으로 집계됐다. 경쟁구단인 B 프로야구 구단의 연 매출액은 110억 원, 매출원가 16억 원, 판매비와 관리비는 32억 원, 영업외수익 5억 원, 영업외비용은 4억 원으로 집계됐다. A와 B구단 중 경상이익률(%)을 통해 수익성 비율을 분석하시오.

✎ 정답: B 구단 경상이익률(%)이 A 구단 경상이익률(%)보다 수익성 비율이 높다.

$$A: \frac{(100 - 15) - 30 + 7 - 5}{100} \times 100 = 57\%$$

$$B: \frac{(110 - 16) - 32 + 5 - 4}{110} \times 100 = 63\%$$

> **▌ 매출액 순 이익률(%)**
>
> $$\frac{\text{순이익}}{\text{매출액}} \times 100 = \frac{\text{경상이익} + \text{특별이익} - \text{특별손실}}{\text{매출액}} \times 100$$
>
> • 매출액에서 순이익이 차지하는 크기를 비율로 나타낸 수익성 지표이다.
> • 수치가 높을수록 수익성이 좋다.

　　대차대조표와 손익계산서를 통한 수익성 비율의 주요 종류로는 총 자본 순 이익률(ROI, Return on Investment), 즉 총 자본(총 자산)에 대한 당기순이익의 비율 지표(net income to total assets)와 자기자본 순 이익률(ROE, Return on Equity)이 있다.

> **▌ 총 자산 순 이익률(%)**
>
> $$\frac{\text{당기순이익}}{\text{총 자산}} \times 100$$
>
> • ROA(Return on Assets)라고 불린다.
> • 대차대조표에 나타난 총 자산과 손익계산서에 나타난 당기순이익을 통해 분석한다.
>
> 📖 예제: A 스포츠 유통 창업 회사의 총 자산은 5억 원이고, 당기순이익 은 5천만 원일 때 ROA를 구하시오.
>
> ✎ 정답: A 회사의 ROA는 10%이다.
> 　　　(0.5/5) × 100 = 10%

▌ 자기자본 순 이익률(%)

$$\frac{당기순이익}{자기자본} \times 100$$

- ROE(Return on Equity)라고 불린다.
- 대차대조표에 나타난 자기자본(총 자본 − 부채)과 손익계산서에 나타난 당기순이익을 통해 분석한다.

📖 예제: A 스포츠 매니지먼트사는 부채 8억 원을 포함해 총 자본이 26억 원이고, 당기순이익은 3억 원일 때 ROE를 구하시오.

✎ 정답: A 회사의 ROE는 16.7%이다.
     $\{3/(26-8)\} \times 100 = 16.7\%$

▌ 총 자본 순 이익률(%)

$$\frac{당기순이익}{총 자본} \times 100$$

- ROI(Return on Investment)로 '투자자본순이익률'이라고 불린다.
- 대차대조표에 명시된 자본은 자기자본이고, 부채는 타인자본으로 외부차입금이다.
- 투자재원은 자기자본과 외부차입금으로 나눠진다.
- 자산이란 자본과 부채의 합이다. 즉, 자본과 부채를 통해 모두 자산(유동자산, 고정자산)으로 구입하고, 투자자본으로 사용한다면 ROA(총자산순이익률)와 ROI(총자본순이익률)는 동일한 개념이 된다.

📖 예제: A 농구구단의 자본은 30억 원, 부채는 20억 원, 당기순이익은 15억원일 때 ROI를 구하시오.

✎ 정답: A 구단의 ROI는 30%이다.

$$\frac{15}{30 + 20} \times 100 = 30\%$$

기업이 수익을 높이는 방법은 다음과 같다.

① 경상이익을 높인다.
② 합리적인 판매비와 관리비를 지출한다.

첫째, 회사의 이익을 논할 때 경상이익을 주로 사용한다. 총 매출액이 아무리 높아도 매출원가, 판매비와 관리비, 영업외비용이 지나치게 높으면 경상손실이 된다. 둘째, 노사 간에 임금협상이 중요하다. 판매비와 관리비용을 어느 정도로 맞추느냐의 문제다. 회사 측은 영업이익의 관점, 노사 측은 매출총이익의 관점에서 협상을 하고자 할 것이다. 상호 간의 신뢰를 구축하고 원활한 커뮤니케이션이 잘 되는 조직 환경을 만드는 것이 중요하다.

(5) 활동성 비율

활동성 비율을 통한 재무 안정성 분석은 기업이 얼마나 자금을 잘 회전하며 효율적으로 활용하고 있는가를 살펴보는 방법이다. 기업 경영은 눈을 통해 쉽게 인식할 수 있는 현금이나 예금 형태에서 경영활동 조건에 따라 고정자산 등으로 모습을 바꾸었다가 다시 현금과 예금의 형태로 되돌아오는 식으로 자금이 순환하게 된다. 이처럼 자금이 잘 회전하고 흘러야 성공적인 기업 전략에 한 걸음 더 다가간다고 볼 수 있다. 활동성 비율은 손익계산서와 대차대조표를 함께 이용하여 분석이 가능하다.

활동성 비율(activity ratios)의 주요 종류로는 총 자산 회전율(total assets turnover)과 재고자산 회전율(inventories turnover), 매출채권 회전율(trade receivable turnover), 고정자산 회전율(fixed asset turnover)이 있다.

▌ 총 자산 회전율(회)

$$\frac{\text{연간 매출액}}{\text{총 자산}}$$

• 기업경영에서 자금이 얼마나 활발하게 순환하는지를 나타내는 재무 활동성 지표이다.

• 회전율을 높이려면 매출액을 올리거나 총 자산을 줄여야 한다.

📖 예제: A 스포츠 에이전시의 작년도 매출액은 100억 원, 총 자산은 80억 원이다. 올해 매출액은 110억 원, 총 자산은 90억 원일 때 총 자산 회전율을 통해 활동성 지표를 분석하시오.

✎ 정답: 작년보다 올해 매출액과 자산이 각각 10억 원이 늘었지만, 작년의 재무 활동성 지표가 조금 좋다. 즉, 매출을 10% 늘리는 것보다 총 자산을 10% 줄이는 쪽이 더 효과적이다.

작년: 100/80 = 1.25   올해: 110/90 = 1.22

▌ 재고자산 회전율(회)

$$\frac{\text{연간 매출액}}{\text{연간 평균 재고자산}}$$

• 회전율이 높을수록 자본의 수익률, 수익성이 높고 재고물량에 따른 보험료, 보관비용을 절약할 수 있어서 좋다.

📖 예제: A 프로배구 구단의 연 매출액은 60억 원이고 재고자산은 3억 원일 때 재고자산 회전율은 몇 회인지 구하시오.

✎ 정답: A 구단은 20회의 재고자산 회전을 한다.

$$\frac{60}{3} = 20회$$

> **▍ 매출채권 회전율(회)**
>
> $$\frac{\text{매출액}}{\text{매출채권}}$$
>
> • 1년 동안 매출채권→ 현금→ 매출채권으로 몇 회전 하는지 파악하는 것이다.
> • 매출채권이 늘어날 때는 부채도 함께 늘고, 기업의 안정성도 떨어진다.

> **▍ 고정자산 회전율(회)**
>
> $$\frac{\text{매출액}}{\text{고정자산}}$$

기업의 재무 활동성을 높이는 방법은 다음과 같다.

① 설비투자, 재고자산, 매출채권을 줄인다.
② 자금 회전 속도를 높인다.

첫째, 기업 경영의 활동성을 높이기 위해선 과도한 설비투자를 지양해야 한다. 또한 재고자산을 체계적으로 관리하여 자금을 늘려야 한다. 회수기간이 긴 매출채권을 관리하여 자금 순환이 원활하게 이루어질 수 있게 한다. 둘째, 기업은 현금을 너무 많이 묶어두면 안 된다. 설비투자, 재고자산, 매출채권을 관리해야 한다.

❸ 손익분기점 분석 및 자본조달

(1) 손익분기점 분석

손익분기점(BEP, Break-Even Point)은 수익과 비용이 일치하여 이익과 손실이 발생하지 않는 분기점을 의미한다. 기업이 지출하는 비용(원가)에는 고정비와 변동비가 있다.

① 고정비(FC, Fixed Cost)
② 변동비(VC, Variable Cost)

첫째, 고정비는 생산량이 늘든 줄든 상관없이 일정하게 지출하는 비용으로 공장건물 화재보험료 등이 있다. 둘째, 변동비는 생산량이 늘면 따라서 늘고, 줄면 함께 줄어드는 비용으로 인건비, 수도료, 전기료 등이 있다.

그림 9-5 **손익분기점**

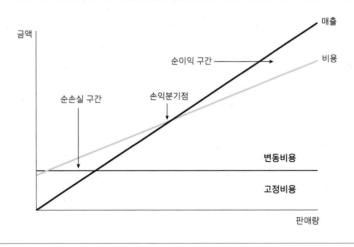

다음과 같이 판매량과 금액에 대한 손익분기점을 구할 수 있다. 즉, 일정

판매량에 도달했을 때 혹은 일정 매출비용에 도달했을 때 손실과 이익이 발생하지 않는 지점이다.

예를 들어 스포츠 용품회사가 판매를 계획하거나 판매 중인 상품의 손익분기점이 예상보다 너무 높게 나왔거나 아무리 판매를 해도 일정기간 내에 이익을 내기 어렵다고 판단되면 판매 전략을 수정해야 한다. 다른 상품판매를 먼저 시행하여 이윤창출 라인을 수정하거나, 판매를 즉각 중지하여 추가 비용이 들어가지 않게 의사결정을 할 수 있다.

▌ 손익분기점(판매량)

$$\frac{FC}{p-v} = \frac{고정비}{상품단위판매가격 - 판매상품단위당변동비}$$

▌ 손익분기점(금액)

$$\frac{FC}{1-(v/p)} = \frac{고정비}{1 - (판매상품단위당변동비/상품단위판매가격)}$$

📖 예제: A 스포츠 용품업체가 생산 판매하는 스포츠 제품의 판매가격이 5만 원이다. A사가 이 제품을 생산하기 위해서 3천만 원의 고정비와 단위당 2만 원의 변동비가 소요된다. A사의 판매량(수량) 및 금액(비용)에 대한 손익분기점을 구하시오.

✎ 정답: 손익분기점에 도달하기 위한 판매량은 1,000개이고, 매출비용은 5천만 원이다.

$$손익분기점(판매량) = \frac{30,000,000}{(50,000 - 20,000)} = 1,000(개)$$

$$손익분기점(금액) = \frac{30,000,000}{1 - (20,000/50,000)} = 5천만 \ 원$$

📖 예제: 어느 스포츠 제품의 단가가 7,000원, 변동비가 5,000원, 고정비가 1,200,000원일 경우 목표 이익을 500,000원으로 설정한다면 손익분기점(BEP) 매출량은?

✎ 정답: 목표영업이익(TP, Target Profit)이 있을 때 공식은 다음과 같다.

$$손익분기점(판매량) = \frac{FC + TP}{p - v} = \frac{고정비 + 목표영업이익}{상품단위판매가격 - 판매상품단위당변동비}$$

$$= \frac{1,200,000 + 500,000}{7,000 - 5,000} = 850개$$

(2) 자금조달 방법

기업을 운영하기 위해선 자금이 필요하다. 앞서 일반적으로 자본이라고 하면 자기자본이고, 타인자본은 부채를 의미한다. 자금조달 방법은 내부조달과 외부조달이 있다. 외부조달은 직접금융과 간접금융을 통한 조달 방법이 있다.

① 내부조달
② 외부조달

첫째, 내부조달은 조직 내부의 유보금을 사용하는 것을 의미한다. 둘째, 외부조달은 조직 외부에서 자금을 끌어오는 것을 뜻하는데 직접금융과 간접금융을 통해 자금을 조달할 수 있다. 직접금융을 통한 자금조달에는 민자유치, 주식발행, 회원권 판매, 기금지원, 채권발행, 스폰서십 등이 있다. 또한 간접금융을 통한 자금조달에는 기업어음, 은행차입, 매입채무 등이 있다.

❹ 투자결정 기법

앞서 재무관리(finance management) 기능은 투자결정기능, 자본결정기능, 배당결정기능을 포함한다고 했다. 특히 투자결정기능은 투자할 곳을 결정하는 기능으로 기업이 필요한 자금을 마련하고 운영하는 일에 중요한 역할을 한다.

이상적인 투자결정 기법을 위해 다음과 같은 기준을 따라야 한다.

① 모든 현금흐름을 고려해야 한다.
② 화폐의 시간적 가치를 반영해야 한다.
③ 가치의 가산원칙을 따라야 한다.
④ 복합 투자안의 경우 개별 투자안의 가치를 구한 후 결합하여 가치를 계산해야 한다.
⑤ 조직의 가치를 극대화할 수 있는 투자안을 선택해야 한다.

투자결정 기법은 크게 분류를 하면 확실성 하에 투자결정 기법과 불확실성 하에 투자결정 기법이 있다. 이상적인 투자기법은 확실성 하에 투자를 결정하는 것으로 화폐의 시간적 가치를 고려할 때와 고려하지 않을 때로 구분할 수 있다. 즉, 이상적인 투자결정 기법은 확실성 하에 투자를 하는 기법 중 화폐의 가치를 고려하는 기법이라 할 수 있다. 대표적으로 순현재가치법, 내부수익률법, 수익성지수법이 있다. 이상적인 투자기법 5가지 모두에 해당되는 것은 순현재가치법이다.

(1) 순현재가치법

순현재가치법(NPV, Net Present Value Method)은 순현가법이라고도 불린다. 미래의 모든 현금흐름을 적절한 할인율을 적용하여 산출한 현재가치로 투자안을 평가한다. 또한 가치의 가산원칙을 적용한다.

스포츠 경영: 21세기 비즈니스 미래전략

단일투자안일 때는 NPV가 0(zero)보다 크면 투자를 결정하고, 복합투자 안일 때는 가장 큰 NPV를 투자안으로 선택한다.

▌ 순현재가치법

$$NPV = \Sigma \frac{CF_t}{(1+R)^t} - I_0 = \frac{\text{현금흐름}}{(1+\text{할인율})^{\text{시점}}} = \text{최초투자액}$$

📖 예제: A 민간업자가 스포츠 센터를 짓고자 한다. 최초 투자금액이 1억 5천만 원이고 3년 후 현금 흐름이 3억 원이다. 순현재가치법으로 계산한 후 투자를 결정하시오(단, 할인율 10%).

✎ 정답: NPV>0이므로 투자를 결정한다.

$$\frac{300,000,000}{(1+0.1)^3} - 150,000,000 = 75,394,440\text{원}$$

(2) 내부수익률법

내부수익률법(IRR, Internal Rate of Return)은 투자로 인해 발생하는 현금유입의 현재가치와 현금유출의 현재가치를 일치시켜 투자안의 순현가를 0(zero)으로 하는 할인율(IRR)을 구한 후, 요구수익률(자본비용)과 비교하여 투자여부를 결정하는 방법이다.

▌ 내부수익률법

$$\Sigma \frac{CF_t}{(1+IRR)^t} - I_0 = \frac{\text{현금흐름}}{(1+\text{할인율})^{\text{시점}}} = \text{최초투자액} = 0$$

📖 예제: A 사업자가 1억 원을 투자해서 스포츠 센터를 짓고자 한다. 2년 후에 약 1억 3천만 원에 매각할 수 있을 거라고 예측하고 있다. 요구수익률(자본비용)이 10%라고 가정할 때 내부 수익률은 얼마

인가?

📎 정답: IRR = 0.14, IRR이 14%로 요구수익률 10%보다 크기 때문에 투자를 결정한다.

$$\frac{130,000,000}{(1+IRR)^2} - 100,000,000 = 0$$

(3) 수익성지수법

수익성지수법(PI, Profitability Index)은 투자금액 대비 회수할 수 있는 금액에 대한 비율로 지수가 1보다 크면 경제성이 있어 투자할 가치가 있다고 판단한다.

▌ **수익성지수법**

$$수익성지수법(PI) = \frac{현금유입의\ 현재가치투자안의\ NPV(순현가치)}{현금유출의\ 현재가치}$$

$$= \frac{미래에\ 회수할\ 수\ 있는\ 금액의\ 현재가치}{초기\ 투자금액의\ 현재가치}$$

📖 예제: 다음 스포츠 시설 관련 투자안(A, B, C)에 대하여 수익성지수(PI)를 통한 투자순위를 분석하시오.
- 투자안 A: 투자비용 210만 원, 순현가치 420만 원
- 투자안 B: 투자비용 160만 원, 순현가치 300만 원
- 투자안 C: 투자비용 100만 원, 순현가치 210만 원

📎 정답: 복합투자안이므로 가장 큰 투자안인 C를 선택할 수 있다.
- 투자안 A: 420/210 = 2
- 투자안 B: 300/160 = 1.86

- 투자안 C: 210/100 = 2.1

이외에도 〈표 9-7〉를 살펴보면 확실성 하에서의 투자결정 기법이지만 화폐의 시간적 가치를 고려하지 않을 때 사용하는 회수기간법, 회계적이익율법이 있다. 또한 불확실성 하에서의 투자결정 기법인 위험조정할인율법과 확실성등가법이 있다.

표 9-7 투자결정 기법

구분		기법	내용
확실성 하에 투자결정 기법	화폐의 시간적 가치를 고려할 때	순현재가치법	• 미래의 모든 현금흐름을 적절한 할인율을 적용하여 산출한 현재가치로 투자안을 평가(=순현가법, Net Present Value Method) • 가치의 가산원칙을 적용함 $$\frac{현금흐름}{(1+할인율)^{시점}} - 최초투자액$$ • 단일투자안: NPV>0일 때 투자결정 • 복합투자안: 가장 큰 NPV의 투자안 선택
		내부수익률법	• 투자로 인해 발생하는 현금유입의 현재가치와 현금유출의 현재가치를 일치시켜 투자안의 순현가를 0으로 하는 할인율(IRR)을 구한 후 요구수익률(자본비용)과 비교하여 투자여부를 결정하는 방법(IRR, Internal Rate of Return) $$\frac{현금흐름}{(1+할인율)^{시점}} - 최초투자액 = 0$$
		수익성지수법	$$PI = \frac{현금유입의\ 현재가치투자안의\ NPV(순현가치)}{현금유출의\ 현재가치}$$ • 단일투자안: PI>0일 때 투자결정 • 복합투자안: 가장 큰 PI의 투자안 선택
	화폐의 시간적 가치를 고려하지	회수기간법	• 투자한 비용을 회수하는데 걸리는 시간을 통해 투자여부를 결정하는 방법 • 회수기간이 짧을수록 안정적인 투자안

아니할 때	회계적이익률법	• 연평균 순이익 대비 연평균 투자액 비율(=평균 이익률법) $$\frac{\text{연평균 수이익}}{\text{연평균 투자액}} \times 100$$
불확실성 하에 투자결정 기법	위험조정할인율법	• 미래에 예상되는 불확실한 현금흐름에 부합하는 할인율 적용, 투자안 평가
	확실성등가법	• 위험이 있는 미래현금흐름에 무위험이자율을 적용, 투자안 평가

📣 여기서 잠깐!

▌ 스포츠 파이낸싱 핵심문제와 해설

① 화폐의 미래가치

현금 1,000만원을 이자율 10%의 정기예금에 가입했을 때 3년 후의 미래가치는?

$$P_n = P_0(1+R)^n = \text{현재원금}(1+\text{이자율})^{\text{기간}}$$
$$= 1{,}000\text{만원}(1+0.1)^3 = 1{,}331\text{만원}$$

② 화폐의 현재가치

할인율 10%가 적용된 3년 후에 현금 1,000만원을 받을 수 있는 현재가치는?

$$P_0 = \frac{P_n}{(1+R)^n} = \frac{\text{미래가치}}{(1+\text{할인율})^{\text{기간}}}$$
$$= \frac{1{,}000\text{만원}}{(1+0.1)^3} = 657.5\text{만원}$$

③ 연금의 미래가치

어느 배구선수가 3년 동안 매년 말에 1,000만원의 연금을 수령한다. 이자율을 매년 10% 적용하여 연금을 3년 후에 받을 일시불 금액은 얼마인가?

$$S_n = A\{\frac{(1+R)_n-1}{R}\} = \text{연금}\{\frac{(1+\text{이자율})^{\text{기간}}-1}{\text{이자율}}\}$$

$$= 1,000만원\{\frac{(1+0.1)^3-1}{0.1}\} = 3,310만원$$

④ 연금의 현재가치

$$S_0 = A\{\frac{1}{R} - \frac{1}{R(1+R)^n}\} = 연금\{\frac{1}{할인율} - \frac{1}{할인율(1+할인율)^{기간}}\}$$

$$= 200만원\{\frac{1}{0.1} - \frac{1}{0.1(1+0.1)^3}\} = 497만원$$

⑤ 영구연금의 현재가치

어느 야구선수가 매년 말 1000만원의 연금을 영구히 수령한다. 할인율 10%를 적용할 경우 이 영구연금의 현재가치를 구하면?

$$S_e = \frac{A}{R} = \frac{연금}{할인율} = \frac{1,000만원}{0.1} = 1억\ 원$$

⑥ 재무제표

다음 재무상태표의 항목을 토대로 계산한 자본은?

유동자산 5,000
비유동자산 6,000
유동부채 5,000
비유동부채 2,000

자산(11,000) = 유동자산(5,000) + 고정자산(비유동자산, 6,000) = 유동부채(5,000) + 고정부채(2,000) + 자본(X)

* X = 4,000만 원

⑦ 대차대조표

A스포츠시설업의 대차대조표에서 유동자산합계는 5억5천만 원, 고정자산 합계는 6억 원, 부채총계는 3억5천만 원 일 때, A스포츠시설업의 자산총계는?

자산 = 유동자산 + 고정자산 = 5.5 + 6 = 11.5

* 11억 5천만 원

⑧ 유동비율

프로야구 A 구단의 재무 상태가 유동자산 100억 원, 유동부채 200억 원 그리고 당기순이익 40억 원이라고 한다면 A 구단의 유동비율은?

유동비율 = (유동자산/유동부채) × 100 = (100/200) × 100 = 50%

⑨ 당좌비율

A사의 유동자산이 500만원인데 이 중 재고자산이 200만원이다. 유동부채가 200만원일 경우 당좌비율은?

당좌비율(%) = [(유동자산−재고자산)/유동부채)]×100 = [(500−200)/200)]×100 = 150%

⑩ 총자본순이익율

A프로농구 구단의 총자본이 1000억 원이고, 당기순이익이 200억 원이라면 이 구단의 총자본순이익율(ROI)은?

총자본순이익률(ROI, Return on Investment) = (당기순이익/총자본)×100 = (200/1000)×100 = 20%

⑪ 손익분기점

A 스포츠용품업체가 생산 판매하는 스포츠 제품의 판매가격이 3만원이다. A사가 이 제품을 생산하기 위해서 3천만 원의 고정비와 단위당 1만5천원의 변동비가 소요된다. A사의 판매량(수량) 및 금액(비용)에 대한 손익분기점을 구하시오.

- 손익분기점(판매량) $= \dfrac{FC}{p-v} = \dfrac{고정비}{상품단위판매가격-판매상품단위당변동비}$

  $= 30{,}000{,}000/(30{,}000-15{,}000) = 2{,}000(개)$

- 손익분기점(금액) $= \dfrac{FC}{1-(v/p)} = \dfrac{고정비}{1-(판매상품단위당변동비/상품단위판매가격)}$

  $= 30{,}000{,}000/1-(15{,}000/30{,}000) = 6천만\ 원$

⑫ 손익분기점(TP가 있을 때)

어느 스포츠제품의 단가가 9000원, 변동비가 6000원, 고정비가 1,350,000원일 경우 목표이익을 450,000원으로 설정한다면 손익분기점(BEP) 매출량은?

$$\text{손익분기점(판매량)} = \frac{FC + TP}{p-v} = \frac{\text{고정비 + 목표영업이익}}{\text{상품단위판매가격-판매상품단위당변동비}}$$

$$= \frac{1,350,000 + 450,000}{9,000-6,000} = 600\text{개}$$

⑬ 순현재가치법

어느 민간사업자가 스포츠 센터를 짓고자 한다. 최초 투자금액이 1억 원이고 2년 후 현금 흐름이 2억 원이다. 순현재가치법(NPV)으로 계산한 후 투자를 결정하시오. (단, 할인율 10%)

$$\frac{\text{현금흐름}}{(1+\text{할인율})^{\text{시점}}} - \text{최초투자액}$$

$$\frac{200,000,000}{(1+0.1)^2} - 100,000,000 = 65,289,256\text{원}$$

* NPV〉0 이므로 투자를 결정할 수 있음

⑭ 내부 수익률법

사업자가 1억 원을 투자해서 스포츠 센터를 짓고자 한다. 2년 후에 약 1억 3천만 원에 매각할 수 있을 거라고 예측하고 있다. 요구수익률(자본비용)이 10%라고 가정할 때 내부 수익률(IRR)은 얼마인가?

$$\frac{\text{현금흐름}}{(1+\text{할인율})^{\text{시점}}} - \text{최초투자액} = 0$$

$$\frac{130,000,000}{(1+\text{IRR})^2} - 100,000,000 = 0$$

$$\text{IRR} = 0.14$$

* IRR이 14%로 요구수익률 10%보다 크기 때문에 투자를 결정할 수 있음

⑮ 수익성지수법

다음 스포츠시설 관련 투자안(A,B,C)에 대하여 수익성지수(PI)를 통한 투자순위를 바르게 나열한 것은?

– 투자안 A: 투자비용 200만원, 순현가치 410만원
– 투자안 B: 투자비용 150만원, 순현가치 300만원
– 투자안 C: 투자비용 100만원, 순현가치 210만원

$$\text{수익성지수법(PI)} = \frac{\text{현금유입의 현재가치투자안의 NPV(순현가치)}}{\text{현금유출의 현재가치}}$$

$$\text{투자안 A} = \frac{410}{200} = 2.05$$

$$\text{투자안 B} = \frac{300}{150} = 2$$

$$\text{투자안 C} = \frac{210}{100} = 2.1$$

$$* \ C \ \rangle \ A \ \rangle \ B$$

 과제

1. 투자결정을 통해 성공한 국내 스포츠 조직의 사례를 찾아보시오.

2. 투자결정을 통해 성공한 해외 스포츠 조직의 사례를 찾아보시오.

3. 순현재가치법을 적용해 투자를 결정한 스포츠 조직의 사례를 찾아보시오.

4. 내부수익률법을 적용해 투자를 결정한 스포츠 조직의 사례를 찾아보시오.

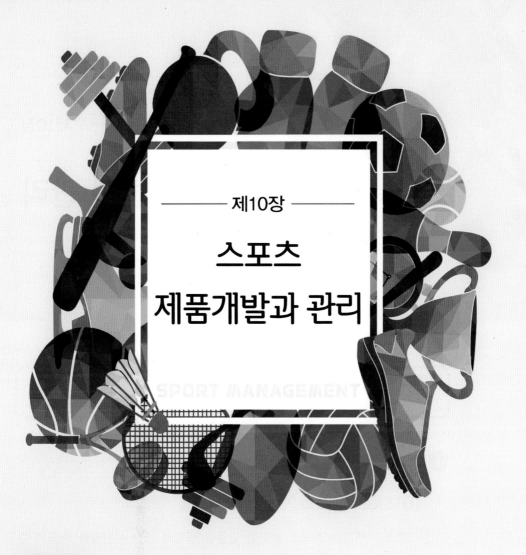

제10장

스포츠
제품개발과 관리

SPORT MANAGEMENT

CONTENTS

스포츠 제품개발과 관리

❶ 스포츠 이벤트

(1) 스포츠 이벤트의 개념, 분류 및 특성

스포츠 이벤트는 스포츠 관련한 활동을 필요로 하는 사람들을 스포츠 행사에 직·간접적으로 참여시켜 주최자와 커뮤니케이션 목표를 달성하기 위한 촉진수단으로 활용되고 있다. 스포츠 이벤트의 요소는 선수, 관중, 미디어, 스폰서이다.

스포츠 이벤트는 고객참여 방식과 기업참여 방식으로 구분할 수 있다. 첫째, 고객참여 방식은 관람형, 참여형, 강습형 이벤트로 분류할 수 있다. 관람형 이벤트는 스포츠 관람을 통해 참여하는 이벤트로 대표적으로 올림픽, 월드컵과 같은 대형스포츠 이벤트와 각국 특정종목의 프로스포츠 리그 등이 해당된다. 이는 간접 스포츠 소비자(2차, 관람)를 대상으로 나날이 규모가 확대되고 있다. 최근 미디어의 발달로 방송중계권 가격이 높아지고, 광고시장의 확대를 통해 보다 각광을 받고 있다. 특히 매체 스포츠 소비자(3차)라 할 수 있는 다양한 매체(media)를 통해 스포츠 콘텐츠를 소비하는 잠재적인 소비주체를 찾고자 하는 노력을 한다.

참여형 이벤트는 스포츠 활동에 참여하는 이벤트이고, 강습형 이벤트는 스포츠 종목을 배우기 위해 참여하는 이벤트이다. 직접 스포츠 소비자(1차, 참여)를 유도하기 위해 기획된 비슷한 취지의 이벤트라 할 수 있다.

둘째, 기업참여 방식은 기업주도형, 매체주도형 이벤트로 분류할 수 있다. 기업주도형 이벤트는 기업이 스폰서로 참여하는 이벤트로서 관람형 및 참여형 이벤트 등 다양한 방식의 이벤트에 참여하는 방식이다. 매체주도형 이벤트는 매체가 홍보 및 공중관계(PR, public relations)를 목적으로 개최하는 대회에 기업이 협찬하는 방식이다. 기업참여를 결정하는 주요 요인을 미디어이다. 즉, 이윤을 창출하기 위한 목적의 조직인 기업은 이벤

———— 스포츠 이벤트

트 참여를 통해 자사 혹은 상품 이미지를 높여 궁극적으로 판매를 향상시키기 위함이다.

스포츠 이벤트의 다양한 특징 중 공통된 개념을 몇 가지 묶어 제시하면 다음과 같은 특성이 있다.

① 현장성
② 진실성
③ 체험성
④ 감성적 특성
⑤ 통합성
⑥ 상호교류성
⑦ 대중성

현장성은 현장에서 직접 이루어지는 특징을 뜻하고 진실성은 이벤트 개최 목적과 취지를 공유한다. 체험성은 체험이 이루어지는 공간을 창출한다는 의미이고 감성적 특성은 이벤트를 통해 많은 사람들의 감성을 자극하여 감동을 유도할 수 있다는 뜻이다. 통합성은 지역, 사회, 문화, 정치 등의 모든 영역을 통합할 수 있는 스포츠 이벤트만의 힘을 의미하고 상호교류성은 쌍방향 커뮤니케이션의 수단으로서 선수와 관객, 기업과 소비자 등 다양한 주체별로 서로 소통할 수 있는 특징을 말한다. 마지막으로 대중성은 특정 소수가 아닌 대중 지향적이고 보편적인 행사를 통해 다수가 참여하거나 관람할 수 있는 특성을 제시한다.

(2) 스포츠 이벤트의 필요성과 효과

스포츠 이벤트는 개인적으로는 즐거움을 추구하고 새로운 가치관과 삶의 활력을 도모할 수 있기 위해 기획, 실행된다. 기업입장에선 고객과의 커뮤니케이션 수단으로 활용하고자 한다. 또한 지역사회의 이미지를 개선하고 발전시킬 수 있고, 더 나아가 산업발전과 국제 교류 활성화의 목적을 지닌다.

스포츠 이벤트의 필요성을 살펴보면 우선 여가 만족을 통한 삶의 질을 향상시킬 수 있다. 또한 개인의 신체적·정신적·사회적인 성장과 발달을 도모하고, 청소년들과 소외계층에게 건전하고 양질의 스포츠 프로그램을 제공할 수 있다. 지역사회를 보다 살기 좋은 공간으로 조성할 수 있고, 궁극적으로 지역사회의 경제적 부가가치를 창출할 수 있을 것으로 기대한다.

스포츠 이벤트의 긍정적인 효과로는 경제적, 사회적, 문화적, 환경적 효과가 있다. 즉, 스포츠 이벤트를 통해 관광객이 유치되고, 소득 증대, 고용창출 등을 통해 궁극적으로 산업이 발전될 수 있는 여건을 조성할 수 있다. 또한 국민적인 통합과 국제교류 증진에 도움이 되고, 문화수준을 높이고 시민의식을 향상시킬 수 있는 효과를 창출한다. 스포츠 이벤트 개최를 통해 기반시설이 정비되고, 편의시설이 확충되는 건설 및 인프라 투자에도 긍정적인 효과를 기대할 수 있다.

반면, 대형스포츠 이벤트 개최를 위해 예산을 과다하게 투자하거나 무리한 시설공사를 통해 환경이 파괴되는 부정적인 결과를 낳기도 한다. 이외에도 물가상승, 부동산 투기현상, 정치적인 이용수단으로서의 변질, 노동력 착취, 교통 혼잡, 행정력의 과다 소모 등 폐해가 잇따를 수도 있다.

💬 여기서 잠깐!

┃ 경제성 분석

스포츠 이벤트를 개최하기 전에 경제성이 있느냐 혹은 없느냐를 미리 분석하는 것은 시행착오를 줄이거나 개최 명분을 확보하는데 의미가 있다. 이를 위해 가장 중요한 요인은 비용과 편익이다. 구체적으로 살펴보면 다음과 같다.

일반적인 스포츠 이벤트의 비용 구조를 구분하면 다음과 같다.

① 건설비용
② 대회운영비용
③ 사후시설 운영비용

첫째, 건설비용은 스포츠 이벤트를 치르기 위한 경기장 신축 혹은 기존 경기장의 개·보수비용을 뜻한다. 스포츠 이벤트 개최비용에서 가장 큰 부분을 차지한다. 둘째, 대회운영비용은 개·폐회식 비용, 조직위원회 운영비용, 마케팅 홍보비용, 자원봉사 운영비용 등 각종 대회를 치르기 위한 준비비와 경기운영에 관련된 수송비, 직접운영비 등을 일컫는다. 마지막으로 사후시설 운영비용은 스포츠 이벤트를 치르고 난 후, 투입될 경기장 시설에 대한 운영 및 관리비용이다.

스포츠 이벤트 개최에 따라 직접편익과 간접편익으로 구분할 수 있다.

① 직접편익
② 간접편익

첫째, 직접편익은 스포츠 이벤트를 통해 직접적인 수입에 해당된다. 선수등록비, 기업 스폰서비, 경기장 시설 및 훈련시설 임대비, 부대시설 운영에 따른 수입 등이 있다. 둘째, 간접편익은 시장에서 형성된 가격이 아닌 비시장재화로서의 가치를 추정한 편익이다. 일반적으로 올림픽, 월드컵과 같은 대형스포츠 이벤트가 개최된 지역주민은 자부심, 커뮤니티 형성, 정서적 안정감 등 심리적 요인이 높아진다고 알려져 있다.

간접편익 추정방법은 대표적으로 조건부 가치평가법(CVM, Contingent Valuation Method)이 있다. 이는 시장에 실제로 존재하지는 않지만, 존재하는 것처럼 가정한 후 해당 스포츠 이벤트를 위해 금액을 지불할 의사가 있는지, 있다면 얼마를 지불할 수 있는지 등을 소비자에게 설문을 통해 비용을 추정하는 것이다.

위에서 언급한 비용과 편익으로 **편익/비용비율분석(B/C, Benefit/Cost Ratio)**을 산출할 수 있다. 즉, A 스포츠 이벤트를 개최하기 위해 사전에 경제성을 분석할 때 예상비용이 10억 원, 직접편익이 7억 원, 간접편익이 3억 2천만 원이면 B/C는 1.03으로 의미가 있다고 평가할 수 있다.

$$\frac{편익}{비용} = \frac{7 + 3.2}{10} = 1.03$$

이외에도 9장에서 살펴본 순현재가치법(NPV)을 통해 순편익에서 순비용의 값이 0(zero)이 넘으면 경제적 의미가 있다고 평가할 수 있다. 또한 내부수익률(IRR) 분석을 통해 총현재가치편익과 총현재가치비용을 동일하게 하여 내부수익률(IRR)이 사회적 할인율(%)보다 높게 나타나면 경제적 의미가 있다고 평가해서 스포츠 이벤트 개최를 추진할 수 있다.

▌ 경제적 파급효과

경제성 분석 못지않게 경제적 파급효과를 파악하는 것도 매우 중요하다. 스포츠 이벤트 개최기간 동안 외래 방문객이 소비하는 지출액이 지역경제에 투입되어 스포츠 이벤트와 관련된 산업에 영향을 주고, 더불어 다른 산업에도 영향을 미친다는 개념이다.

스포츠 이벤트와 관련한 소비영역을 통해 1차 효과와 2차 효과로 구분할 수 있다.

① 1차 효과
② 2차 효과

첫째, 1차 효과는 개최지역에 머무는 동안 숙박비, 식·음료비, 유흥비, 교통비, 쇼핑비 등의 소비영역은 스포츠 이벤트 관련 산업 자체의 수입이 되므로 직접효과를 뜻한다. 둘째, 2차 효과는 수입의 일부가 식자재, 공산품 등을 구입하는 소비영역으로 확장되어 다른 산업에 파급되는 간접효과를 포함한다. 또한 이런 과정이 반복되면서 연쇄파급효과(riffle effects)를 발생시켜 종사원 급여로 지출될 수도 있고, 이 소득은 생필품, 전자제품, 문화서비스, 차량, 주택 구매로 이어지는데 이를 유발효과라 한다. 즉, 간접효과와 유발효과를 합쳐서 2차 효과라 한다.

이러한 1, 2차 효과를 분석하기 위해 한국은행에서 발표하는 산업연관분석표 혹은 지역산업연관분석표를 활용한다. 산업연관분석은 미국 하버드 대학교의 W. Leontief(1936) 교수가 창시한 산업연관모델에 기초한 방법이다.

산업연관분석을 이용하고 경제적 파급효과를 나타내는 계수는 다음과 같다.

① 생산유발효과
② 부가가치 유발효과
③ 고용(취업)창출 효과

첫째, 생산유발효과는 스포츠 이벤트 관련 산업에 직접적 혹은 간접적으로 영향을 주는 생산 활동 과정에서 도출된다. 둘째, 부가가치 유발효과는 소비와 투자 등 최종수요가 발생할 때 산출이 유발되는 과정에서 도출된다. 마지막으로 고용(취업)창출 효과는 최종수요가 발생하면 다시 노동수요를 유발하는 과정에서 도출된다. 고용은 임금근로자만 해당하고, 취업은 임금근로자, 자영업자, 무급가족종사자를 모두 포함하는 점에서 다르다.

국내에선 아직까지 스포츠 이벤트 관련 산업을 정의한 분류체계가 없어 방문객 지출패턴에 따른 산업연관표를 대비할 때 통상 다음 항목을 사용한다.

표 10-1 산업연관표(404 기본항목)

지출항목	산업연관표(404 기본항목)
숙박비	숙박업(332)
식음료비	음식점업(331)
관광교통비	여행사(345), 철도여객운송(333), 도로여객운송(335), 항공운송(339)
쇼핑비	소매업(330)
유흥비 (문화오락서비스)	문화서비스(388-389), 영화/연극(390-391), 운동 및 경기관련 서비스(392), 기타오락서비스(393), 세탁 및 이미용(398-399)

산업연관분석에 대해 보다 자세히 살펴보면 다음과 같다. **산업연관분석**(inter-industry analysis) 혹은 투입산출분석(input-out analysis)은 국민경제 내에서 수많은 재화와 서비스의 생산 및 거래활동을 통해 이루어지는 산업간 상호연관관계를 수량적으로 분석하는 방법을 말한다. 산업연관분석은 소득이 발생하는 생산과정에 주목한다. 이는 산업부문 간의 기술적인 상호의존관계를 각각의 산업단계별로 포착하여 국민경제에 영향을 주는 여러 가지 파급효과를 분석할 수 있다.

국민경제는 두 가지 측면이 있다. 첫째, **소득순환**이 있다. 이는 소득의 발생으로부터 분배와 처분과정을 거쳐 다시 다음의 생산과정으로 환류되어 가는 과정을 뜻한다. 둘째, **사업간 생산물순환**이 있다. 이는 생산부문 상호간의 재화와 서비스의 거래를 나타낸다. 국민소득계정에서는 제외되지만 산업간 연관관계를 파악하는 데는 중요한 개념이다.

결론적으로 산업연관분석은 최종수요에 의한 생산, 소득, 고용 등의 파급효과를 산업부문별로 각각 분석할 수 있다. 이를 토대로 경제정책을 수립하고 산업구조의 방향을 설정하거나 조정을 통해 정책효과에 대한 측정을 할 수 있다.

앞서 언급한 산업연관분석을 이용하고 경제적 파급효과를 나타내는 계수로서 생산유발효과, 부가가치 유발효과, 고용창출 효과를 구체적으로 살펴보면 다음과 같다.

첫째, **생산유발계수**는 최종수요가 1단위 증가할 때 이를 충족하기 위해 각 산업부문에서 직·간접적으로 유발되는 산출단위를 도출하는 과정에서 역행렬을 이용한다. 이를 역행렬계수라고도 부르는 이유다. 최종수요를 독립적으로 추정하여 그에 대응하는 생산유발 수준을 측정할 수 있게 된다. 한 나라의 경제가 n개의 산업부문으로 구성되어 있다고 가정하면 생산자가격평가표는 다음과 같은 관계식으로 산출할 수 있다.

$$X_{11} + X_{12} + \cdots\cdots + X_{1j} + \cdots\cdots + X_{1n} + Y_1 - M_1 = X_1$$
$$\vdots \quad\quad \vdots \quad\quad\quad \vdots \quad\quad\quad \vdots \quad\quad \vdots \quad \vdots \quad \vdots$$
$$X_{i1} + X_{i2} + \cdots\cdots + X_{ij} + \cdots\cdots + X_{in} + Y_i - M_i = X_i$$
$$\vdots \quad\quad \vdots \quad\quad\quad \vdots \quad\quad\quad \vdots \quad\quad \vdots \quad \vdots \quad \vdots$$
$$X_{n1} + X_{n2} + \cdots\cdots + X_{nj} + \cdots\cdots + X_{nn} + Y_n - M_n = X_n$$

X$_{ij}$: j부문에 사용되는 i재 투입액

X$_i$: i부문의 산출액

X$_j$: j부문의 산출액

Y$_i$: i부문의 최종 수요액

M$_i$: i부문의 수입액

위에 제시한 방정식을 행렬(matrix)형식으로 표현하면 다음과 같다.

$$\begin{bmatrix} a_{11} & a_{12} & \cdots & a_{1j} & \cdots & a_{1n} \\ \vdots & \vdots & \cdots & \vdots & \cdots & \vdots \\ a_{i1} & a_{i2} & \cdots & a_{ij} & \cdots & a_{\in} \\ \vdots & & & & & \vdots \\ a_{n1} & a_{n2} & \cdots & a_{nj} & \cdots & a_{nn} \end{bmatrix} \begin{bmatrix} X_1 \\ \vdots \\ X_j \\ \vdots \\ X_n \end{bmatrix} + \begin{bmatrix} Y_1 \\ \vdots \\ Y_i \\ \vdots \\ Y_n \end{bmatrix} - \begin{bmatrix} M_1 \\ \vdots \\ M_i \\ \vdots \\ M_n \end{bmatrix} = \begin{bmatrix} X_1 \\ \vdots \\ X_i \\ \vdots \\ X_n \end{bmatrix}$$

AX + Y −M = X   A: 투입계수행렬

X: 총산출액 백터

Y: 최종수요백터

M: 수입액백터

X − AX = Y − M   (I−A)−1: 생산유발계수행렬

(I−A)X = Y − M

X = (I−A)−1(Y−M)

둘째, **부가가치 유발계수**가 있다. 이는 최종수요의 발생이 부가가치 창출의 원천이 된다. 즉, 1단위의 최종수요에 의해 유발되는 직·간접적인 산출단위인 생산유발계수행렬의 각 열에 본원적 생산요소 투입계수의 행을 곱함으로써 본원적 생산요소 단위를 구할 수 있다.

- 부가가치벡터를 V, 부가가치계수의 대각행렬을 $\widehat{A}^v$라고 하면, V = $\widehat{A}^v X$의 관계가 성립한다. 여기에 생산유발관계식인 $X = (I - A^d)^{-1} Y^d$를 대입하면 $V = \widehat{A}^v (I - A^d)^{-1} Y^d$가 도출된다.

- 이 식에서 $\widehat{A}^v (I - A^d)^{-1}$를 부가가치유발계수행렬이라고 한다. 이를 이용하여 최종수요(Y^d)가 주어지면 그것으로부터 유발되는 부가가치액을 구할 수 있다.

마지막으로 **취업 유발계수**가 있다. 최종수요 발생이 생산을 유발하고 다시 생산은 노동수요를 일으키는 파급 메커니즘에 기초한다. 생산활동이 노동수요에 미치는 영향과 그 변동요인 등의 계측이 가능하다. 취업 유발계수를 산출하기 위해 먼저 일정기간 동안 생산활동에 투입된 산업별 노동량을 산업별 총산출액으로 나눈 취업계수(1i=Li/Xi, 1i;i산업부문의 취업계수, Li;i산업부문의 노동투입량(인원), Xi;i산업부문의 총산출액)를 계산해야 한다.

- 최종수요와 생산액 간의 관계식인 $X = (I-A^d)^{-1} Y^d$의 양변에 취업계수의 대각행렬 ($\hat{\iota} = L/X$)를 곱하면 $L = \hat{\iota}(I-A^d)^{-1} Y^d$가 성립한다.
- 최종수요(Y^d)가 외생변수로 주어졌을 때 이를 충족하기 위해 필요한 노동량을 구할 수 있다.

▌ 올림픽 유산(legacy) II

본서 2장에 이어 올림픽 유산에 대해 추가 기술한다. 세계적인 스포츠 이벤트인 올림픽이 끝나면 많을 것을 남긴다. 국제올림픽위원회(IOC) 헌장 제2조 제14항에도 "올림픽 대회가 개최 도시와 개최국에 긍정적 유산을 남기도록 장려한다."라고 명시돼 있다. 올림픽 유산이라 일컫는 LEGACY를 5가지로 유형으로 분류했다.

① 스포츠
② 사회
③ 환경
④ 도시
⑤ 경제

첫째, 스포츠 유산은 올림픽 유산에서 가장 기본이 된다. 프랑스 남작 Pierre de Coubertin(1863~1937)의 노력으로 마지막 고대 올림픽이었던 393년 이후 1500여년 만에 올림픽 부흥운동을 시작하여 1896년 제1회 근대올림픽이 시작돼 오늘날에 이르고 있다. 2018년 평창동계올림픽에선 올림픽 첫 남북단일팀(여자 아이스하키)이 구성돼 한반도 평화의 상징을 대표하게 됐다.

둘째, 사회 유산은 올림픽을 통해 사회 전반적인 긍정적 변화의 물결과 연관된다. 스포츠는 사회의 반영이라 할 수 있다. 세계 각국의 많은 선수들이 자신과의 싸움과 도전을 이어가는 장면을 생생한 영상을 통해 전 세계인들이 느낀다. 이를 통해 교육적 기능, 오락적 기능, 사회성 함양의 기능, 사회 통합의 기능을 기대한다. 2018년 평창동계올림픽은 평화올림픽이란 수식어가 따라 붙었다.

셋째, 환경 유산은 스포츠와 환경의 상생을 의미한다. 최근 올림픽의 기조는 그린 올림픽, 저탄소 올림픽 등 환경 올림픽을 표방하고 있지만, 뜻대로 되지 않는 것이 문제로 작용한다. 2016년 리우하계올림픽도 친환경 올림픽으로 좋은 평가를 받았지만, 방치돼 있는 경기장 사후관리의 문제점이 드러나고 있다. 2018년 평창동계올림픽도 알파인 경기가 개최됐던 정선 가리왕산의 훼손으로 심각한 후유증을 낳고 있다.

———— 올림픽의 명과 암

넷째, 도시 유산은 올림픽 개최를 계기로 확장된 기반시설과 연관된다. 교통 인프라 투자와 시설은 궁극적으로 개최지 시민에게 혜택을 준다. 단, 앞서 언급한 경기장 신축이 나날이 대규모, 최첨단화가 되면서 투입비용에 대한 우려가 현실이 되고 있다. 물론 도시를 전 세계인에게 알리는 브랜딩 효과는 매우 크다. 올림픽 개최지로서의 명성을 유지하기 위해선 도시 유산을 어떻게 관리해야 외부 방문객의 재방문으로 이루어질 수 있는지에 대한 매력적인 프로그램을 강구해야 한다.

마지막으로 경제 유산은 공교롭게 가장 심각한 영역이 됐다. 조(兆) 단위의 적자 올림픽이 되면서 많은 국가와 도시에서 개최를 꺼려하게 됐다. 도시 브랜드를 알리는 효과보다 과도한 투자와 사후관리의 어려움에 따른 부정적 효과가 크게 된 것이다. 개최지 선정에 경쟁을 했던 분위기가 사라지자, IOC의 고민도 커졌다. 올림픽 사업을 유지하기 위한 방안으로 최근에는 올림픽 개최 7년 전에 개최지를 선정했던 규정을 깨고, 2024년 파리와 2028년 LA로 하계올림픽 개최지를 동시에 발표했다. 또한 인근 국가의 도시끼리 공동 개최하는 방안도 제시하고 있다. 마치 '2002년 한·일 월드컵'처럼 말이다. 앞으로 올림픽의 향방이 주목된다.

(3) 스포츠 이벤트의 기획과 실행

스포츠 이벤트를 개발, 설계, 유치를 할 때 고려사항을 살펴보면 다음과 같다. 우선 스포츠 개발을 위해선 지역의 특성과 이벤트와 지역 간의 적합성을 고려해야 한다. 지역규모에 비해 지나치게 대형이벤트 유치를 통해 재정적 부담으로 갈 수도 있고, 지역이미지와 어울리지 않은 지역 단체장의 공약에 맞춰 무리하게 추진되기도 한다. 이는 지역경제에 악영향을 불러올 수도 있다. 또한 철저한 고객 인식도 조사를 통해 수요가 충분할 것인지, 이벤트를 통해 경제적 파급효과가 있는지 등을 고려해야 한다.

그림 10-1 **스포츠 이벤트의 개발, 설계 및 유치 단계**

스포츠 이벤트 설계를 위해 고려해야 할 요인은 우선 선수와 시설이 고려할 대상이다. 관람스포츠면 직접 경기를 치르는 선수가 중요하다. 즉, 국제 대회에서 해외 선수단의 초청 문제가 원활하게 해결되는지의 문제는 해당 종목 연맹 혹은 협회 역량을 미리 고려해야 한다. 참여스포츠면 프로그램을 소화할 강사를 섭외하고 관리하는 문제에 대해 살펴봐야 한다. 또한 해당 시설과 장비를 갖춘 경기장 혹은 교육장소는 스포츠 이벤트 설계에 매우 중요한 요소가 된다.

더불어 소비할 고객의 선호도를 미리 살펴보면 좋다. 고객 인식도를 알게 되면 시행착오를 줄이고, 고객이 원하는 요인을 이벤트 기간 동안 제시할 수 있다. 이를 통해 단편적인 이벤트가 아니라 지속적으로 개최가 가능한 이벤트의 생명력을 연장할 수 있다. 또한 기업 스폰서가 참여할 수 있을지도 고려해야 한다. 스포츠 이벤트의 흥행요소는 선수, 미디어, 스폰서라 할 수 있다. 즉, 스폰서의 참여는 미디어가 관건이다. 직접 중계가 어려운 행사라 할지라도 다채로운 홍보방식에 대해 공감을 이룰 수 있다면 기업의 관심을 유도할 수 있다.

마지막으로 스포츠 이벤트의 유치단계를 검토한다. 이를 요약하자면, 계획의 적합성, 재무적 건전성, 사회적 공감성이라 할 수 있다.

① 계획의 적합성
② 재무적 건전성
③ 사회적 공감성

첫째, 계획은 기본계획, 실행계획, 관리계획으로 분류할 수 있다. 기본계획을 통해 전반적인 사항을 제대로 점검을 하고, 가능성이 있는지를 살펴봐야 한다. 실행계획을 통해 구체적인 인적구성, 예산집행, 행사 매뉴얼 등이 도출되어야 한다. 관리계획을 통해 사후 앞으로 어떻게 운영 및 관리할지, 안전사고에 대해선 대처방안이 잘 수립됐는지 등을 정리해야 한다.

둘째, 무엇보다 민감한 이슈인 예산집행의 계획과 실제 집행 간의 괴리가 있는지 등을 꼼꼼하게 살펴봐야 한다. 예산수립 계획이 잘못되다 보면 이벤트 준비기간 중에 뜻하지 않은 예산이 소모될 수 있다.

마지막으로 프로그램은 다수가 공감할 수 있는 영역으로 확대돼야 한다. 특정인 혹은 단체만 선호하는 스포츠 이벤트는 흥행을 담보할 수 없기 때문이다. 다시 말해 많은 사람들이 이해하기 쉽고, 동참할 수 있는 프로그램을 통해 시장(market)이 형성돼야 만이 스포츠 이벤트의 확장성을 기대할 수 있다. 지속 가능한 이벤트가 될 수 있느냐의 문제는 매우 중요한 과제이다.

🗨 여기서 잠깐!

▍스포츠이벤트 공감

광주유니버시아드 개막식 ────

유니버시아드(Universiade) 경기대회는 세계의 대학생끼리 우호와 친선을 도모할 목적으로 국제대학스포츠연맹(FISU, International University Sports Federation)이 2년마다 주최하는 세계적인 대학운동경기이다. 대학(University)과 올림피아드(Olympiade)의 합성어로 1928년 파리에서 처음 개최되어 세계대전으로 한 때 중단됐다가 1947년부터 다시 개최되면서 오늘에 이르기까지 유구한 역사를 갖고 있다.

2015년 광주광역시에서 개최된 하계유니버시아드 대회는 성공적이란 평가를 받는다. 하지만 272개의 메달을 놓고 치열한 경쟁을 통해 한국이 종합 1위를 했다는 사실은 잘 알려져 있지 않다. 대회에 대한 긍정적인 평가는 예산절감을 통해 성공적으로 치렀다는 부분이다. 당초 정부에서 승인한 예산이 8,171억 원인데 1,999억 원을 절감해 6,172억 원(국비 2,026억 원, 시비 3,491억 원, 자체수입 655억 원)으로 개최했다. 저비용 고효율 대회에 대한 국민과 여론의 관심이 크다는 것을 반증한다.

2020 도쿄 하계올림픽(2021년 개최) ────

최근 연이어 공감을 받지 못한 메가스포츠 이벤트가 있다. 공교롭게 우리와 이웃한 나라들에서 펼쳐진 행사다. 첫째, 2020 도쿄 하계올림픽이다. 코로나 19 팬데믹 영향으로 1년 미뤄져 치른 대회로서 말도 많고 탈도 많았다. 개인과 사회에 엄청난 피해가 확실한 상황에서 개최취소에 대한 압도적인 여론을 무시하고, 개최를 강행했다. 일본정부는 2011년 동일본대지진으로 붕괴된 후쿠시마 원전의 참상과 심각성을 감추는 데 급급했고, 이를 올림픽 개최란 카드로 끝까지 밀어 붙인 것이다. 세계 여론은 팬데믹으로 인한 취소 이전에 방사능 이슈에 따른 보이콧 움직임도 있었다. 이와 같이 공감을 불러일으키지 못한 대회로서 불명예를 갖게 됐다. 이를 부추긴 주체는 다름 아닌 IOC도 한 몫을 했다. 눈앞에 보이는 이윤을 저버리지 못해 일본정부의 개취의지에 힘을 불어 넣은 것이다.

둘째, 2022 베이징 동계올림픽이다. 팬데믹 확산이 주춤하지 않아 철저한 통제를 토대로 올림픽을 개최했다. 이 대회는 올림픽 정신을 무색하게 하는 여러 편파 판정이 발생했다. 여론의 비난에도 굴하지 않고, 좋은 성적만 얻으면 된다는 주최국의 수준 낮은 인식을 드러낸 것이다. 여기서도 강력한 제재 이슈를 꺼내들어야 하는 IOC의 소극적인 태도에 많은 사람들이 실망했다. 더

———— 2022 베이징 동계올림픽

군다나 우리 고유 역사를 동북공정이란 이슈를 부각해 역사왜곡을 일삼는 행위를 서슴지 않았다. 소수 민족의 복식을 표현한다며 개막식 때 한복을 입은 공연자를 버젓이 내세우며 큰 나라의 면모는 자치를 감추게 된 것이다. 이 대회 또한 공감을 불러일으키지 않은 대회로서 자취를 남긴 셈이다.

🗨 여기서 잠깐!

▎전국체육대회의 전통종목

전국체육대회는 1920년 조선체육회 주최로 '전조선야구대회'를 시작으로 오늘에 이르고 있다. 일제강점 때 조선총독부가 조선체육회를 강제로 해체시켜 몇 년 간 치르지 못했지만 해방되자마자 제26회 대회가 1945년에 개최됐다. 한국전쟁 발발로 다시 취소됐다가 제32회 대회가 전시 중인데도 불구하고 1951년 당시 전남 광주에서 개최될 정도로 열의가 대단했다. 2019년 서울대회가 100회째다.

전국체육대회는 두 가지 측면의 성과를 가져왔다. 1970년대 중반 이후 매해 다른 지역에서 개최하게 되면서 지역 불균형을 해소하는 역할을 했다. 체육시설과 도로를 정비하게 했고, 지역주민 동참을 유도하여 인식을 높이는 계기가 됐다. 또한 오늘날 스포츠 강국으로 발돋움

할 수 있는 환경을 마련했다는 점에서 의의를 찾을 수 있다. 전국체육대회를 통해 국제적인 선수로 나아갈 수 있는 전초전의 역할을 했다.

무엇보다 전국체육대회의 특징은 하계올림픽 종목을 포함해서 우리 고유의 전통종목인 국궁, 씨름 등도 정식종목으로 채택한다는 점이다. 또한 최근 '택견'도 시범종목으로 채택되면서 다양한 가능성을 선보이고 있다. 특히 구한말 택견기술의 마지막 전승자인 송덕기(宋德基, 1893~1987) 선생의 지도가 한국사회에 뿌리를 내려 명맥을 유지하고 있다는 점에서 의의가 크다.

——— 택견

삼국시대 국력 증강 차원에서 고구려의 수박(手搏)이 백제와 신라로 전파되고, 이를 계승해 고려에선 수박희(手搏戲)로서 보다 발전된 형태로 무예와 유희적 기능을 포함했다고 알려져 있다. 이러한 역사적 맥락에서 수박이 택견일 수 있다는 가능성을 추정하고 있다. 조선조 22대 정조 때 이만영이 지은 재물보(才物譜)에 "卞 手搏爲卞 角力爲武 若今之 탁견", 즉 "변 수박은 변이요, 각력은 곧 무이다. 지금에는 이것을 탁견이라 한다."라고 기록돼 있다. 특히 '탁견'이란 한글 표기로 그 가능성이 더 커졌다.

일제 강점기 때 숱한 탄압으로 우리 고유 무예인 택견이 급격하게 쇠퇴하였다가 송덕기 선생의 제자 신한승에 의해 1983년 국가중요무형문화재 제76호로 지정되고, 1985년 역사적인 택견경기 대회를 개최하기에 이른다. 이 대회에 참여한 3개 단체 결련택견협회(서울), 한국 택견협회(충주), 대한택견회(부산)는 1987년 송덕기와 신한승의 같은 해 타계로 분열이 가속돼 아직도 첨예한 이견(異見)을 보이고 있다.

——— 격구

택견 외에도 말을 타고 기예를 부리는 마상재, 말을 타며 필드하키를 하는 격구 등 무예에 가까운 전통종목을 잘 살려 우리 고유의 문화를 유지하고 계승시키는 노력이 필요하다. 향후 남과 북의 교류와 화합을 통해 전국체육대회를 확장하여 어김없이 매해 가을에 찾아오는 '코리아 스포츠 이벤트' 상품을 전 세계인에게 선보일 수도 있다. 이러한 측면에서 전 세계 어디에서도 볼 수 없는 올림픽 종목과 전통종목의 조합, 유구한 역

——— 마상재

사, 대형스포츠 이벤트를 개최한 노하우, 평화 이미지 등 매력적인 스포츠 이벤트를 창출할 수 있는 유산을 후대가 잘 이어가야 할 것이다.

▎매년 개최될 수 있는 스포츠 이벤트

앞서 언급한 전국체육대회는 매년 개최된다. 매년 지역을 번갈아가며 다양한 종목을 소화한다는 것 자체가 쉬운 일이 아니다. 그만큼 행정력과 경기운영 노하우가 뒷받침된다는 뜻이다. 기초자치단체의 타이틀로 개최되지만, 광역자치단체를 필두로 인근 시 · 군의 체육시설을 활용한다. 즉, 지역 브랜드를 알림과 동시에 큰 돈 들이지 않고, 대회의 취지를 이어가겠다는 의지가 담겨 있다.

4년마다 개최되는 올림픽과 월드컵은 대륙별로 옮겨 다니며 흥행을 이어가고 있지만, 주수익원인 방송중계권과 기업 스폰서십은 IOC와 FIFA의 몫이다. 입장권과 부대시설 수익 정도가 개최지 수익 몫으로 돌아가기 때문에 적자란 평가가 나오는 것이다. 2020년 도쿄, 2024년 파리, 2028년 LA 등 하계올림픽 개최지인 경우 기존에 개최했던 경험과 시설이 있기 때문에 신축비용보다 개 · 보수비용으로 치를 수 있어 향후 선진국 참여를 유도하는 방안이 될 수도 있다.

——— 보스턴 마라톤 대회

그럼에도 불구하고 많은 선진사회에선 한 번 치르고 나서 후유증이 큰 대형스포츠 이벤트보다 매년 특정한 시기에 정해진 장소에서 개최되는 국제스포츠 이벤트를 선호한다. 스포츠 관광을 위한 매력적인 공간과 시간을 창출한다는 면에서 의미가 있다. 보스턴 마라톤 대회는 제1회 근대올림픽 개최 다음해인 1897년에 시작돼 120년 이상의 역사를 자랑한다. 매년 4월이면 어김없이 전 세계가 주목하는 이벤트가 된다. 1947년 서윤복 선수가 우승, 1950년엔 함기룡, 송길윤, 최윤칠 선수가 1～3위를 차지했고, 2001년엔 이봉주 선수가 우승했던 대회로 한국선수와도 인연이 깊

——— 투르드프랑스 대회

다. 2013년 끔찍한 거리 테러로 몸살을 앓았지만, 극복하고 다시 세계 최대 마라톤 대회의 역사를 이어가고 있다.

단일종목으로도 흥행을 이어가고, 세계 최고의 브랜드를 확보할 수 있다. 역사가 길수록 많은 선수들로부터 기록이 쏟아지고, 도전과 열정의 시·공간을 주도적으로 창출할 수 있다.

▌스포츠 도시의 등장과 발전

스포츠 도시는 1980년대 미국에서 스포츠를 통한 도시 공동화를 해소할 목적으로 논의가 시작됐다. 대표적인 도시로 인디애나 폴리스, 디트로이트, 클리블랜드 등이 있다. 1990년대에 들어서는 영국에서 도시 재건의 목적으로 스포츠 도시에 대한 관심이 높아졌다. 셰필드, 버밍엄, 맨체스터 등의 도시가 과거에 성장했던 제조업이 쇠퇴해 가는 과정 속에 스포츠 산업을 통한 지역의 새로운 바람을 불러 일으키고자 했다. 2000년대 이후에 호주의 멜버른과 시드니, 스페인의 바르셀로나는 글로벌 도시의 브랜드화를 위해 스포츠 도시의 개념을 적극 도입했다. 국제적인 관광 목적지로서 도시 전략의 일환으로 차용한 것이다. 우리나라도 스포츠를 통한 지역 균형발전을 위해 공공 스포츠의 인프라를 확충하고 노후시설을 개선하기 위한 정책을 펼치고 있다. 지역특화 스포츠 도식 육성, 지역특화 스포츠 신산업 육성 등을 통해 종목과 프로그램으로 특화할 수 있는 지자체 선정으로 예산을 지원하고 있다. 예를 들어 2015년 제천시(힐링 레포츠), 순천시(STO-TOUR), 영월군(레포츠), 청주시(힐링투어), 2016년 전주시(드론축구), 고성군(바이크 어드벤처), 청송군(아이스 클라이밍), 2017년 예천군(활 테마), 삼척시(치어업), 2018년 밀양시(요가), 기장군(야구), 보은군(육상), 2019년 양평군(바이크 파크), 평창군(동계올림픽유산), 하동군(드론스포츠), 2020년 부산 수영구(해양스포츠), 부여군(카누), 2021년 영덕군(풋볼트립), 포항시(해양스포츠), 고창군(숲스포츠), 2022년 울주군(트레일페스타), 부안군(해양스포츠), 신안군(스포츠축제), 단양군(수상스포츠) 등으로 이어지고 있다(전북연구원, 2022.7.19., 재인용).

일정기간 동안 지자체 예산 매칭으로 지원을 하고, 자생적으로 성장할 수 있는 환경을 마련하는 데 주안점을 두고 있다. 즉, 지속적으로 지역을 특화할 수 있는 파생상품의 개발은 지자체의 의지와 노력, 지역예산의 확보, 시·군민의 관심도와 지지도 제고, 산·관·학 시스템의 상호 간 신뢰와 노력 등에 따라 달라질 것이다.

▌레저스포츠와 관광의 결합은 왜 매력적일까?

스포츠 관광의 기원과 진화

스포츠 관광(sports tourism)의 기원은 어디까지 거슬러 올라갈 수 있을까? 길가메시로 유명한 수메르인의 메소포타미아 지역이나 나일 유역에서 발현한 이집트 문명에서도 끊임없는 신체활동과 스포츠 경쟁이 있었다. 우승자를 기리는 여러 행사를 보기 위해 많은 사람들이 찾았다. 기원전 776년에 처음으로 개최된 고대 올림피아 제전을 통해 흥행을 위한 기획을 엿볼 수 있다. 이 외에도 델피신전에서 개최된 피티아 제전, 코린토스의 포세이돈 신전에서 열렸던 이스트미아 제전을 비롯해 네미아 제전도 있었다.

올림피아 제전은 근대 올림픽의 전신으로 현대 유통 혁명을 이뤘다는 평가를 받고 있다. 최근 개최 비용의 부담으로 유통장소로 선뜻 나서는 국가(도시)가 줄어들고 있지만, 대륙을 이동하며 전 세계 소비자에게 상품(올림픽)을 판매하면서도 관세를 물지 않는 매력적인 스포츠 상품이다. 현대사회로 오면서 올림픽은 세계적인 스포츠 관광상품으로 거듭났지만 이외에도 사람들을 유혹하는 스포츠 콘텐츠는 다양하다. 코로나 19 이전까지만 해도 서핑이나 스노쿨링, 골프 등 레저스포츠를 즐기기 위해 해외 여행지를 찾는 관광객이 많았다. 코로나 19로 인해 하늘길이 막히자 스포츠를 여가로 즐기는 이들은 국내 여행지로 눈을 돌렸고, 이에 발맞춰 국내 지자체들은 지역 특성을 살려 스포츠와 관광을 결합한 콘텐츠를 발굴하기 위해 노력하고 있다.

이쯤에서 '스포츠 관광 5.0'이라는 개념에 주목할 필요가 있다. 현대의 스포츠 관광은 4.0에서 5.0 시장으로 나아가고 있다. 코로나 19로 시름하고 있을 때 세계적인 경영 · 마케팅 학자인 필립 코틀러는 시장 5.0(market 5.0)의 도래 시기가 앞당겨졌다고 했다. 제품 위주의 마케팅을 요구했던 시장 1.0에서 소비자 중심의 마케팅이 필요한 시장 2.0을 통해 독점이 어렵다는 사실을 알게 됐다. 다수의 목소리에 귀를 기울이는 과정이 필수가 되면서 가치를 중시하는 인간 중심 마케팅의 시장 3.0을 맞이하고, 디지털 경제가 급속하게 확대되면서 시장 4.0도 익숙해졌다. 고객을 지적으로(1.0), 정서적으로(2.0), 정신적으로(3.0) 자극하며 온 · 오프라인의 통합시장(4.0)을 거쳐 모든 구성 요건을 기술(기계)에 의해 해결하고자 하는 5.0 시장이 됐다. 이는 바이러스 팬데믹으로 인한 침체를 극복하는 과정에서 보다 빨라진 것이다.

레저 스포츠와 관광의 조합

왜 레저 스포츠와 관광의 조합이 잠재력이 있는 콘텐츠일까? 첫째, 스포츠 유인물 관광(sports tourism attractions)이다. 말 그대로 매력적인 스포츠 상품을 소비하기 위해 방문하게 하는 것이다. 지역관광은 여태껏 특산물과 같은 먹을거리와 천혜의 자연환경을 즐기는 데 초점을 두었다. 계절별로 내세울 수 있는 산해진미는 그야말로 일품이다. 게다가 박물관, 역사관 투어도 필수코스다. 여기까지는 스토리텔링(story-telling)에 익숙한 시장이다. 즉, 여행의 가치(3.0)을 높이기 위해 방문객의 니즈(2.0)를 적극 반영하여 제품(1.0) 소비를 유도하기 위한 마케팅을 펼쳤다.

여기에 스포츠를 더한다면 어떤 현상이 일어날까. 바로 능동적 스포츠 관광(active sports tourism)이 이뤄진다. 소비자가 스포츠에 직접 참여하기 위한 관광을 뜻한다. 명산대천에서 트래킹과 골프를 즐기거나 서핑과 스킨스쿠버다이빙을 직접 하기 위해 바다에 찾아가는 것이다. 앞서 설명한 지역관광의 테마와 같이 신체적 접촉이 미비한 수동적 관광과는 상반된 개념이다. 즉, 지자체에서 이야기를 만드는 것이 아니다. 소비자가 직접 이야기를 끌어가기 위해 체험의 폭을 확대하는 스토리두잉(story-doing)이 된다. 스포츠 리조트 관광, 스포츠 크루즈 관광 등과 같이 주최 측에서 큰 예산을 수반해야 하는 무거운 영역을 의식하지 않아도 된다. 현대 올림픽의 개최는 경제적 · 사회적 부담을 벗어나기 위해 개최 명분(평화, 환경, 인권 등)이 확실하지 않으면 시민들로부터 지지를 받지 못할 수 있다. 다시 말해 레저 스포츠는 태생적으로 지역이 갖는 자연환경의 이점만을 고려하더라도 승산이 있는 영역으로서, 관료사회에서 내세우는 지나친 명분과도 거리가 있다. 클릭 하나로 지구 반대편의 일상을 알 수 있듯, 생소했던 팔도강산 구석구석을 알릴 수 있기에 물리적 거리를 단 한 번에 극복(4.0, 5.0 시장)할 수 있다.

스포츠 관광 목적지(sports tourism destination)로 거듭나기만 한다면 유형과 무형의 스포츠 관광 유인물을 통해 방문객의 필요를 위해 존재하는 곳이 됨으로써 폭발적인 관광 경험을 유도할 수 있지 않을까. 레저 스포츠와 관광의 시너지를 주목하는 이유다.

출처: 문개성(2022.12.). 레저 스포츠와 관광의 결합은 왜 매력적일까. 국민체육진흥공단 KSPO 스포츠매거진 12월호.

이러한 스포츠 이벤트의 기획과 실행 단계를 살펴보면 다음과 같다. 첫째, 기획단계로서 도입단계에 해당된다. 앞서 설명한 기본계획 및 실행계획을 수립하는 단계로서 상황을 분석하고 해결해야 할 과제를 발굴할 수 있어야 한다. 또한 이벤트 개최에 대한 목적과 콘셉트를 설정하는 단계로서 중요하다.

기본계획을 수립할 시에는 주최, 주관, 협찬, 후원, 행사일정 및 장소, 내용, 예산 등의 개괄적인 내용을 포함해야 한다. 또한 세부계획을 수립할 시에는 분야별 행사에 대해 구체적인 내용이 포함돼야 한다. 예를 들면 주요행사,

부대행사, 의전행사, 조직구성 및 부서별 역할, 개인별 역할, 세부예산 집행 계획 등을 포함한다. 기본계획을 수립한 후에 구체적인 사안이 도출되는 시점에서 기본계획을 근거로 세부계획을 수립한다.

둘째, 시행단계는 세부계획을 근거로 실시하는 단계이다. 이 단계에서는 관리계획을 통해 도출된 운영 매뉴얼을 근거로 시행한다. 애초에 계획됐던 대로 시행이 안됐을 시 대체안(B 플랜)을 가동해서 무리 없이 일을 처리하거나, 안전사고 발생 시 신속하게 대처하는 등의 주요사안이 포함된다.

마지막으로 평가단계는 평가 및 피드백을 통해 개선점을 찾고 적용할 수 있게 준비하는 단계이다. 스포츠 이벤트의 시행을 통해 단계별로 평가를 내려 문제점을 파악할 수 있다. 이러한 피드백을 통해 개선점을 보안하고, 이후 적용해야 한다. 지속적인 개최와 운영을 위해서 필수적인 단계라 할 수 있다.

그림 10-2 스포츠 이벤트의 기획과 실행단계

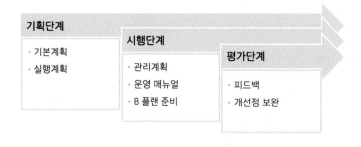

(4) 스포츠 계약 및 협상구조

스포츠 이벤트의 계약과 협상구조는 두 가지로 분류해서 이해할 수 있다. 첫째, 주최기관과 주관기관 사이의 2주체 계약구조다. 주최기관은 대회개최 권한과 예산을 갖고 있는 단체이다. 예를 들면 올림픽 대회를 주최하는 국제올림픽위원회(IOC), 월드컵 대회를 주최하는 국제축구연맹(FIFA) 등 각종 종목에 관한 대회개최 권한이 있는 연맹과 협회 등이 있고, 지역의 경제적·사회적 효과 등을 기대하며 행사를 개최하는 지자체 등이 있다.

　　주관기관은 대회와 행사를 진행하거나 특정종목을 운영하는 단체를 의미한다. 예를 들면 지자체 주최의 자전거 대회는 예산을 지원받고 운영하는 자전거 연맹이 주관기관이 된다.

그림 10-3　스포츠 계약 및 협상구조(2주체)

　　스포츠 이벤트 계약 및 협상구조에서 3주체는 주최기관, 기업, 대행사가 된다. 기업은 공식 스폰서로서 주최기관에 비용을 내고 권리를 획득한다. 대행사는 주최기관을 대행하여 대회 특성에 맞는 기업을 섭외하고 스폰서로 유도하는 역할을 한다. 궁극적으로 주최기관과 기업 사이에서 중간자적 위치에서 협상을 주도하고 계약을 체결하는 역할을 담당한다. 규모가 큰 행사일수록 전문 대행사의 역할을 필요로 한다.

그림 10-4　스포츠 계약 및 협상구조(3주체)

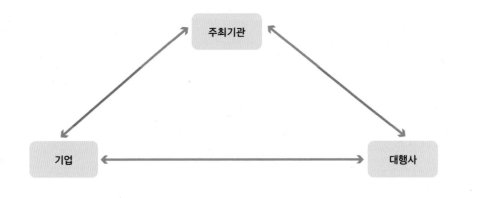

❷ 스포츠 신상품 개발

(1) 스포츠 신상품 개발의 절차

1장에서 살펴본 바와 같이 국내 스포츠산업특수분류 3.0에 따르면 스포츠 시설업, 스포츠 용품업, 스포츠 서비스업으로 분류하고 있다. 각 분야에서 누군가로부터 창출된 새로운 제품에 대해 거래가 가능한 상품화를 시키기 위해선 아이디어의 도출에서 끝나면 안 된다. 즉, 많은 사람들로부터 공감을 얻어내긴 위한 절차를 밟아야 한다.

예를 들어 특정 지역에 단 한 번도 시도하지 않았던 뉴스포츠(new sports) 종목을 가미해 이벤트를 만들어 한 차례 대회를 치를 수는 있겠지만, 지속적으로 개최하기 위해선 흥행이 뒤따라야 한다. 또한 건강증진 보조 운동프로그램을 상품화하기 위한 시도는 누구나 할 수 있지만, 실질적 효과를 입증해 판매를 높이는 것은 다른 차원의 문제이다.

새로운 스포츠 상품의 개발 절차는 다음과 같다.

① 정보 수집
② 아이디어 도출
③ 아이디어 선별
④ 개발 및 테스트
⑤ 포괄적 사업성 분석
⑥ 상품화

첫째, 정보 수집은 소비자의 욕구와 시장 환경의 변화를 파악하는 기초적인 단계이다. 이 시점에서 잠재적인 소비자가 필요로 하는 상품인지를 고려해야 한다. 종종 지방자치단체에서 지역경제 파급효과를 높이기 위해 매년 다른 성격의 대규모 행사를 유치하기 위한 노력을 한다. 자칫 대회를 주관하는 단체의 행정적 피로도와 자원봉사자 및 지역주민의 인식적 피로가 누적될 수 있다. 행사유치의 명분과 타당성을 사전에 검증하고, 소통하는 노력은 필수가 됐다.

둘째, 아이디어 도출은 상품화 가치가 있을 다양한 아이디어를 끄집어내는 단계이다.

셋째, 아이디어 선별은 상품화가 가능한 아이디어를 선택하는 단계이다. 다양한 아이디어 중에서 타당성 검증을 통해 선택을 하고 추진하게 된다. 경제성 분석과 정책적 분석이 어우러져야 하고, 무엇보다 상품을 소비하는 대상의 공감대를 유도해야 한다.

넷째, 개발 및 테스트는 개발 후 테스트를 거치는 단계이다. 스포츠 용품인 경우 일정기간 동안 시연을 해보는 것은 중요하다. 예를 들어 축구선수와 동호인들이 착용하는 스타킹엔 정강이를 보호하는 아대(guard or pad)를 넣는다. 매번 교정해야 하는 단점을 줄이고자 스타킹 안쪽에 주머니를 만들어 탈·부착형 용품을 학교 축구선수와 동호인을 통해 시연을 함으로써 본격적인 상품화가 이루어지기 전에 보완책을 마련할 수 있다.

마지막으로 포괄적 사업성 분석은 전체적으로 사업성 여부를 파악하는 단계이다. 새로운 상품에 대해 사업성이 있는지 혹은 투자대비 손익분기점에 도달하는 시기가 지나치게 늦춰지는지 등을 검토해야 한다. 마지막으로 상품화는 사업화 단계를 뜻한다.

(2) 스포츠 상품 개발 후 소비자 수용

여러 단계를 거치고 난 후, 상품화를 통해 시장에 첫 선을 보이는 스포츠 신상품의 성공여부는 정확히 알 수 없다. 시행착오를 줄이기 위해 면밀한 절차를 통해 사업화 단계에 신중하게 접근하는 것이다. 특히 아무리 성공을 낙관할 만한 상품화가 진행됐다고 해서 받아들이는 소비자가 어떻게 수용할지는 또 다른 차원의 문제이다. 호기심에 의해 한 차례 구매로 이어지게 할 수는 있어도 다시 구매하거나 주변인에게 긍정적으로 추천하게 하는 문제는 보다 더 중요하다.

스포츠 상품이 개발되고 난 후, 소비자는 다음과 같은 단계를 거치면서 수용한다.

① 인지
② 관심
③ 사용
④ 평가
⑤ 수용

첫째, 인지는 신제품에 대한 정보를 처음 알게 되는 단계이다. 둘째, 관심은 노출이 반복돼 관심을 유발하고 추가정보를 탐색하는 단계이다. 셋째, 사용은 구매 후에 사용하는 단계이다. 넷째, 평가는 새로운 제품의 욕구가 충족된 상태를 파악하고 태도를 형성하는 단계이다. 마지막으로 수용은 사용 혹은 평가 수용 여부를 파악하는 단계이다.

💬 여기서 잠깐!

▌ e-스포츠

국내 e-스포츠(e-sports, Electronics Sports)는 1999년 온게임넷이란 케이블 채널에서 프로게이머 코리아 오픈(Korea Game Player League)을 시작으로 본격화 되었다. 국내 e-스포츠 시장은 IMF(외환위기) 직후인 1998년부터 2010년까지 급성장을 이루었다. 특히 SK telecom, KT, SAMSUNG, CJ, LECAF, LG, 온게임넷, 하이트, STX, 동양, 위메이드, 웅진, MBC GAME, 화승 등 총 15개의 기업들이 e-스포

———— e-스포츠

츠 프로팀을 창단할 정도로 성장확대의 큰 몫을 담당했다. 2004년 부산 광안리에서 개최된 e-스포츠 결승전(종목: 스타크래프트)엔 10만 관중이 모일정도로 큰 가능성을 보여주었다.

e-스포츠의 인기는 2012년에 한국에서 새로운 종목(리그 오브 레전드)의 서비스로 다시 부흥의 계기를 마련했다. 특히 국내 리그를 벗어나 북미, 유럽, 중국, 대만, 동남아, 일본 등의 전 세계 리그로 진출하면서 '월드 챔피언십'이란 또 다른 파생상품을 통해 전 세계 e-스포츠 시장의 활성화에 견인했다.

이 이벤트의 규모를 살펴보면 미국 LA 갈렌 센터에서 열린 2012년 대회(우승팀: 대만 TPA)는 828만 명의 시청자를 기록하였고, 미국 LA 스테이플스 센터에서 개최된 2013년 대회(우승팀: 한국 SKT1)는 시청자 수가 3,200만 명으로 급증했다. 서울 상암 월드컵 경기장에서 개최된 2014년 대회(우승팀: 한국 SAMSUNG)는 시청자 수 2,700만 명, 전체 경기 누적 시청자 수가 2억 8,800만 명을 기록했다. 독일 메르세데스 벤츠 아레나에서 열린 2015년 대회(우승팀: 한국 SKT1)는 시청자 수 3,600만 명, 전체 경기 누적 시청자 수가 무려 3억 4,000만 명으로 집계되며 e-스포츠 게임 산업의 규모를 가늠할 수 있다(한가람, 2016).

향후 가상현실(Virtual Reality)과 증강현실(Augmented Reality)이 가미된 새로운 스포츠 경기 파생상품이 선보일 수도 있다. e-스포츠 경기 참가자와 관람 소비자는 동일한 시선이지만, 분리된 공간에서 생산과 소비가 이루어지고 있다. 즉, 전통적인 스포츠 경기처럼 선수는 주체이고, 관객은 객체이다. 하지만 앞으로 선수와 관객에게 동일한 체험을 선사하는 수준으로 발전할 수 있는 최첨단 기술은 관객도 경기 중간에 개입할 수 있고, 선수도 기량이 떨어지면 게임에서 빠져야 한다. e-스포츠 시장의 확대는 이를 기반으로 한 또 다른 차원의 신상품을 기대하는 이유다.

'2022 글로벌 e스포츠 및 라이브 스트리밍 시장 보고서'에 따르면 전 세계 e스포츠 관중이 5억 3,200만 명으로 추산했고, 2022년 말까지 약 13억 8000만 달러(한화 약 1조 8000억 원)의 수익을 창출할 것으로 내다봤다. 시청자 수는 이미 미국 프로야구(MLB), 농구(MBA), 아이스하키(NHL), 축구(MLS) 등을 이미 추월한 상태다. 코로나 19로 인해 비대면에 의해 치러지는 e스포츠 특성 상 스포츠 외에도 교육 및 인재육성 등의 다양한 영역에서의 가능성을 주시하고 있다. 현재까지 국제올림픽위원회(IOC)에선 e스포츠를 정식 스포츠로 인정하고 있지 않지만, 젊은 세대의 유입을 고려하더라도 적극 검토해야 한다는 의견도 있다. 2032년 하계올림픽에서 정식 종목으로 채택하는 방안을 논의하고 있다. 이에 앞서 2022년 중국 항저우 아시아경기대회(코로나 19로 1년 연기돼 2023년 9월 개최예정)에선 e스포츠가 정식 메달 종목으로 승격됐다(한국스포츠정책과학원, 2022.5.).

스포츠 제품의 관리

❶ 스포츠 생산품의 관리

(1) 생산관리 시스템

생산관리란 투입 후 산출을 의미한다. 원료, 재료, 반제품, 인력, 자금, 정보 등을 투입하게 되면 제품, 서비스, 편익 등이 산출된다. Henry Ford(1863~1947)는 20세기 초에 경영학의 아버지라 불리는 F. W. Taylor(1856~1915)의 과학적 관리법을 도입하여 컨베이어벨트와 같은 대량생산 시스템을 구축하며 3S를 제시했다.

① 표준화(standardization)
② 전문화(specialization)
③ 단순화(simplification)

첫째, 표준화는 부품의 호환성을 높이고 고장률을 낮추게 했다. 둘째, 전문화는 기계 및 공구를 전문화하여 생산당 원가를 낮추게 했다. 마지막으로 단순화는 최저 생산비를 통해 실현 가능한 단일제품에 집중함으로써 대량생산을 촉진시켰다. 이 시스템을 성공시킨 설비로 컨베이어벨트가 큰 역할을 했고 유명한 포드시스템이 됐다. 또한 당시 노동자의 임금을 높이는 계기가 됐지만, 작업자가 컨베이어벨트의 속도에 맞춰 작업속도를 강제함에 따라 인간성 말살이란 부정적 견해도 사회 전반에서 일어났다. 하지만 오늘날에도 저비용 고효율의 원리로 인식되고 있다.

대표적인 생산관리 시스템으로 PERT와 CPM이 있다. PERT(Program Evaluation

& Review Technique)는 작업순서와 진행상황을 한 눈에 파악할 수 있게 한다.

CPM(Critical Path Method)은 주공정선 방법을 통해 최적공사기간, 최소공사비용을 산출하는 공정관리기법이다.

그림 10-5 PERT

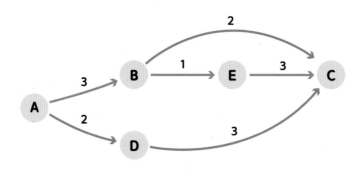

그림 10-6 CPM

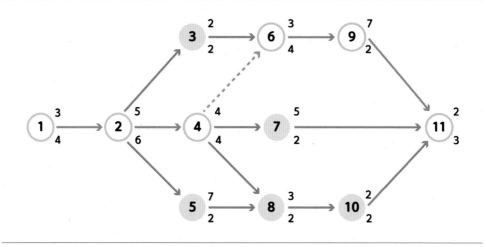

(2) 품질관리 시스템

품질관리란 제품이나 서비스를 생산할 때 사전에 확정한 품질 수준에 부합하도록 생산 활동을 관리하는 활동이다.

품질관리에 관한 용어를 살펴보면 품질관리에 통계를 활용하는 통계적 품질관리(SQC)가 있고, 조직 구성원 전원이 품질관리를 이해하고 노력해야 한다는 전사적 품질관리(TQC)가 있다. 또한 기업 활동의 전반적인 부분의 품질을 향상시키는 전사적 품질경영(TQM), 국제표준화기구에서 정한 품질관리보증과 관련한 ISO 9000, 고객과의 접점에서 진실하게 관리한다는 MOT(Moment of Truth) 등이 있다. 1장에서 제시했던 서비스의 특징과 품질척도를 다시 설명하면 다음과 같다.

① 무형성(intangibility)
② 비분리성(inseparability)
③ 이질성(heterogeneity)
④ 소멸성(perishability)

첫째, 무형성으로 눈에 보이거나 만질 수 없다. 둘째, 비분리성으로 생산과 동시에 소비가 되어 분리할 수 없다. 셋째, 이질성으로 무형적인 스포츠 서비스는 같을 수 없다. 마지막으로 소멸성으로 생산과 동시에 사라진다는 것을 의미한다.

대표적인 서비스 품질 특성을 분류한 Parasuraman, Zeithaml, & Berry(1988)는 서브퀄(SERVQUAL) 모형을 통해 5가지 차원으로 분류했다.

① 유형성(tangibles)
② 신뢰성(reliability)
③ 확신성(assurance)
④ 응답성(responsiveness)
⑤ 공감성(empathy)

첫째, 유형성은 물적요소의 외형, 시설, 장비, 직원 등 눈에 보이는 서비스 품질을 뜻한다. 둘째, 신뢰성은 고객과의 약속된 서비스 품질, 정확하게 이해하는 서비스 품질을 의미한다. 셋째, 확신성은 종업원의 지식, 태도, 안정성을 전달하는 서비스 품질이다. 넷째, 응답성은 고객에게 서비스를 제공하려는 의지에 관한 서비스 품질을 말한다. 마지막으로 공감성은 고객을 개별화시켜 이해하려는 노력에 관한 서비스 품질이다.

(3) 경영정보 시스템

경영정보 시스템(MIS)은 경영 내외의 관련 정보를 즉각적으로 대량으로 수집, 전달, 처리, 저장, 이용할 수 있다. 이 시스템을 설계하고 이용할 때 유의할 사항을 살펴보면 다음과 같다.

① 컴퓨터가 모든 것을 할 수 있다는 가정이 내포돼 있다.

② 경영자는 MIS의 운영과정을 이해할 필요가 없다는 가정이 내포돼 있다.

③ 의사소통이 많을수록 항상 경영성과를 높여준다는 가정이 내포돼 있다.

④ 경영자에게 모든 정보를 제공할수록 의사결정에 도움이 될 거라는 가정이 내포돼 있다.

⑤ 정보가 많을수록 항상 좋다는 가정이 내포돼 있다.

관련한 정보화 용어를 살펴보면 〈표 10-2〉과 같다.

표 10-2 정보화 용어

구분	내용
BSC	• Balanced Score Card • 조직 비전과 전략목표 실현을 위해 4가지(재무, 고객, 내부프로세스, 학습과 성장) 관점에서 성과지표를 도출하는 성과관리시스템
CRM	• Customer Relationship Management • 기업이 고객과 관련된 내외부 자료를 분석·통합해 고객중심 자원을 극대화하는 고객관계관리 방법

DSS	• Decision Support System • 최고경영자들이 의사결정을 체계적으로 내릴 수 있도록 관련 자료를 분석 · 의사결정 방향을 제공하는 컴퓨터 체계인 의사결정지원시스템
DBMS	• Database Management System • 컴퓨터에 수록된 자료들을 쉽고 빠르게 추가 · 수정 · 삭제할 수 있도록 해주는 데이터베이스관리시스템
EIS	• executive information system • 중역의 기업 경영을 돕기 위해 전산화된 시스템
ERP	• Enterprise Resources Planning • 기업 경쟁력을 강화시키는 역할을 하는 통합정보시스템인 전사적 자원관리 방법
ES	• Expert System • 특수한 의사결정을 위한 인간의 지능에 기초한 법칙에 따른 진보된 컴퓨터 프로그램 • 지식베이스, 실시단계, 사용자 인터페이스 등으로 구성
KMS	• Knowledge Management System • 조직 내 인적자원의 지식을 체계화하고 공유하는 지식관리시스템
MRP	• Material Requirement Planning • 생산될 제품의 부품 투입시점과 투입 양을 관리하기 위한 자재소요량계획시스템
RFID	• Radio Frequency Identification • 반도체 칩이 내장된 태그, 라벨, 카드 등의 저장된 데이터를 무선주파수를 이용해 비접촉으로 읽어내는 인식시스템
SCM	• Supply Chain Management • 제품의 생산과 유통 과정을 하나의 통합망으로 관리(공급망관리)하는 경영전략시스템
SIS	• Strategic Information System • 기업의 전략을 실현하여 경쟁우위를 확보하기 위한 목적으로 사용하는 전략정보시스템
TPS	• Transaction Processing System • 자재구입, 상품판매, 상품주문발송 등 거래와 관련된 데이터가 발생할 때마다 단말기에서 발신된 데이터를 수신 · 처리하여 결과를 즉시 보내주는 거래처리시스템

② 첼라두라이의 조직 유효성

스포츠 조직이 생산해 낸 제품을 성공적으로 관리하기 위해선 조직 구성원 관리가 매우 중요하다. 2장에서 언급한 것처럼 Chelladurai(1927~)는 스포츠 경영의 기능을 계획(planning), 조직(organizing), 통솔(leading), 평가(evaluation)로 제시했다. 특히 조직 전체가 성취한 일의 정도를 산정하는 것은 평가로서 매우 중요하다고 했다. 즉, 개인, 팀, 조직이 착수한 일에 대한 평가가 필요하다.

다른 조직과 달리 스포츠 팀의 성과는 바로 나타나기 때문에 조직 유효성 (organizational effectiveness)의 5가지 접근방법을 다음과 같이 제시했다(Chelladurai, 1985).

① 목표달성 접근법(goal-attainment approach)
② 자원기반 접근법(resource based approach)
③ 내부과정 접근법(internal process approach)
④ 이해관계자 접근법(constituency approach)
⑤ 경쟁가치 접근법(competing approach)

첫째, 목표달성 접근법은 스포츠 조직이 갖는 목표를 명확하게 정의를 내리고, 성과에 대해 반드시 측정해야 함을 의미한다. 둘째, 자원기반 접근법은 조직의 투입과 산출 측면에 초점을 맞춰야 함을 의미한다. 셋째, 내부과정 접근법은 조직 내부 구성원의 동기부여를 통해 활동에 초점을 맞춘다는 것을 의미한다. 넷째, 이해관계자 접근법은 조직 운영과 관리와 연관된 경영자, 하부직원, 고객, 주주, 지역사회 등의 만족 정도를 기준으로 평가하는 것을 의미한다. 마지막으로 경쟁가치 접근법은 조직 자체의 발전에 초점을 맞춘 것으로 조직의 유효성(flexibility)과 통제(control)와 관련된 조직 유효성 평가의 통합적인 틀을 제공함을 의미한다.

📟 여기서 잠깐!

▌혁신 유형

위험과 보상이 따르는 혁신은 다음과 같이 3가지 유형으로 분류할 수 있다(김성국 외, 2014).

① 점진적 혁신(incremental innovation): 기존 제품과 비즈니스의 프로세스를 단계별로 향상 시키는 혁신을 뜻한다. 비즈니스 모델 혹은 기술의 변화 중 하나를 지렛대로 활용하며 약 간의 변화를 기대한다. 세계의 글로벌 기업들이 각축을 벌이는 스마트폰 시장을 살펴보 면 약간의 혁신을 가미해 소비자들의 관심을 지속시키고 있다.

② 반급진적 혁신: 점진적인 혁신과 급진적인 혁신의 중간정도 수준의 변화를 기대한다. 비 즈니스 모델 변화와 기술의 변화 중 어느 하나의 지렛대에서 큰 변화가 이뤄졌어도 다른 분야는 약간의 변화가 일어난 경우가 많다.

③ 급진적 혁신(radical innovation): 새로운 제품과 서비스에 대해 완전한 변화를 기대한 다. 예를 들면 2007년에 첫 출시된 애플의 스마트폰에 대해 많은 전문가들조차 시장에 서 곧 사라질 제품과 서비스로 보았다. 하지만 전 세계의 생활양식을 바꿔버린 대표적 인 혁신의 아이콘이 됐다.

▌기업의 사회적 책임(CSR, corporate social responsibility)

CSR은 기업이 사회에 대한 경제적·법률적 의무를 포함하여 사회로부터 정당성을 인정 받을 수 있는 기업 활동을 의미한다. 기업의 사회적 책임은 다음과 같이 4가지로 분류할 수 있다.

① 경제적 책임(economic responsibility): 기업의 사회적 책임에서 가장 심혈을 기울여야 할 책임이다. 기업이 기본적인 경제단위인 것이다.

② 법적 책임(legal responsibility): 기업은 사회가 요구하는 법적 구조 내에서 경제적 임무 를 수행하는 책임이다.

③ 윤리적 책임(ethical responsibility): 기업은 사회의 구성원으로서 책임과 행동을 해야 한다.

④ 자선적 책임(philanthropic responsibility): 기업에게 개별적 판단이나 선택에 따른 자발 적 책임이다.

과제

1. 지역을 대표하는 스포츠 이벤트의 국내 성공사례를 찾아보시오.

2. 지역을 대표하는 스포츠 이벤트의 해외 성공사례를 찾아보시오.

3. 경영정보시스템을 도입한 국내외 스포츠 조직 사례를 찾아보시오.

스포츠 경영: 21세기 비즈니스 미래전략

제11장

스포츠 시설경영

SPORT MANAGEMENT

CONTENTS

제11장

스포츠 시설경영

제1절

스포츠 시설의 이해

❶ 체육시설의 정의와 구분

(1) 체육시설의 정의

체육시설의 정의는 학문적 정의와 법적 정의로 분류할 수 있다(문화체육관광부, 2021). 학문적 정의는 "효과적이며 보다 쾌적하고 안전한 운동 활동을 전제로 설치 관리되는 일정한 공간적 범위를 가지는 물적 환경"을 의미한다. 이는 광의적 개념과 협의적 개념으로 다시 분류 정의할 수 있다. "광의적 개념은 운동에 필요한 물적인 여러 가지 조건을 인공적으로 정비한 시설과 용기구 및 용품을 포함한 조형물이고, 협의적 개념은 운동학습을 위한 각종의 장소"를 뜻한다.

체육시설의 법적 정의는 "체육활동에 지속적으로 이용되는 시설과 그 부대시설"을 말한다. 「체육시설 설치·이용에 관한 법률」 제2조 제1호에 명시돼 있다. 또한 「국민체육진흥법」에 따라 "건전한 신체·정신 함양과 여가 선용을 목적으로 운동경기·야외운동 등의 신체활동에 지속적으로 이용되는 시설과 그 부대시설"이라 하였다.

(2) 체육시설의 구분

1989년에 제정된 「체육시설 설치·이용에 관한 법률」에 따르면 운동종목, 시설형태, 설치 및 운영주체에 따라 스포츠 시설의 종류를 분류할 수 있다.

① 운동종목에 따른 구분: 골프장, 골프연습장, 궁도장, 게이트볼장, 농구장, 당구장, 라켓볼장, 럭비풋볼장, 롤러스케이트장, 배구장, 배드민턴장, 벨로드롬, 볼링장, 봅슬레이장, 빙상장, 사격장, 세팍타크로장, 수상스키장, 수영장, 무도학원, 무도장, 스쿼시장, 스키장, 승마장, 썰매장, 씨름장, 아이스하키장, 야구장, 양궁장, 역도장, 에어로빅장, 요트장, 육상장, 자동차경주장, 조정장, 체력단련장, 체육도장, 체조장, 축구장, 카누장, 탁구장, 테니스장, 펜싱장, 하키장, 핸드볼장, 기타 국내 또는 국제적으로 행하여지는 운동종목의 시설로서 문화체육관광부장관이 정하는 것

② 시설형태에 따른 구분: 운동장, 체육관, 종합체육시설, 가상체험 체육시설

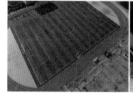   

| 운동장 | 체육관 | 종합체육시설 | 가상체험 체육시설 |

③ 설치 및 운영주체에 따른 구분: 공공체육시설, 민간체육시설, 학교체육시설

공공체육시설과 영리목적의 체육시설업으로 분류함에 따라 국가와 지방자치단체가 설치·운영해야 하는 공공성이 강조된 체육시설과 영리를 추구하는 목적의 민간체육을 의미한다. 2020년 말 기준 공공체육시설은 총 31,554개로 집계됐다. 간이운동장(마을체육시설) 23,834개(75.6%), 전천후게이트볼장 1,829개(58.0%), 체육관(구기체육관, 투기체육관, 생활체육관) 1,194개(37.8%), 축구장 1,064개(33.7%), 테니스장 832개(26.4%), 수영장 474개(15.0%), 야구장 332개(10.5%) 등의 순서로 나타났다(문화체육관광부, 2021b).

② 공공체육시설

(1) 전문체육시설

공공체육시설에서 대표적인 체육시설은 전문체육시설이다. 「체육시설 설치·이용에 관한 법률」 제5조에 따르면 "국가와 지방자치단체는 국내외 경기대회를 원활하게 개최하고, 선수훈련을 통해 경기기록을 향상시킬 수 있는 여건을 마련"해야 한다.

문화체육관광부 정부부처 '대한체육회'는 「국민체육진흥법」(1962년 제정)에 따라 설립된 기관으로 대표적인 스포츠 공익조직이다. 엘리트 선수의 육성과 국위 선양을 주 목적으로 결성된 조직의 미션은 아마추어 선수의 차질 없는 양성과 지원에 있다. 이를 위해 대한체육회 회원종목 총 81개(정회원 62, 준회원 6, 인정 13, 2021.11.4. 기준)의 단체는 17개 시·도 체육회와의 유기적 소통 하에 선수훈련과 경기개최의 업무를 소화하게 된다. 대표적으로 매년 10월에 개최되는 전국체육대회의 시설지원과 관리는 지방자치단체가 대통령령으로 정하는 범위에 따라 역할을 수행한다. 더불어 학교체육 활성화 지원, 공공스포츠클럽 육성, 체육활동 지원 등 다양한 분야의 체육사업을 담당한다.

대한체육회와 더불어 「국민체육진흥법」에 의거하여 설립된 대표적인 스포츠 공익기관은 '서울올림픽기념국민체육진흥공단'이 있다. 이 스포츠 조직은 경륜과 경정사업, 체육진흥투표권 사업(상품명: 스포츠토토) 등을 통해 기금을 조성하고 지원하는 역할을 한다. 서울올림픽 잉여금 등 3,512억 원을 기초 재원으로 출범한 이 기관은 1989년부터 현재까지 10조 원이 넘는 체육진흥사업 기금을 조성했다. 즉, 생활체육, 전문체육, 장애인체육, 국제체육 등 국비로 충당할 수 없는 체육관련 예산을 담당하는데 중추적 역할을 하고 있다. 2002년 월드컵 경기장 건설비용 지원(2,103억 원), 평창동계올림픽대회 시설비(1조 822억 원) 등을 포함하여 국제 경기대회를 위해 상당액의 기금을 지원한다.

「체육시설 설치·이용에 관한 법률」

(법 제5조) 국가와 지방자치단체는 국내·외 경기대회의 개최와 선수 훈련 등에 필요한 운동장이나 체육관 등 체육시설을 대통령령으로 정하는 바에 따라 설치·운영하여야 한다.
(시행령 제3조) 국가와 지방자치단체가 설치·운영하여야 하는 전문체육시설은 다음 각 호와 같다.
1. 시·도: 국제경기대회 및 전국 규모의 종합경기대회를 개최할 수 있는 체육시설
2. 시·군: 시·군 규모의 종합경기대회를 개최할 수 있는 체육시설

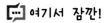 여기서 잠깐!

대한체육회 회원종목단체(2021.11.4. 기준)

표 11-1 대한체육회 회원종목단체(2021.11.4.기준)

구분	연번	단 체 명	연번	단 체 명
정회원 (61)	1	대한검도회	32	대한스키협회
	2	대한게이트볼협회	33	대한승마협회
	3	대한골프협회	34	대한씨름협회
	4	대한국학기공협회	35	대한아이스하키협회
	5	대한궁도협회	36	대한야구소프트볼협회
	6	대한그라운드골프협회	37	대한양궁협회
	7	대한근대5종연맹	38	대한에어로빅힙합협회
	8	대한민국농구협회	39	대한역도연맹
	9	대한당구연맹	40	대한요트협회
	10	대한민국댄스스포츠연맹	41	대한우슈협회
	11	대한럭비협회	42	대한유도회
	12	대한레슬링협회	43	대한육상연맹
	13	대한롤러스포츠연맹	44	대한자전거연맹
	14	대한루지경기연맹	45	대한조정협회
	15	대한바둑협회	46	대한민국족구협회
	16	대한바이애슬론연맹	47	대한민국줄넘기협회
	17	대한민국배구협회	48	대한철인3종협회
	18	대한배드민턴협회	49	대한체조협회
	19	대한보디빌딩협회	50	대한축구협회
	20	대한복싱협회	51	대한카누연맹
	21	대한볼링협회	52	대한컬링경기연맹
	22	대한봅슬레이 · 스켈레톤경기연맹	53	대한탁구협회
	23	대한빙상경기연맹	54	대한태권도협회
	24	대한사격연맹	55	대한택견회
	25	대한산악연맹	56	대한테니스협회
	26	대한세팍타크로협회	57	대한파크골프협회
	27	대한소프트테니스협회	58	대한패러글라이딩협회
	28	대한수상스키 · 웨이크보드	59	대한펜싱협회

		협회		
	29	대한수영연맹	60	대한하키협회
	30	대한수중·핀수영협회	61	대한합기도총협회
	31	대한스쿼시연맹	62	대한핸드볼협회
준회원 (6)	1	한국브리지협회	1	대한무에타이협회
	2	대한주짓수회	2	대한오리엔티어링연맹
	3	대한카라테연맹	3	대한요가회
	4	대한카바디협회	4	대한민국줄다리기협회
	5	대한킥복싱협회	5	대한치어리딩협회
	6	대한크라쉬연맹	6	대한테크볼협회
		인정단체 (13)	7	대한특공무술중앙회
			8	대한파워보트연맹
			9	대한민국플라잉디스크연맹
			10	대한플로어볼협회
			11	대한피구연맹
			12	대한한궁협회
			13	한국e스포츠협회

스포츠 시설 안전 법령

국내에서 시설물 안전관리에 관한 대표적인 법령은 「시설물의 안전 및 유지관리에 관한 특별법」이 있다. 이 법은 시설물의 구조적 안전성 및 사용성에 초점이 맞추어졌다. 총체적 부실이 드러났던 비극적 참사인 1995년 성수대교 붕괴사고 이후 1996년에 제정됐다. 이후 전부개정을 통해 2018년 1월 18일부터 시행에 들어갔다. 개정법률 제2조에 의하면 시설물 종류를 1종, 2종, 3종 시설물로 분류했고, 이 범위에 체육시설이 포함될 경우 법령의 대상으로 안전관리를 받도록 규정했다. 이 법에서의 점검은 정기점검, 정밀점검, 정밀안전진단으로 구분하여 실시되고 있다.

① 1종 시설물
- 21층 이상 또는 연면적 5만제곱미터 이상의 건축물, 연면적 3만제곱미터 이상의 철도역시설 및 관람장, 연면적 1만제곱미터 이상의 지하도상가로 명시돼 있다.
- **체육시설**: 기준에 부합한 수영장, 축구장, 테니스장, 생활체육시설, 구기체육관, 육상 경기장 등

② 2종 시설물

- 16층 이상의 공동주택, 연면적 3만제곱미터 이상의 건축물, 5천제곱미터 이상의 문화 및 집회시설, 종교시설, 판매시설, 운수시설 중 여객용 시설, 의료시설, 노유자시설, 수련시설, 운동시설, 숙박시설 중 관광숙박시설 및 관광휴게시설, 연면적 5천제곱미터 이상의 지하도 상가로 명시돼 있다.
- **체육시설:** 기준에 부합한 운동시설 등

③ 3종 시설물

- 안전관리가 필요한 소규모 시설
- **체육시설:** 기준에 부합한 소규모 시설

(2) 생활체육시설

생활체육시설은 앞서 언급한 '서울올림픽기념국민체육진흥공단'의 기금이 많이 투입되는 분야이다. 1991년부터 시행한 국민체육센터를 2018년 기준, 현재 전국 249개에 건립지원을 했다. 수영장, 실내체육시설 등 시민 누구나 활용할 수 있는 생활체육시설이다. 또한 2018년 현재 43개소의 국민체력인증센터를 통해 '국민체력 100' 체력인증프로그램 운영을 통해 국가가 공인한 국민체력인증검사(체력측정, 체력평가, 운동처방 등)를 실시하고 있다. 이외에도 전국 각 시·도의 생활체육시설(잔디, 우레탄 등 바닥시설 포함)을 지원한다.

「체육시설 설치·이용에 관한 법률」

(법 제6조) ① 국가와 지방자치단체는 국민이 거주지와 가까운 곳에서 쉽게 이용할 수 있는 생활체육시설을 대통령령으로 정하는 바에 따라 설치·운영하여야 한다.

② 생활체육시설을 운영하는 국가와 지방자치단체는 장애인이 생활체육시설을 쉽게 이용할 수 있도록 시설이나 기구를 마련하는 등의 필요한 시책을 강구

하여야 한다.

(시행령 제4조) 법 제6조에 따라 국가와 지방자치단체가 설치·운영하여야
하는 생활체육시설은 다음 각 호와 같다.

1. 시·군·구: 지역주민이 고루 이용할 수 있는 실내·외 체육시설
2. 읍·면·동: 지역주민이 고루 이용할 수 있는 실외체육시설

표 11-2 생활체육시설

업종	영업의 범위
스키장업	• 눈, 잔디, 그 밖에 천연 또는 인공 재료로 된 슬로프를 갖춘 스키장을 경영하는 업
썰매장업	• 눈, 잔디, 그 밖에 천연 또는 인공 재료로 된 슬로프를 갖춘 썰매장(「산림문화·휴양에 관한 법률」에 따라 조성된 자연휴양림 안의 썰매장은 제외한다)을 경영하는 업
요트장업	• 바람의 힘으로 추진되는 선박(보조추진장치로서 엔진을 부착한 선박을 포함한다)으로서 체육활동을 위한 선박을 갖춘 요트장을 경영하는 업
빙상장업	• 제빙시설을 갖춘 빙상장을 경영하는 업
종합체육시설업	• 신고 체육시설업 시설 중 실내수영장을 포함한 두 종류 이상의 체육시설을 같은 사람이 한 장소에 설치하여 하나의 단위 체육시설로 경영하는 업
체육도장업	• 문화체육관광부령으로 정하는 종목의 운동을 하는 체육도장을 경영하는 업 ※ 체육도장업의 운동종목(7종): 권투, 레슬링, 태권도, 유도, 검도, 우슈, 합기도
무도학원업	• 수강료 등을 받고 국제표준무도(볼룸댄스) 과정을 교습하는 업(「평생교육법」, 「노인복지법」, 그 밖에 다른 법률에 따라 허가·등록·신고 등을 마치고 교양강좌로 설치·운영하는 경우와 「학원의 설립·운영 및 과외교습에 관한 법률」에 따른 학원은 제외한다)
무도장업	• 입장료 등을 받고 국제표준무도(볼룸댄스)를 할 수 있는 장소를 제공하는 업
가상체험 체육시설업	• 정보처리 기술이나 기계장치를 이용한 가상의 운동경기 환경에서 실제 운동경기를 하는 것처럼 체험하는 시설 중 골프 또는 야구 종목의 운동이 가능한 시설을 경영하는 업
체육교습업	• 체육시설을 이용하는 자로부터 직접 이용료를 받고 다음 종목 중 하나에 해당하는 운동에 대해 13세 미만의 어린이 대상으로 30일 이상 교습행위를 제공하는 업(농구, 롤러스케이트, 배드민턴, 빙상, 수영, 야구, 줄넘기, 축구)
인공암벽장업	• 인공적으로 구조물을 설치하여 등반을 할 수 있는 인공암벽장을 경영하는 업

출처: 법제처. 체육시설의 설치·이용에 관한 법률 시행규칙. 생활체육시설의 설치기준

■ 여기서 잠깐!

▌스마트 경기장

2008년 베이징하계올림픽이 끝난 후 사후시설 관리 어려움의 대상인 경기장을 세계적 전자상거래 기업인 중국의 알리바바가 IT기술을 접목하기로 했다. 이를 위해 한화 1조 8천억 원 규모를 투자하기로 했다. 공공스포츠 시설과 민간 기술의 조합을 통해 새로운 시장을 형성할 수 있는 좋은 사례라 할 수 있다. 사후시설 활용도가 떨어진 대규모 시설을 방치하기보다는 최첨단 기술을 접목해 리모델링 작업으로 세련된 시설로 재탄생하는 것이다.

미국프로야구(MLB)의 샌프란시스코 자이언츠는 이미 PC와 모바일을 통해 가격 차별화 전략을 가미한 입장권 구매 서비스를 실시했다. 즉, 좌석위치, 구매시점, 요일, 날씨, 승률 등 다양한 요인을 넣고, 시장수요와 공급에 맞춰 다양한 가격대의 동적 가격 시스템(dynamic pricing system)을 적용했다. 국내도 2014년 kt위즈가 프로야구 10구단으로 선정된 후, 기업의 기술과 브랜드를 활용해 수원경기장을 kt위즈 파크(park)로 변모시켜 정보통신기술(ICT)을 도입해 새로운 서비스가 시작됐다. 지난 2018년 평창동계올림픽 때도 스마트 티켓을 활용할 정도로 보편화됐다.

이를 통해 코틀러와 그의 동료들이 얘기한 '마켓 4.0'에 적합한 새로운 차원의 서비스라 할 수 있다. 즉, 온라인과 오프라인의 통합 시장을 아우르는 기업의 전략이 된다. 경기장 이용고객의 행동패턴을 분석하고, 가장 편리한 서비스를 제공할 수 있는 맞춤형 방법이 제공된다. 스마트 티켓을 발매하고, 경기관람 중 필요한 식음료 제공 서비스를 미리 신청해 수령시간을 예약할 수도 있다. 저전력 블루투스 기술인 비컨(beacon)을 활용해 고객이 해당 장소에 지나칠 때 관

———— 스마트 서비스

련 정보를 알아서 제공해준다. 또한 팬 페이지 활용, 실시간 중계와 기록 제시 등 다양한 서비스를 제공할 수 있다. 이러한 고객관계관리(CRM)를 통해 팬을 지속적으로 관리할 수 있는 데이터로 활용한다.

(3) 직장체육시설

직장체육시설은 동법에 따라 직장의 장(長)이 직장인의 체육활동에 필요

한 체육시설을 설치하고 운영해야 한다. 특히 500명 이상의 상시 근무자가 있을 경우 의무로 한다.

「체육시설 설치·이용에 관한 법률」

(법 제7조) 직장의 장은 직장인의 체육활동에 필요한 체육시설을 설치·운영하여야 한다.

(시행령 제5조) 법 제7조 제1항에 따라 직장체육시설을 설치·운영하여야 하는 직장은 상시 근무하는 직장인이 500명 이상인 직장으로 한다.

(시행규칙 제4조 설치기준)

1. 「초·중등교육법」 및 「고등교육법」에 따른 학교
2. 체육시설의 설치·운영을 주된 업무로 하는 직장
3. 다음 각 목의 어느 하나에 해당하는 직장
   가. 인구과밀지역인 도심지에 위치하여 직장체육시설의 부지를 확보하기 어려운 직장
   나. 가까운 직장체육시설이나 그 밖의 체육시설을 항상 사용할 수 있는 직장
   다. 그 밖에 시·도지사가 직장체육시설을 설치할 수 없는 부득이한 사유가 있다고 인정하는 직장

③ 민간체육시설

「체육시설 설치·이용에 관한 법률」 제2조에 따르면 '영리를 목적으로 체육시설을 설치·경영하는 업(業)'을 체육시설업이라고 명시했다. 동법 제10조(체육시설업의 구분·종류)에 따르면 영리를 목적으로 하는 체육시설은 등록체육시설과 신고체육시설로 구분한다.

동법 시행령 제7조에 따르면 체육시설업의 세부종류는 회원제체육시설업과 대중체육시설업으로 분류한다. 회원제체육시설업은 회원을 모집해 운영하

는 체육시설업이고, 대중체육시설업은 회원을 모집하지 않고 경영하는 체육시설업을 의미한다.

2020년 말까지 등록된 등록 및 신고체육시설 업소수는 52,274개로 집계됐다. 우선 등록체육시설업인 골프장 514개(0.98%), 스키장 18개(0.03%), 자동차경주장 8개(0.02%)로 나타났다. 신고체육시설업은 당구장이 15,845개(30.31%)로 가장 많았으며, 체육도장 13,830개(26.46%), 체력단련장 9,574개(18.32%), 골프연습장 6,554개(12.54%), 가상체험체육시설업 3,762개(7.2%), 수영장 824개(1.58%), 무도학원 670개(1.28%) 등의 순서로 집계됐다(문화체육관광부, 2022).

(1) 등록체육시설

등록체육시설업을 골프장업, 스키장업, 자동차경주장업으로 분류한다. 상대적으로 규모가 큰 업종을 의미한다.

등록체육시설업(3종)	골프장업, 스키장업, 자동차경주장업

(2) 신고체육시설

신고체육시설업은 다음과 같이 분류한다. 체육시설업은 그 종류별 범위와 회원 모집, 시설 규모, 운영 형태에 따라 그 세부종류를 대통령령으로 정할 수 있다(2022.10.기준). 신고체육시설업은 시대적 트렌드와 수요에 따라 지속적으로 추가될 수 있다. 가상체험 체육시설업을 예로 들면 기존의 정형화된 체육시설을 벗어나 IT 기술과 스포츠 간의 융합과 복합의 흐름 속에서 새로운 차원의 스포츠가 가능한 시설이 됐다.

신고체육시설업(18종)	요트장업, 조정장업, 카누장업, 빙상장업, 승마장업, 종합체육시설업, 수영장업, 체육도장업, 골프연습장업, 체력단련장업, 당구장업, 썰매장업, 무도학원업, 무도장업, 야구장업, 가상체험 체육시설업, 체육교습업, 인공암벽장업

▌제3섹터 개발

　스포츠 시설의 **제3섹터 개발**은 민(民), 관(官)의 공동출자 개발 방식이다. 즉, 기업으로 대표되는 민간부문의 우수한 정보 · 기술을 정부, 지방자치단체, 체육단체 등으로 대표되는 공공부문에서 도입하는 개발사업이다.

　제3섹터의 장점은 공공부문의 예산을 절감할 수 있다. 민간부문의 자본, 기술, 정보를 통해 효과적인 개발이 가능하다. 반면 단점은 수익성을 우선적으로 추구하므로 공공성이 낮아질 가능성이 있다. 아무리 지역사회와 시민을 위하는 사업이라 할지라도 수익성이 보장이 안 되면 기업참여가 어려워지게 된다.

　이러한 스포츠 시설의 제3섹터 개발의 성공적인 추진을 위해 몇 가지 전제조건이 필요하다. 첫째, **관련 법령과 제도가 확립돼야** 한다. 둘째, **개발 대상사업의 엄격한 심사와 명확한 선별**을 해야 한다. 마지막으로 **사업타당성에 대한 철저한 분석과 검증**을 해야 한다.

제2절

스포츠 시설의 입지, 규모 및 배치

❶ 스포츠 시설의 입지

　지방자치단체가 설치 · 운영하는 공공체육시설과 개인이나 단체가 적법한 행정절차에 따라 설치 · 운영하는 등록 · 신고체육시설은 공공성과 수익성을 보장해야 한다. 이는 어느 곳에 설치하느냐의 문제와 직결된다. 즉, 지속적으로 운영하기 위해선 스포츠 소비자의 접근성과 관련돼 있다.

　스포츠 소비자는 참여형태에 따라 참여스포츠 소비자, 관람스포츠 소비자, 매체스포츠 소비자로 분류할 수 있다. 참여스포츠 소비자는 체육종목을 직접 배우기 위해 돈과 시간을 소비하는 1차 소비자로서 종합 스포츠 센터와 같은 강습장소를 쉽게 찾아갈 수 있기를 원한다. 건강과 유행에 관심이 높고 자신에 맞는 강습 프로그램을 찾고자 한다.

관람스포츠 소비자는 경기관람을 통해 간접적으로 스포츠 상품을 소비하는 2차 소비자이다. 경기장에서 자신이 선택한 스포츠 경기(상품)를 관람하기 위해 돈과 시간을 소비한다. 즉, 스포츠 시설을 쉽게 찾아갈 수 있는 접근성과 주차시설 및 부대시설의 편의성에 관심이 높다.

매체스포츠 소비자는 매체(media)를 통해 스포츠 콘텐츠를 소비한다. 이들은 직접 체육종목을 배우거나 경기장을 찾아 관람하는 행위를 선호하지는 않지만, 스포츠 단신을 검색하고 용품을 구매한다. 참여 혹은 관람 스포츠 소비자로 유도하기 위해선 매력적인 스포츠 시설과 접근성이 중요한 과제로 작용할 것이다.

스포츠 시설의 입지를 결정하는 문제는 새로운 스포츠 시설을 짓거나, 기존의 시설 중에서 매력적인 입지에 있는 시설을 찾기 위해서 매우 중요한 사안이다. 스포츠 시설의 입지를 선정하는 절차로서 우선적으로 고려해야 할 사안은 앞서 언급한 고객의 접근성과 더불어 주변의 경쟁적 요인이 있는지 살펴봐야 한다. 이는 수익성을 추구하는 민간체육시설뿐만 아니라 공공성을 추구하는 공공체육시설도 해당이 된다. 다시 말해 기본적 수익이 보장돼야 지속적인 운영이 되기 때문에 좋은 입지를 선정하기 위해선 경쟁업체 여부가 반드시

그림 11-1 스포츠 시설의 입지선정 절차

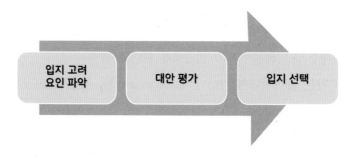

입지 고려 요인 파악 · 대안 평가 · 입지 선택

고려해야 할 사항이다. 이외에도 입지 주변의 소비여건과 인구통계학적 분석 등을 포함해 입지선정을 고려해야 한다. 이후 가중치이용법과 중력모델법 등을 활용해 대안을 평가한 후, 입지를 선택한다.

(1) 가중치 이용법

대표적인 스포츠 시설의 입지결정 기법으로 가중치 이용법(요인평가법)이 있다. 적합한 입지를 선정하기 위해 고려해야 할 요인들을 나열하고, 중요도에 따라 가중치를 부여한다. 가중치 이용법의 절차는 다음과 같다.

① 고려해야 할 입지요인을 정한다.
② 입지요인의 중요도에 가중치를 결정한다. 모든 가중치의 합은 1이 돼야 한다.
③ 각 입지의 요인점수를 부여한다.
④ 각 요인에 매겨진 요인점수와 가중치를 곱한다.
⑤ 가장 높은 점수의 입지를 선택한다.

▌ 가중치 이용법

(각 안의 요인 값×가중치) 값 중 가장 큰 값을 결정

• A입지: (가중치1×요인1) + (가중치2×요인2) + (가중치3×요인3)....
• B입지: (가중치1×요인1) + (가중치2×요인2) + (가중치3×요인3)....
• C입지: (가중치1×요인1) + (가중치2×요인2) + (가중치3×요인3)....
• D입지: (가중치1×요인1) + (가중치2×요인2) + (가중치3×요인3)....

📖 예제: 어느 지자체가 시민들이 이용할 수 있는 스포츠 센터를 건설하고자 한다. 이 공공체육시설의 입지를 고려해보니 4가지 대안 (A~D)이 나왔다. 가장 적합한 스포츠 센터의 입지는?

입지요인	가중치	A입지	B입지	C입지	D입지
시설물지대	0.5	80	70	85	90
상권형성	0.3	70	80	85	85
유동 및 거주인구	0.1	90	70	60	55
교통환경	0.15	80	70	60	60
노동환경	0.1	60	75	75	70
지역사회 태도	0.1	50	70	50	80

✎ 정답: 가장 큰 값을 나타낸 D입지가 가장 적합한 장소이다.

A입지 $= (0.5 \times 80) + (0.3 \times 70) + (0.1 \times 90) + (0.15 \times 80) + (0.1 \times 60) + (0.1 \times 50) = 93$

B입지 $= (0.5 \times 70) + (0.3 \times 80) + (0.1 \times 70) + (0.15 \times 70) + (0.1 \times 75) + (0.1 \times 70) = 91$

C입지 $= (0.5 \times 85) + (0.3 \times 85) + (0.1 \times 60) + (0.15 \times 60) + (0.1 \times 75) + (0.1 \times 50) = 95.5$

D입지 $= (0.5 \times 90) + (0.3 \times 85) + (0.1 \times 55) + (0.15 \times 60) + (0.1 \times 70) + (0.1 \times 80) = 100$

(2) 중력모델법

이용자와 시설 간의 거리에 따른 이용률은 반비례 관계이다. 즉, 여러 곳의 시설 입지가 확정됐다고 가정하면 다음과 같이 기본 가정을 두고 매력도를 측정할 수 있다.

① 시설의 매력도는 거리, 규모, 시간과 관련되어 있다.
② 거리가 늘어나면 이동하는데 필요한 비용도 증가한다.
③ 규모가 클수록 소비자를 더 많이 유인할 가능성이 커진다.
④ 규모가 작고 거리가 멀수록 매력도가 떨어진다.

■ 중력모델법

$$A = \frac{S}{T^\lambda} = \frac{규모}{시간^{영향정도}}$$

A: 매력도, T: 이동시간, S: 규모

λ : 이동시간이 소비자 참여에 미치는 영향 정도(보통 값은 2)

📖 예제: A씨는 자신이 거주하는 지역에 헬스장을 운영하고자 한다. 상업
지구에 임대 매물로 나온 장소를 찾아보니 4가지 대안(A~D)을
도출했다. 유동인구가 많은 지점을 기준으로 가장 매력도가 높은
헬스장의 입지는?

- A입지: 150평 규모, 15분 도보 거리
- B입지: 200평 규모, 20분 도보 거리
- C입지: 250평 규모, 25분 도보 거리
- D입지: 300평 규모, 30분 도보 거리

✎ 정답: A씨가 선택할 수 있는 입지는 매력도가 가장 높은 점수가 나온 A
입지이다.

A입지: $150/15^2 = 150/225 = 0.67$

B입지: $200/20^2 = 200/400 = 0.50$

C입지: $250/25^2 = 250/625 = 0.40$

D입지: $300/30^2 = 300/900 = 0.33$

❷ 스포츠 시설의 규모 및 배치

(1) 의사결정나무분석법

앞서 가중치 이용법과 중력모델법 등으로 적합한 스포츠 시설의 입지를
선정한 후, 규모와 배치를 분석해야 한다. 접근성을 고려해서 스포츠 시설의
입지를 선정했다면, 실질적인 수요예측과 밀접하게 작용할 스포츠 시설의 규

모와 시설내부의 배치를 파악하는 것이다.

의사결정나무분석법(Decision Tree)은 스포츠 시설의 규모를 평가하는 기법으로 활용할 수 있다. 말 그대로 나뭇가지처럼 도식화한 것이다. 의사결정나무를 통한 의사결정 단계는 다음과 같다.

① 문제를 정의한다.

② 의사결정 노드(node)와 상황발생 노드를 이용하여 의사결정나무를 그린다.

③ 각 상황의 발생 확률을 기록한다.

④ 가지의 마지막에 성과(payoff)를 기록한다.

⑤ 의사결정 노드를 만나면 현 상태를 유지하고, 상황발생 노드를 만나면 기대화폐가치(EMV, Expected Monetary Value)를 계산하여 기록한다.

⑥ 이 과정을 통해 최적 대안을 찾는다.

그림 11-2 의사결정나무 분석법 도식도

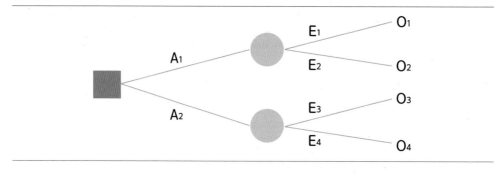

📖 예제: A 사업자가 가중치 이용법과 중력모델법을 통해 스포츠 센터 입지를 결정했다. 기존 상가 일부에 리모델링 후 스포츠 센터를 운영하기 위해 규모를 파악하기 위한 작업에 돌입했다. 인근 아파트 거주지와 상권을 분석한 결과, 수요가 많을 수도 있고 적을 수도 있는 확률이 각각 0.55와 0.5로 비슷하게 추정됐다. 스포츠 센터 규모를 지을 수 있

는 여건을 살펴보니 대형은 수요에 맞지 않고, 중형 혹은 소형 스포츠 센터 중에서 선택해야 한다. 스포츠 센터의 리모델링 비용을 추산해 본 결과, 자기자본을 제외한 추가 대출비용이 연간 중형 스포츠 센터는 4,000만 원, 소형 스포츠 센터는 3,000만 원이 필요했다. 만약, 중형 스포츠 센터를 지었을 때 연 순수익이 수요가 많을 때는 3,500만 원, 적을 때는 3,050만 원으로 추정했다. 또한 소극적인 홍보를 할 때는 동기간 순수익이 3,600만 원으로 소폭 상승하고, 적극적인 홍보를 할 때는 효과가 있을 때와 없을 때의 확률이 각각 0.7과 0.3으로 추정했다. 효과가 있을 때는 순수익은 3,950만 원이지만, 효과가 없을 때는 3,700만 원으로 소폭 상승될 것으로 예측했다. 반면, 소형 스포츠 센터를 지었을 때 수요가 많을 때는 3,100만 원, 적을 때는 2,850만 원으로 추정했다. 또한 소극적인 프로모션을 할 때는 3,150만 원이고, 적극적으로 홍보를 할 때는 효과가 있을 때와 없을 때를 각각 0.6과 0.4의 확률로 추정했다. 효과가 있을 때는 순수익이 3,300만 원이지만, 효과가 없을 때는 3,250만 원으로 예측했다. 위 조건을 바탕으로 의사결정나무 모형을 통해 A 사업자가 투자대비 추진할 수 있는 스포츠 센트의 규모를 분석하시오.

✎ 정답: 동일기간 동안 타인자본(대출) 투자대비 소형이 중형 스포츠 센터보다 유리하다.

- 중형 스포츠 센터
  ③: $(0.7 \times 3,950) + (0.3 \times 3,700) = 2,765 + 1,110 = 3,875$만 원
  ②: 3,875만 원 > 3,600만 원
  ①: $(0.55 \times 3,875) + (0.5 \times 3,050) = 2,131.25 + 1,525 = 3,656.25$만 원
  → $3,656.25 - 4,000 = \triangle\ 343.75$만 원
- 소형 스포츠 센터
  ⑥: $(0.6 \times 3,300) + (0.4 \times 3,250) = 1,980 + 1,300 = 3,280$만 원
  ⑤: 3,280만 원 > 3,150만 원
  ④: $(0.55 \times 3,280) + (0.5 \times 2,850) = 1,804 + 1,425 = 3,229$만 원

$\rightarrow 3,229-3,000=229$만 원

그림 11-3 의사결정나무 분석결과

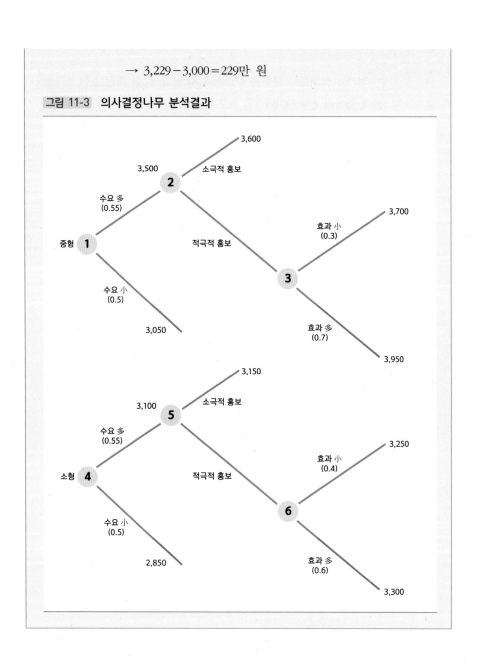

(2) 대기행렬이론

대기행렬이론은 역사적으로 가장 오래된 계량분석기법 중의 하나이다. 대기행렬의 개념은 물건을 구입하거나 열차표를 구매하기 위해 줄을 서서 서

비스를 받기 기다리는 행위를 떠올리면 된다.

　스포츠 시설의 입지와 규모가 결정되고 나면 원활한 서비스를 제공하기 위해 스포츠 시설운영 기획자는 고민해야 한다. 대기행렬 시스템의 가장 중요한 요소는 도착, 서비스 시설, 실제 대기행렬이다.

■ 대기행렬이론

① 시스템에 도착하여 서비스를 받기 위한 평균 대기시간	$T = \dfrac{\lambda}{\mu\,(\mu-\lambda)} = \dfrac{고객수}{처리능력(처리능력-고객수)}$
② 시스템에 도착하여 떠날 때까지 평균 소요시간	$T = \dfrac{1}{\mu-\lambda} = \dfrac{1}{처리능력-고객수}$
③ 시설이용률(%)	$\rho = \dfrac{\lambda}{\mu} = \dfrac{고객수}{처리능력}$
④ 시스템 내에 있는 평균 고객 수(명)	$N = \dfrac{\lambda^2}{\mu-\lambda} = \dfrac{고객수^2}{처리능력-고객수}$
⑤ 시스템 내에서 기다리는 평균 대기 고객 수(명)	$N = \dfrac{\lambda^2}{\mu\,(\mu-\lambda)} = \dfrac{고객수^2}{처리능력(처리능력-고객수)}$

λ: 단위시간당 도착하는 평균 고객 수. μ: 단위시간당 평균 서비스 처리능력

📖 예제: 도착률과 서비스율은 포아송 분포, 도착간격과 서비스 시간은 지수분포를 이룬다는 가정 하에 A 수영장의 어느 샤워부스에 시간당 평균 고객 수는 20명이고, 이 샤워부스의 시간당 평균 서비스 처리능력은 25명이다.
　① 고객이 샤워부스에 도착하여 샤워를 하기 위한 평균 대기시간은?
　② 고객이 샤워부스에 도착하여 샤워를 하고 떠날 때까지의 평균 소요시간은?
　③ 샤워부스의 이용률은?
　④ 샤워부스에 있는 평균 고객 수는?
　⑤ 샤워부스에서 기다리는 평균 대기 고객 수는?

✎ 정답: ① $20/25(25-20)=20/125=0.16$시간$=9.6$분

② $1/(25-20)=0.2$시간$=12$분

③ $20/25=0.8=80\%$

④ $20^2/(25-20)=400/5=80$명

⑤ $20^2/25(25-20)=400/125=3.2$명

제3절
스포츠 시설경영의 이해

❶ 스포츠 시설경영의 방법

(1) 직접경영

스포츠 시설경영은 직접경영과 간접경영으로 구분한다. 직접경영은 스포츠 시설의 소유자가 직접 시설을 관리하는 경우로서 주로 소규모 시설의 경영 형태이다. 시설경영을 위한 기획, 운영, 관리의 전반적인 사항을 직접 관장한다.

(2) 간접경영

스포츠 시설의 간접경영은 소유자 대신 남에게 시설을 관리하게 하는 경우를 뜻한다. 간접경영은 위탁경영과 임대경영으로 구분한다. 국내는 「체육시설의 설치·운영에 관한 법률」 제9조(체육시설의 위탁 운영)에 따르면 국가나 지방자치단체는 앞서 분류한 공공체육시설(전문체육시설, 생활체육시설, 직장체육시설)을 전문적 관리와 이용을 촉진하기 위하여 운영과 관리를 개인이나 단체에 위탁할 수 있다.

위탁경영은 직접경영에 비해 유지관리비용을 절감할 수 있다. 이는 경영의 전문성과 효율성을 높임으로써 불필요한 행정을 간소화하기 때문이다. 서비스 품질을 높이고 개장시간의 탄력적인 운영 등을 통해 시설 활용도를 제고함에 따라 고객만족을 높일 수 있다. 이를 통해 지역주민 간에 소통이 강화되고, 지속적으로 연대분위기를 조성할 수 있는 장점이 있다.

반면, 사고발생 시 책임소재가 불명확할 수 있다. 이를 방지하기 위해 지자체와 개인 혹은 단체와의 위·수탁 협약과 시설 운영권에 대한 양도 협약을 체결할 시 정확한 내용을 명기할 필요가 있다. 회원제 강화에 따라 서비스가 편중되는 경향이 있을 수 있다. 이는 수요자가 많은 프로그램으로 한정되면서 소수 종목을 배우고자 하는 기회를 박탈할 수 있기 때문에 위·수탁 내용에 특정종목을 의무화할 필요도 있다.

특히 지자체가 직장운동경기부 실업팀을 보다 활성화하고, 지역적 전통종목을 특화시키기 위해 설정하기도 한다. 또한 이윤이 창출되면서 이권개입등의 부정이 발생할 가능성도 있다. 공공체육시설 운영 자체에 부정적인 이미지가 지역주민에게 전달될 수 있어 정기적인 감시 시스템이 필요하다.

간접경영의 한 종류로서 임대경영 방식이 있다. 위탁경영에 비해 비교적짧은 기간 동안에 위·수탁을 하는 간접운영 형태이다.

💬 여기서 잠깐!

▎비영리법인을 활용한 공공스포츠클럽 운영

공공체육시설을 소유하는 지방자치단체는 앞서 언급한 것처럼 법에 근거하여 개인이나 단체에 위탁경영을 맡길 수 있다. 통상 비영리 법인형식을 갖춘 단체에 맡김으로써 법적 지위를 확보하고 정부지원의 근거를 마련한다. 또한 투명한 경영을 관리 감독하기 위해 각 시·도 체육회와 유기적 연관을 맺게 한다. 대표적으로 '비영리 사단법인'과 '사회적 협동조합'이 있다. 각각 '비영리민간단체 지원법'과 '협동조합 기본법'에 근거하여 총회, 이사회 개최 등의 의결 절차를 준수하고, 철저한 감사와 총회 보고에 따라 다수가 관리 감독하는 체계이다.

표 11-3 비영리사단법인과 사회적협동조합 비교

구분	비영리 사단법인	사회적 협동조합
법인격	• 비영리법인	• 비영리법인
설립주체	• 발기인(2인 이상)	• 발기인(5인 이상), 단 조합원이 2개 이상의 이해관계자로 구성되어야 함
기본재산 (출자금)	• 약 5천만원(시도별 차등) 　– 발기인의 기본재산 마련에 대한 제약조건은 없음	• 자본금 규모와 상관없이 설립 가능 　– 출자금의 최저 및 최고한도 없음 　– 1인이 전체 30% 이상 납입 불가
법정 적립금	• 적립 비율 등 규제가 없음	• 잉여금의 30%(자기자본의 3배까지)
기타	• 세재 혜택, 기부금 단체 지원 등 두 법인 혜택 동일	

표 11-4 스포츠 시설경영의 방법

구분			내용
직접경영			• 스포츠 시설의 소유자와 관리자가 동일
간접경영	위탁경영		• 스포츠 시설의 소유자와 관리자가 다른 간접경영 형태 • 국가 · 지자체는 개인이나 단체에 위탁경영 가능
		장점	• 유지관리비용 절감 • 시설활용도 제고 • 경영의 효율성 제고 • 행정 간소화 및 서비스 품질 제고 • 개장시간의 탄력적 운영 가능 • 지역주민 소통 강화, 지속적 연대분위기 조성
		단점	• 사고발생 시 책임소재 불명확 • 이권개입 등 부정 발생 가능성 • 회원제 강화에 따라 서비스 편중
	임대경영		• 위탁경영에 비해 비교적 단기간 간접운영 형태 　– 공공체육시설: 3~5년 정도, 민간체육시설: 1년 정도

② 스포츠 시설의 계약구조

「체육시설 설치·이용에 관한 법률」 제9조(체육시설의 위탁 운영)에 따르면 국가나 지방자치단체는 공공체육시설의 전문적 관리와 이용을 촉진하기 위해 필요하면 그 체육시설의 운영과 관리를 개인이나 단체에 위탁할 수 있다.

위탁(委託)이란 남에게 사물이나 사람의 책임을 맡긴다는 뜻이고, 수탁(受託)이란 다른 사람의 의뢰나 부탁을 받는다는 의미다. 즉, 스포츠 시설 위·수탁 협약은 시설을 관리하는 주체가 특정 객체에게 대신 시설의 운영과 관리를 맡기기 위해 제반사항을 협약하는 것이다.

특정한 양식과 내용이 정해져 있는 것은 아니지만, 통상 위탁시설 개요, 위탁기간, 책임과 의무이행 등을 명시한다. 예전처럼 '갑', '을' 관계로의 표시를 지양한다. 샘플을 통해 이해할 수 있다.

[샘플]
스포츠 시설 위·탁 표준협약서

○○○(이하 '지자체'라 한다)는 성공적인 스포츠 클럽 운영을 위하여 ***(체육시설명)를 ○○○(이하 '단체'라 한다)에 위탁함에 있어 다음과 같이 협약을 체결한다.

제1조(기본 원칙)
① '지자체'과 '단체'은 스포츠클럽 지원사업에 최종 선정될 경우 본 협약서의 내용을 신의성실의 원칙에 따라 이행하여야 한다.
② '지자체'과 '단체'은 본 협약서 이행에 있어서 관련법령과 조례, 규칙 등 관계규정에서 정한 사항을 성실히 이행하여야 한다.

제2조(목적)
① 본 협약은 스포츠클럽의 원활한 운영을 위한 체육시설을 확보함에 있어 '지자체'의 *** 시설을 '단체'에게 위탁함에 따른 필요한 사항을 정함을 목적으로 한다.

제3조(위탁시설 및 내용)

① '단체'가 사용하는 위탁시설의 기본 개요는 다음과 같다.

위탁시설 명	
소재지	
시설 면적	
이용 가능 종목	

② 위탁시설에 대한 구체적인 위탁 방식은 다음과 같다. (□ 체크표시)

    □ 운영 위탁: 해당 시설 내 공간 사용 및 종목 운영 위탁

    □ 관리 위탁: 운영 위탁과 더불어 시설 관리, 인력 운영 전반 위탁

③ 위탁시설 내 운영 가능 시간대는 다음과 같다. (□ 체크표시)

    □ 부분 사용: 종목 및 프로그램의 일부 시간대 사용

    □ 풀타임 사용: 위탁시설 내 시간 및 공간 100% 사용

프로그램 운영계획		기타 계약사항	
클럽 사용시간	운영종목	사용조건	지원사항

④ '지자체'는 '단체'에게 상기 거점시설 위탁을 통하여 스포츠클럽의 원활한 운영을 지원한다.

⑤ '단체'는 수탁한 상기 거점시설 사용을 관련 법령을 준수하여 성실한 사용 및 관리에 최선을 다하여야 한다.

⑥ '단체'는 스포츠클럽의 당초 취지에 부합한 지역 엘리트선수 육성, 다연령, 다수준, 다계층 프로그램을 발굴하여 스포츠를 통한 지역화합에 최선을 다하여야 한다.

제4조(위탁기간)

① 위탁기간은 다음과 같이 정한다.

– 20**년 **월 **일부터 20**년 **월 **일까지로 한다.

– 기존 계약이 남아 있는 경우, 기존 계약 만료일 이후부터 '지자체'와 '단체'가 정한 기간까지로 한다.

② 이 협약의 성실한 이행과 운영 실적이 인정될 경우 위탁기간 만료 전에 '지자체'와 '단체'의 협의에 의하여 연장할 수 있다.

제5조(수탁기관의 의무)

'단체'는 다음 각 호에 대하여 스포츠클럽 운영자로서의 역할을 성실히 수행하여야 한다.

① 양도받은 거점 체육시설의 성실한 사용 및 관리

② 지역 엘리트선수 육성

③ 지역민 대상 다연령, 다수준, 다계층을 위한 프로그램 개발

④ 지역 내 스포츠클럽 이용자의 적극적 모집 및 운영

⑤ 기타 스포츠클럽의 발전에 해당되는 사항

제6조(사용원칙)

① 본 체육시설은 국가나 ○○시, 대한체육회 및 해당 단체의 가맹단체 또는 회원단체 등이 주최하거나 주관하는 대회(행사)나 시설의 유지·관리 등에 지장이 없는 범위 내에서 사용할 수 있다.

② 본 체육시설은 정기 및 임시휴관에 따라 체육시설물 사용이 제한될 수 있다.

③ '단체'는 본 체육시설의 관리운영에 수반되는 관련법령과 조례, 규칙 등 관계규정에서 정한 사항을 성실히 이행하여야 한다.

제7조(사용료 또는 이용료)

① 시설사용에 대한 위·수탁 비용은 관련법 및 조례를 참고하여 '지자체'와 '단체'의 협의를 통해 정한다.

② 단, 본 시설을 이용하는 스포츠클럽의 원활한 운영을 위해 '지자체'는 위·수탁 비용 감면, 관리비 지원, 시설개보수 지원 등을 지원할 수 있다.

제8조(협약위반시의 책임과 의무이행)

① '단체'는 스포츠클럽 운영을 성실히 수행하지 아니하거나 본 협약을 위반한 경우 본 위탁을 해지할 수 있다.

② '단체'의 부득이한 사정으로 인해 스포츠클럽 운영이 곤란하다고 인정되는 경우에는 위탁 만료 전이라도 '지자체'에게 해지를 요청할 수 있다.

제9조(부당한 위탁취소의 금지)

① '지자체'는 위탁을 한 후 '단체'의 책임으로 돌릴 사유가 없음에도 불구하고 위탁을 임의로 취소하거나 변경하는 행위를 하여서는 아니 된다.

② '지자체'는 이 규정을 위반하여 발생한 '단체'의 손해에 대하여 배상책임을 진다.

제10조(협약해석 등)

① 본 협약서에 명시되지 아니한 사항이나 협약의 해석에 관하여 이의가 있을 경우 '지자체'의 의견에 따르되, 필요한 경우에는 법무법인에 자문을 의뢰한다.

본 협약서 체결을 입증하기 위하여 계약서 2통을 작성하며
'지자체'와 '단체'가 서명날인한 후 각각 1통씩 보관한다.

20○○년 ○월 ○일

'지자체' 주 소		'단체' 주 소
상 호		상 호
대표자	㉑	대표자

출처: 대한체육회 공공체육시설 공모안 참조

❸ 스포츠 시설의 경영전략

(1) 경영전략 유형

효과적으로 스포츠 시설을 경영하기 위해선 다양한 전략이 필요하다. 스포츠 시설의 경영전략 유형은 다음과 같이 분류할 수 있다.

① 차별화 전략

② 비용우위 전략

③ 집중화 전략

④ 세분화 전략

첫째, 차별화 전략은 경쟁자와 차이를 두기 위한 전략으로 프로그램, 서비

스, 접근성, 가격 등의 다양한 분야에서 적용할 수 있다. 둘째, 비용우위 전략은 차별화 전략 중에서 가격에 초점을 맞춘 것이다. 즉, 경쟁자에 비해서 낮은 가격으로 잠재적 고객을 유인할 수 있다. 이를 위해 스포츠 시설 경영 전반에서 비용을 절감할 수 있는 부분을 찾아야 한다. 셋째, 집중화 전략은 앞서 언급한 차별화 전략의 전반적인 사항 혹은 비용(원가)우위 전략에 보다 집중하는 전략을 뜻한다. 마지막으로 세분화 전략은 효과적으로 회원을 확보하고, 효율적인 관리를 위해 인구 통계적, 이용 특성별로 구분해서 전개하는 것이다.

(2) 프로그램 이용가격 전략 유형

스포츠 시설의 프로그램 가격 전략은 다음과 같이 분류할 수 있다.

① 초기고가전략(skimming pricing strategy)
② 초기저가전략(penetration pricing strategy)

첫째, 초기고가전략은 스키밍 전략 혹은 흡수가격전략이라고 한다. 이는 가격민감도가 낮은 고소득 소비자 층을 대상으로 출시 초기에 가격을 높게 책정하는 것을 의미한다. 구매감소가 시작되면 가격민감도가 높은 일반 소비자 층을 대상으로 가격을 인하하게 된다. 둘째, 초기저가전략은 페너트레이션 전략 혹은 시장침투가격전략이라고 한다. 이는 가격민감도가 높은 고객들을 대상으로 초기에 낮은 가격으로 책정을 하는 것을 뜻한다. 새로운 제품을 낮게 책정하여 빠른 속도로 시장에 침투하기 위한 것이다.

❹ 관람스포츠 시설사업

(1) 경기장 광고의 유형

경기장 광고의 주요 노출대상은 경기장의 관중과 중계 시 노출될 TV 시청자들이다. 경기장 광고는 관중들보다 시청자들에게 노출효과가 큰 것으로 보고되고 있다. 이는 기업이 경기 전·후, 중간광고 시간대에 노출될 수 있는 TV 광고 못지않게 경기 내내 다수의 시청자가 인식할 수 있는 경기장 광고에 기대를 갖는 이유이다. 또한 방송 광고에 비해 상대적으로 가격이 저렴하지만 표현방식이 제한적이다. 경기장 광고의 유형은 다음과 같이 분류할 수 있다.

① 사람을 활용한 광고
② 시설을 활용한 광고
③ 매체를 활용한 광고

첫째, 사람을 활용한 광고는 선수 유니폼 광고와 진행자 의복 광고가 있다. 선수 유니폼 전면을 활용한 광고를 통해 경기장을 찾은 관중과 TV 시청자에게 관심을 유도한다. 경기 진행자의 유니폼을 활용한 광고도 선수 유니폼 못지않게 노출될 수 있는 여지가 있다.

둘째, 시설을 활용한 광고는 펜스 광고, 전광판 광고, 경기장 바닥면 광고, 팸플릿 등 지면 광고, 배경막 광고 등 다양하다. 펜스 광고는 흔히 A보드 광고라고 불리는데 경기장과 관중석 간의 경계벽을 활용한 광고 형태이다. 최근엔 디지털 보드 광고로 다수 기업의 현란한 이미지 노출이 가능해졌다. 전광판 광고는 대형 전광판과 스크린 등을 활용한 광고로서 압도적인 크기와 화려한 광고노출을 통해 시선을 끌게 한다.

경기장 바닥면 광고는 경기 중에서 방송노출이 잘 되는 바닥면을 선점하여 광고를 노출한다. 팸플릿과 입장권 광고는 지면의 여백과 뒷면 등을 활용하여 이벤트를 협찬한 스폰서 기업의 로고와 상품 이미지를 삽입한다. 배경막(Backdrop) 광고는 흔히 선수 인터뷰를 할 때 정해진 장소 뒷면에 광고판을 설치하는 경우다. 이외에도 애드벌룬과 비행선 등을 활용한 다양한 경기장 광고방식을 추구한다.

마지막으로 매체를 활용한 광고는 자막광고, 중간광고, 가상광고 등이 있다. 자막광고는 방송 도중에 자막을 삽입하는 광고형태이고, 중간광고는 중계방송 휴식시간(전·후반 사이)을 활용한 광고를 뜻한다. 가상광고는 컴퓨터 그래픽을 활용한 광고로서 현장에 있는 관객에게 보이지 않지만, 매체를 통해 시청자만 보이게 하는 광고방식이다. 국내도 '방송법 시행령(제59조2-가상광고)'에 의거하여 2012년부터 시행되었다.

이외에도 간접광고로서 대표적으로 PPL(Product Placement)이 있다. 이는 영화, 드라마의 소품으로 등장하는 상품 마케팅의 일환으로 선수, 관객 등 경기장 내에서 사용되는 상품이 우연히 방송을 타면서 간접광고 효과를 낸다.

표 11-5 경기장 광고의 유형

구분	내용
사람을 활용한 광고	• 선수 유니폼 광고: 선수 유니폼 전면을 활용한 광고 • 진행자 의복 광고: 경기 진행자 유니폼을 활용한 광고
시설을 활용한 광고	• 펜스(A보드) 광고: 경기장과 관중석 간의 경계벽을 활용한 광고 • 전광판 광고: 전광판, 스크린 등을 활용한 광고 • 경기장 바닥면 광고: 경기 중 방송노출이 잘 되는 바닥면 광고 • 팸플릿, 입장권 광고: 지면 여백, 뒷면 등을 활용한 광고 • 배경막(Backdrop) 광고: 선수 인터뷰 장소 뒷면 배경막 광고 • 기타 광고: 애드벌룬 및 비행선을 활용한 광고
매체를 활용한 광고	• 자막광고: 방송 도중에 자막을 삽입하는 광고 • 중간광고: 중계방송 휴식시간(전·후반 사이)을 활용한 광고 • 가상광고: 컴퓨터 그래픽을 활용한 광고로서 현장에 있는 관객에겐 보이지 않고, 매체를 통한 시청자만 보임. 국내도 '방송법 시행령(제59조2-가상광고)'에 의거 2012년 시작 ※ 간접광고: PPL(product placement)처럼 영화, 드라마의 소품으로 등장하는 상품 마케팅의 일환으로 선수, 관객 등 경기장 내에서 사용되는 상품이 우연히 방송을 타면서 간접광고 효과를 냄

(2) 경기장 임대 및 부대사업

관람스포츠 경기장 사업으로 경기장 임대사업이 있다. 시설 임대를 설명하기에 앞서 이름을 임대한다면 어떤 사업 모델이 있을까. 바로 구장명칭사용권이 있다. 흔히 명명권(Naming Rights)이라 하여 경기장 시설의 이름을 빌려주고 수익을 창출하는 구조이다. 개인이나 지방자치단체가 소유하고 있는 경기장에 기업의 이름을 사용할 수 있는 권리로서 경기장 스폰서십(Stadium Sponsorship)이라고 한다.

🗨 여기서 잠깐!

▌역명부기권과 경기장명칭권

SK와이번스 역 ———

광주-기아 챔피언스 필드 ———

국내 최초의 역명부기권을 계약한 구단은 SK와이번스로 2007년부터 3년 동안 'SK와이번스역'이라는 역명이 인천 지하철에 병기됐다. 구장명칭권 활용의 일환으로 공공시설과 민간 브랜드의 조합이라 할 수 있다. 공공시설 명칭에 민간이름이 병행됐다는 사실이 신선했던 사례다.

국내·최초의 경기장 명칭 사용권 사례는 2014년 3월에 개장한 프로야구단 기아 타이거즈의 홈구장으로 '광주-기아 챔피언스 필드'라 명명했다. 총 공사비 994억 원 중에서 기아 타이거즈가 300억 원을 부담하고, 병기 명칭과 25년간의 관리권을 보유하게 됐다.

명명권은 선진 사회에선 흔한 스폰서십 유형이지만, 국내에선 아직까지 공공시설에 민간이름을 모두 내주기엔 정서적으로 허용이 안 되는 측면도 있다. 즉, '지자체-기업' 형식의 절충안을 통해 점차 국내시장에도 명명권에 대한 인식이 자리를 잡고 있다.

경기장 시설의 임대조건을 설정을 할 시 고려사항은 다음과 같다. 우선 사업가치의 원천이 이벤트 개최에 있기 때문에 이벤트 생산업체의 생산원가가 임대조건에 반영되어야 한다. 또한 경기장 소유주인 지방자치단체는 지역주민이 얻는 심리적 소득 중에서 무형의 이익이 발생한다는 것을 감안할 필요가 있다. 경기장 사업에서 발생하는 수입을 어떻게 분배할 것인지를 경기장 소유주와 프로구단 등 가치사슬에 입각해 설정할 필요가 있다.

경기장 임대사업은 스포츠 시설의 주체자(지자체 등)가 수익성 향상 등을 목적으로 제3자에게 대여하는 사업으로 경기장의 수익성 제고를 목표로 한다. 임대사업의 방법은 체육시설의 위탁 운영이 있다. 국내는 「체육시설의 설치·운영에 관한 법률」 제9조(체육시설의 위탁 운영)에 따르면 국가나 지방자치단체는 전문체육시설, 생활체육시설, 직장체육시설 중 국가나 지방자치단체가 설치한 체육시설의 전문적 관리와 이용을 촉진하기 위하여 필요하면 그 체육시설의 운영과 관리를 개인이나 단체에 위탁할 수 있다.

임대기간에 따라 단기임대와 장기임대로 구분한다. 단기임대는 1회, 1일, 수일간 등의 짧은 기간 내에 임대하는 방식이다. 장기임대는 통상 1년 이상의 임대방식이다. 2007년에 제정된 「스포츠산업진흥법」이 2016년에 전부 개정됐다. 이 법 제17조(프로스포츠 육성)에 따르면 지방자치단체는 공공체육시설의 효율적 활용과 프로스포츠의 활성화를 위하여 필요하다고 인정하는 경우에는 공유재산을 25년 이내의 기간을 정하여 그 목적 또는 용도에 장애가 되지 아니하는 범위에서 사용·수익을 허가하거나 관리를 위탁할 수 있다.

경기장 부대사업은 경기장 내 부대시설(음식점, 기념품점 등)을 활용하여 별도의 수익성 향상을 위해 제3자에게 대여하는 사업이다. 부대사업 수입 규모의 요인은 초기투자 규모, 관중 수, 이벤트 유형에 따라 달라진다. 부대사업 운영은 직영방식과 위탁운영방식으로 구분할 수 있다. 직영방식은 경기장 운영주체가 직접 운영하는 방식이다. 위탁운영방식은 피위탁자 명의로 운영하거나 보증금 납입형태로 운영하는 위탁계약방식을 의미한다. 관리대행방식은 시설의 주체 명의로 운영하는 방식이다. 판매에 따른 일정액의 수수료를 받는 정액제와 판매금액 일정요율의 수수료를 받는 정률제 운영이 있다. 정률제가 정액제보다 구장 측의 수입증대 가능성이 높다.

(3) 이벤트 개발 및 유치

관람스포츠 시설의 대표적인 사업은 이벤트 개발과 유치가 있다. 10장에서 언급한 스포츠 제품개발을 통해 스포츠 이벤트의 개념과 특성, 필요성과 효과, 기획과 실행 단계 등을 살펴보았다.

스포츠 이벤트의 개발, 설계, 유치를 하기 위해선 몇 가지 고려요인이 있다. 우선 스포츠이벤트 개발은 지역 특성, 이벤트와 지역 간의 적합성, 지역경제, 고객에 대한 조사, 공감, 감동, 관심을 유발하는 요인 등을 고려해야 한다. 스포츠 이벤트 설계는 운동선수, 경기장, 소비자 선호도, 스폰서 참여여부 등을 고려해야 한다. 또한 스포츠 이벤트 유치는 계획의 적합성, 재무적 건전성, 사회적 공감성 등을 고려해야 한다.

❺ 참여스포츠 시설사업

(1) 참여스포츠 시설의 서비스 품질

앞서 설명한 관람스포츠 시설과 참여스포츠 시설의 대표적인 특징은 고객의 서비스에 대한 관여도 차이라 할 수 있다. 즉, 관람스포츠 시설은 고객의 서비스 관여도가 낮은 반면, 참여스포츠 시설은 관여도가 높다. 이는 고객과의 접촉이 적은 관람스포츠 시설에 비해 참여스포츠 시설은 고객과의 접촉이 상대적으로 많을 수밖에 없다.

참여(직접, 1차)스포츠 소비자는 본인이 배우고 싶은 체육종목에 대해 시간과 돈을 투자했기 때문에 다양한 프로그램으로부터 고객만족도에 직접적인 영향을 받는 주체이다. 반면 관람(간접, 2차)스포츠 소비자는 선수와 팀 경기력과 능력을 통해 고객만족도에 영향을 받는 주체로서 참여스포츠 소비자에 비해 서비스에 대한 관여도가 낮다.

1장과 10장에서 제시했던 서비스 품질 특성을 분류한 Parasuraman, Zeithaml, & Berry(1988)는 서브퀄(SERVQUAL) 모형을 통해 유형성(tangibles), 신뢰성(reliability), 확신성(assurance), 응답성(responsiveness), 공감성(empathy)의 5가지 차원으로 분류했다.

이를 서비스 관여도가 높은 직접 스포츠 소비자에 대입하여 설명하면 다음과 같다. 첫째, 유형성은 스포츠 센터 시설의 세련된 유형과 우수성을 보고 품질이 높다고 인식할 수 있는 부분이다. 둘째, 신뢰성은 스포츠 센터 프로그램의 약속된 서비스의 이행을 통해 소비자는 품질이 높다고 인식할 수 있는 부분이다. 셋째, 확신성은 스포츠 센터 구성원의 전문성이 돋보일수록 품질이 높다고 인식할 수 있는 부분이다. 넷째, 응답성은 고객 민원에 대해 즉각적이고 적절한 대응을 통해 품질이 높다고 인식할 수 있는 부분이다. 마지막으로 공감성은 건강과 유행에 민감한 직접 스포츠 소비자가 인식할 수 있는 맞춤형 프로그램을 통해 품질이 높다고 인식할 수 있는 부분이다.

참여스포츠 시설의 참여형태는 인지적 참여, 정서적 참여, 행동적 참여로 분류할 수 있다. 참여스포츠 시설의 특징은 초기 투자비가 많고, 회수기간이 장기간 소요될 수 있다. 이는 대규모 장치사업이므로 하드웨어에 대한 지출 비중이 높기 때문에 다른 프로그램 운영 시설로의 변환이 어렵다.

참여스포츠 시설의 고려사항을 살펴보면 다음과 같다. 우선 공공스포츠 시설 관리 운영 측면에서는 민간 위탁관리의 적합성을 검토해야 한다. 또한 정기적인 경영진단과 평가를 해야 하고, 지속적으로 홍보방안을 강구해야 한다. 또한 민간스포츠 센터의 설계 측면에서는 이용자 동선을 우선적으로 고려해야 한다. 특히 장애인, 어린이, 노약자를 고려한 동선이 중요하다. 방음 설계 및 음향 시스템 등 계층별 이용시설의 특징에 따라 설계를 고려해야 한다.

(2) 도심형 및 농어촌 스포츠 시설

참여스포츠 시설을 지역 특성별로 구분하면 도심형 스포츠 시설과 농어촌형 스포츠 시설이 있다. 스포츠 시설의 특징을 파악하고 관리방안을 제시하는 것이 무엇보다 중요하다.

첫째, 도심형 스포츠 시설은 다양한 계층의 고객을 확보하기가 상대적으로 쉽다. 예를 들어 새벽과 저녁 타임에는 직장인 수요가 있고, 오전 타임에는 30~40대 전업주부가 주요 고객층이 될 수 있다. 이러한 특성은 시간대별 고객의 쏠림 현상으로 이어질 수 있다. 이 시설을 이용하는 고객들은 운동시설 외에도 휴게실, 샤워실, 운동복 등 부대시설과 용품 이용을 선호한다.

즉, 도심형 스포츠 시설의 관리자는 접근성(장소), 가격 경쟁력, 프로그램(제품) 차별화, 다양한 촉진 방법 등을 고려해야 한다. 이를 통해 시설과 프로그램의 우수성을 알려야 한다. 지역 특성에 맞는 프로그램을 개발하고, 부대시설 등을 적합한 규모에 맞게 확충할 필요가 있다. 사회적 소외계층(아동, 여성, 장애인, 노인 등)에 맞는 맞춤형 프로그램을 적용해야 한다. 이는 앞서 언급한 오전(전업주부), 오후(일반인), 저녁(직장인) 등의 시간대별, 계층별 차별화 프로그램 기획이 매우 중요하다.

둘째, 농어촌형 스포츠 시설은 도심형에 비해 고객 확보가 어렵다. 스포츠 소비시장의 규모가 작고, 육체노동이 많아 스포츠 활동에 대한 호응도가 낮을 수밖에 없다. 또한 도시에 비해 소득이 높지 않아 스포츠 소비로 이어지기 어려운 한계를 갖고 있다.

이 시설 관리자는 지역특성에 맞는 특화 프로그램을 개발해야 한다. 예를 들어 노인층이 많기 때문에 노인건강 운동 프로그램이 주를 이루어야 한다. 또한 지역행사와 접목한 체육활동을 유도함으로써 운동에 따른 건강증진의 필요성을 인식시키기 위한 노력이 필요하다. 생활주변에 다양한 생활체육시설을 설치해야 할 지방자치단체와의 협업도 중요할 것이다.

표 11-6 도심형 및 농어촌형 스포츠 시설

구분		내용
도심형 스포츠 시설	특성	• 다양한 계층의 고객확보 용이(30~40대 전업주부 주고객층) • 시간대별 고객 쏠림 현상(오전 9시~12시대가 가장 많음) – 오전, 오후, 직장인 퇴근 후 저녁시간대 등 • 운동복 등 용품 지급 선호

	관리
	방안
		• 접근성(장소) 고려, 가격 경쟁력, 프로그램(제품) 차별화, 다양한 촉진 방법,
		  시설의 우수성 등
		• 지역 특성에 맞는 프로그램 개발 및 부대시설 등 확충 필요
		• 사회적 소외계층(아동, 여성, 장애인, 노인 등)에 맞는 맞춤형 프로그램 적용
		• 시간대별 차별 프로그램
		  – 예: 오전(전업주부), 오후(일반인), 저녁(직장인) 등

농어촌형 스포츠 시설	특성	• 스포츠 소비시장 규모가 작기 때문에 고객확보 어려움 • 육체노동이 많아 스포츠 활동 호응도가 낮음 • 소득이 높지 않아 스포츠 소비로 이어지기 어려움
	관리 방안	• 지역특성에 맞는 특화 프로그램 개발 – 예: 노인건강 운동 프로그램 등 • 지역행사와 접목한 체육활동 유도 • 생활주변에 다양한 생활체육시설 설치 • 운동에 따른 건강증진 필요성 인식증진

(3) 고객유치 및 관리

대표적인 고객유치 및 관리방안으로 고객관계관리(CRM, Customer Relationship Management)가 있다. 이는 기업이 고객과 관련된 내·외부 자료를 분석하고 통합해 고객 특성에 맞는 마케팅 활동을 계획, 지원, 평가하는 활동이다. 대중마케팅은 표준화된 대량마케팅을 실시했으나, CRM은 고객 데이터베이스를 구축하고 유지하는 데 방점을 두고 있다.

즉, 고객과의 지속적인 관계를 유지하면서 평생고객화를 통해 고객의 가치를 극대화하는 것이다. 대중마케팅은 판매에 목적을 두지만, CRM은 판매가 아닌 '고객유지'에 목표를 둠으로써 단기적 이익보다 장기적인 이익을 목적으로 한다. 이를 위해 데이터 마케팅(DB Marketing), 일대일 마케팅(One-to-One Marketing), 관계마케팅(Relationship Marketing) 등으로 발전하고 있다.

CRM은 고객을 유치하고, 기존고객을 유지하고, 지속적으로 성장하는 경로를 거친다. 고객유치에 영향을 주는 요인은 인구통계학 요인, 상황요인, 동기요인 등이 있다. 경쟁이 치열할수록 고객유치보다 기존고객 유지가 더욱 중요하다. 기존고객의 이탈을 최소화하고, 반복구매를 촉진, 고객과의 거래관계가 심화된다.

기존고객 유지에 따른 효과는 고객유치를 위한 광고 및 홍보비를 절감할 수 있다. 신규 이벤트 개발과 같은 스포츠 시설 이용 매력도 향상에 지속적으로 역량을 투입할 수 있다. 또한 매출액의 지속적인 유지 및 증가를 기대할 수 있고, 고객관계 관리비용을 절감할 수 있는 효과가 있다.

CRM은 재무적 관점에서 효과가 있다. 기존고객을 유지하고 가치를 증대시킨다. 잠재고객 유치를 통해 수익을 증대하고, 효과적인 마케팅 수행에 따른 비용을 절감할 수 있다. 또한 고객 관점의 효과는 고객니즈를 바탕으로 한 차별적인 고객관리 만족도를 높이고, 목표 고객군의 정교한 마케팅이 가능하다. 마지막으로 학습·성장 관점의 효과로는 목표 고객군(群)을 선정하고, 개인화 및 차별화를 실행할 수 있다.

 과제

1. 스포츠 시설경영에 대한 성공적인 국내 스포츠 조직 사례를 찾아보시오.
2. 스포츠 시설경영에 대한 성공적인 해외 스포츠 조직 사례를 찾아보시오.
3. 관람스포츠 시설사업에 대한 성공적인 국내외 사례를 찾아보시오.
4. 참여스포츠 시설사업에 대한 성공적인 국내외 사례를 찾아보시오.

제12장

스포츠 에이전트와 계약구조

SPORT MANAGEMENT

CONTENTS

스포츠 에이전트와 계약구조

제1절 스포츠 에이전트와 에이전시

❶ 스포츠 에이전트의 유래

(1) 미국 에이전트의 시작과 발전

최초의 프로스포츠는 1869년 신시내티 레드스타킹스(Cincinnati Red Stockings) 미국 프로야구 구단이 설립되면서 시작됐다. 스포츠 에이전트의 효시는 1925년 당대 최고의 미식축구 선수였던 Red Grange로 불렸던 Harold E. Grange(1903~1991)를 대리한 Charles C. Pyle(1882~1939)이란 인물이다. 극장 프로모터였던 그는 선수를 활용해 영화와 광고에 출연시켜 오늘날 에이전트와 유사한 역할을 했다.

1935년 전국노동관계법(The National Labor Relations Act)을

찰스 파일 _____

통해 선수에게 권한이 부여되는 근거가 마련됐다. 1960년대 골프 스타로 잘 알려진 Arnold Palmer(1929~2016)를 대리한 변호사 Mark MaCormack(1930~2003)은 현재 세계적인 스포츠 에이전시로 성장한 IMG(International Management Group)의 설립자로서 스포츠 스타를 활용한 비즈니스 시대를 견인했다.

──── 마크 맥코맥

1970년대 중후반 자유계약선수(FA, Free Agent) 제도가 도입되면서 스포츠 에이전트의 활동이 보장되기 시작했다. 2000년 선수 에이전트 통일법(UAAA, Uniform Athlete Agent Act)이란 주(州)법과 2004년 스포츠 에이전트의 책임과 신뢰에 관한 법(SPARTA, Sports Agent Responsibility and Trust Act)이라는 연방법이 제정되면서 스포츠 에이전트 활동을 법으로 보호하고 있다.

현재 각 종목별 선수협회(Players Associations)의 규정을 통해 선수 에이전트를 관리한다. 미국의 4대 프로리그는 미식축구(NFL, National Football League), 프로야구(MLB, Major League Baseball), 프로농구(NBA, National Basket Association), 아이스하키(NHL, National Hockey League)로 각 협회에서 정해진 공개적인 선발 요건을 통해 자격시험을 거친다. 변호사 자격이 필수는 아니지만 50% 이상이 변호사 자격을 갖춰 변호사 에이전트(lawyer-agent)로 칭하며 전문성을 강조한다.

(2) 국내 에이전트의 시작과 발전

우리나라 프로스포츠는 1982년 야구에서 시작한 꽤 오랜 역사를 갖고 있다. 하지만 스포츠 에이전트 제도에 대한 본격적인 논의는 지난 2012년으로 거슬러 올라간다. 세계적인 여자 배구 선수로 성장한 김연경 선수는 당시 흥국생명 핑크스파이더스 소속이었다. 원 소속에서 4시즌을 마감하고 일본과 터키리그에서 3년간 활동을 한 이후, 드래프트

──── 김연경 선수

프로야구 _____

(Draft)에 지명되고 6시즌 뛴 것으로 간주한 선수는 자유계약제도(Free Agent)의 권리를 요청했지만 거절됐다. 원소속팀에선 타 구단에서 활동한 임대기간을 자신의 팀에서 활동한 것으로 보지 않았기 때문이다.

이로써 선수와 구단 간의 원활한 중재 역할의 필요성이 대두되면서 2016년 고용노동부 한국산업인력공단에서는 국가직무능력(NCS, National Competency Standards)에 스포츠 마케팅 분야의 스포츠 에이전트 내용이 추가됐다. 그동안 전면적으로 허용됐던 프로축구뿐만 아니라 국내 프로스포츠 리그에서 가장 큰 시장을 형성하고 있는 프로야구도 2018년부터 선수대리인(에이전트) 제도를 시행하게 되었다. 한국야구위원회(KBO)는 2001년 선수가 원하면 변호사를 고용할 수 있도록 규정을 개정하면서 보수적으로 대리인 제도를 바라봤으나, 시대적 흐름에 부흥하여 전격 시행했다.

국내 에이전트 제도에 관한 법적 근거는 2016년에 전부 개정된 「스포츠산업진흥법」 제18조 시행령 제18조(선수 권익 보호 등) 제1항 제5호에서 찾을 수 있다.

「스포츠산업진흥법」

법 제18조(선수 권익 보호 등) 문화체육관광부장관은 선수의 권익을 보호하고, 스포츠 산업의 건전한 발전을 위하여 공정한 영업질서의 조성 등 필요한 시책을 강구하여야 한다.
시행령 제18조(선수 권익 보호 등) ① 법 제18조에 따라 선수의 권익을 보호하고, 스포츠산업의 공정한 영업질서를 조성하기 위하여 문화체육관광부장관은 다음 각 호의 시책을 강구하여야 한다.

1. 스포츠산업의 공정한 영업질서 조성
2. 건전한 프로스포츠 정착을 위한 교육·홍보
3. 승부 조작, 폭력 및 도핑 등의 예방
4. 선수의 부상 예방과 은퇴 후 진로 지원
5. 선수의 권익 향상을 위한 대리인제도의 정착
6. 선수의 경력관리를 위한 관리시스템의 구축

또한「스포츠산업진흥법」제17조에 명시된 프로스포츠의 육성을 통해 국내 스포츠 산업의 발전을 위한 중요한 대책으로 삼고 있다. 이에 수반되는 환경으로 선수 수급이 필수가 된다. 위에 제시한 선수 권익 보호 등(동법 제18조)과 더불어 국내 프로스포츠 환경에선 스포츠 에이전트의 수요와 역할이 필요한 시대인 것이다.

여기서 잠깐!

▌ 스포츠산업진흥법에 따른 프로스포츠 육성 조항

제17조(프로스포츠의 육성) ① 국가 및 지방자치단체는 스포츠산업의 발전을 도모하고, 국민의 건전한 여가활동을 진작하기 위하여 프로스포츠 육성에 필요한 시책을 강구할 수 있다.

② 지방자치단체 또는「공공기관의 운영에 관한 법률」제4조에 따른 공공기관은 프로스포츠 육성을 위하여 대통령령으로 정하는 바에 따라 프로스포츠단 창단에 출자 또는 출연할 수 있으며, 프로스포츠 활성화를 위하여 필요한 경우 프로스포츠단 사업 추진에 필요한 경비를 지원할 수 있다.

③ 지방자치단체는 공공체육시설의 효율적 활용과 프로스포츠의 활성화를 위하여 필요하다고 인정하는 경우에는「공유재산 및 물품 관리법」제21조 제1항 및 제27조 제1항에도 불구하고 공유재산을 25년 이내의 기간을 정하여 그 목적 또는 용도에 장애가 되지 아니하는 범위에서 사용 · 수익을 허가하거나 관리를 위탁할 수 있다.

④ 지방자치단체의 장은 제3항에 따라 공유재산을 사용 · 수익하게 하는 경우에는「공유

재산 및 물품 관리법」 제22조에도 불구하고 대통령령으로 정하는 바에 따라 해당 공유재산의 사용료와 납부 방법 등을 정할 수 있다.

⑤ 제3항에 따라 공유재산을 사용·수익하게 하는 경우에는 해당 공유재산의 목적 또는 용도에 장애가 되지 아니하도록 대통령령으로 정하는 바에 따라 사용·수익의 내용 및 조건을 부과하여야 한다.

⑥ 지방자치단체의 장은 공유재산 중 체육시설(민간자본을 유치하여 건설 또는 개수·보수된 시설을 포함한다)을 프로스포츠단의 연고 경기장으로 사용·수익을 허가하거나 그 관리를 위탁하는 경우 「공유재산 및 물품 관리법」 제20조 및 제27조에도 불구하고 해당 체육시설과 그에 딸린 부대시설에 대하여 대통령령으로 정하는 바에 따라 해당 프로스포츠단(민간자본을 유치하여 건설하고 투자자가 해당 시설을 프로스포츠단의 연고 경기장으로 제공하는 경우 민간 투자자를 포함한다)과 우선하여 **수의계약**할 수 있다. 건설 중인 경우에도 또한 같다.

⑦ 제6항에 따라 공유재산의 사용·수익 허가를 받은 프로스포츠단은 「공유재산 및 물품 관리법」 제20조 제3항에도 불구하고 사용·수익의 내용 및 조건에 위반되지 아니하는 범위에서 지방자치단체의 장의 승인을 받아 다른 자에게 사용·수익하게 할 수 있다.

⑧ 제6항에 따라 공유재산의 사용·수익을 허가받거나 관리를 위탁받은 프로스포츠단은 필요한 경우 해당 체육시설을 직접 수리 또는 보수할 수 있다. 다만, 그 수리 또는 보수가 공유재산의 원상이 변경되는 대통령령으로 정하는 대규모의 수리 또는 보수에 해당할 경우에는 지방자치단체의 장의 승인을 받아야 한다.

⑨ 지방자치단체는 제8항에 따른 수리 또는 보수에 필요한 **비용**의 전부 또는 일부를 지원할 수 있다.

❷ 스포츠 에이전트와 에이전시

(1) 스포츠 에이전트

스포츠 에이전트와 비슷한 용어로는 스포츠 매니저가 있다. 한국고용정보원(2022)에 따르면 스포츠 매니저란 직업군에 대해 "운동선수의 트레이드(trade: 구단이 선수와 선수, 또는 선수와 금전을 교환하는 등의 행위) 협상이나 입단계약을 비롯해 선수생활 전반을 책임지고 지원해주는 일"이라 했고, "운동선수를 개별적으로 관리하기도 하고, 소속된 팀에서 팀의 전반적인 운영을 관리하기도 한다. 단독으로 경기에 참가해야 하는 일부 종목을 제외하고는 팀에 소속된 운동선수들을 관리한다. 시즌 중에는 일주일 내내 일하는 편이고, 시즌이 끝나면 선수들의 트레이드 협상을 준비하거나 선수의 에이전트와 계약을 한다."라고 역할을 소개했다. 덧붙여 "프로팀에서 일하는 스포츠 매니저는 고등학교나 대학을 졸업하는 선수들의 드래프트(draft system: 신인선수 선발제도로 입단할 선수들을 모은 뒤 각 팀이 후보자를 차례대로 뽑는 선발 방법)에 참가하여 코치, 스카우트들과 함께 어떤 선수가 재능 있고 성장 가능성이 있는지를 결정한다. 또한 선수들의 유니폼, 운동장비, 원정경기나 전지훈련에 필요한 경비 등을 계획하는 등 선수의 경기 운영에 관련된 예산을 관리한다."라고 제시되고 있다(p.584~585).

선수 매니저(athlete manager)란 용어는 1920년대 미국에서도 역할의 구분 없이 사용하다가 1970년대 에이전트(agent)로 자리 잡았다. 오늘날 스포츠 매니저와 스포츠 에이전트의 직무는 선수를 대리한다는 측면에선 공통되지만, 누구를 위해 일하느냐의 측면에서 바라보면 차이를 설명할 수 있다.

스포츠 매니저는 구단 입장에서 협상을 하는 구단 대리인이다. 예를 들어 잠재력이 있는 선수를 적은 금액으로 영입하기 위해 노력하는 역할을 한다. 스포츠 에이전트는 선수 입장에서 협상을 하는 선수 대리인이다. 예를 들어 선수의 가치를 최대한 끌어올리고 많은 금액으로 구단에 입단하기 위해 노력하는 역할을 한다.

한국산업인력공단(2016)은 스포츠 에이전트에 대해 "운동선수는 개인 또는 스포츠 구단을 대리하여 입단과 이적, 연봉협

——— 세계적인 스포츠 에이전트

상, 협찬계약 등의 각종 계약을 처리하고 선수의 경력관리, 권익보호를 지원하는 일을 하는 자"라고 정의를 내렸다. 스포츠 에이전트를 크게 선수 에이전트와 매치 에이전트로 구분할 수 있다.

첫째, 선수 에이전트(player's agent)는 선수의 모든 것을 담당하는 법률 대리인이다. 선수와 구단의 연봉 및 이적 협상에서 선수 권익을 보호하기 위해 활동한다. 본 장 2절에 다룰 스포츠 에이전트의 역할이 바로 선수 에이전트의 역할이다.

둘째, 매치 에이전트(match agent)는 국가 간의 경기를 주선하는 중개자이다. 대표적으로 세계 축구무대에서 소수가 활동하고 있어 잘 알려져 있지 않다. 한일 축구 경기와 호주와 뉴질랜드 간의 크리켓 경기는 국가 이벤트(national events)로서 대규모 관중동원과 높은 TV 시청률을 기록할 수 있는 마케팅 시장을 형성하는 가교역할을 한다.

표 12-1 스포츠 에이전트의 유형

구분	역할
선수 에이전트	• 선수의 입단, 이적, 연봉협상, 협찬계약 등의 각종 계약을 대리
매치 에이전트	• 클럽과 클럽, 국가와 국가, 대륙과 대륙 간의 경기개최 가교역할

💬 여기서 잠깐!

▌FIFA 중개인

국제축구연맹(FIFA)이 1991년부터 운영했던 FIFA 에이전트 제도를 폐지하고, 2015년 4월부터 **중개인**(intermediaries)을 통해 선수 이적을 중간에서 담당하게 했다. 이에 FIFA 선수 에이전트 자격 취득에 필요한 시험도 폐지됐다. 선수와 구단의 이적 협상에서 선수 권익보호를 위한 대리인 역할에서 선수와 구단 양측의 협상을 대리하는 중개 역할만 한정하는 것이다. 중개인이 받는 수수료는 선수 또는 구단을 대리하는 경우에 선수 기본급여의 3%를 받도록 했다. 양쪽을 대리할 때는 6%를 받을 수 있으며, 선수를 이적시키는 구단의 에이전트는 이적

료의 최대 10%까지 받을 수 있도록 했다(FIFA 규정 7조).

중개인은 선수와 구단 중 한 측만 대리할 수 있는데, 양측으로부터 서면 동의가 있으면 쌍방을 대리할 수도 있다. 어느 한 쪽에 유리한 대리를 방지하기 위한 차원이다. FIFA의 중개인 제도 도입 결정은 이면계약, 높은 중개 수수료율, 유소년 선수의 국제 이적 등의 각종 문제를 해결하기 위해 2009년 FIFA 총회 때부터 논의가 시작된 것이다.

FIFA 에이전트 제도의 폐지로 각 회원국 협회가 자율적으로 에이전트의 역할을 담당할 대리인의 자격을 정하도록 하면서 여러 보완 대책을 마련했지만, 여전히 거물급 에이전트의 역할이 커지면서 실질적 효력이 작용하지 않는 경우도 발생하고 있다. 이와 같이 FIFA 에이전트 폐지에 대한 새로운 문제가 불거지면서 다시 부활하자는 의견도 있다. 이미 FIFA 내에서 논의가 시작돼 앞으로의 추이가 주목된다.

(2) 스포츠 에이전시

스포츠 마케팅(sports marketing)이란 용어는 미국의 광고세대(Advertising Age, 1978)란 잡지에서 처음 등장했다(Mullin, Hardy, & Sutton, 1993). 조직의 최소 기준인 2명 이상의 스포츠 에이전트(agent)로 구성된 체계적인 시스템을 갖춘 집합체가 스포츠

_____ 세계적인 스포츠 에이전시

에이전시(agency)라 할 수 있다. 이들은 스포츠 마케팅 현장에서 생산자(스포츠 단체 등)가 만들어놓은 좋은 상품(선수, 팀, 이벤트 등)을 소비자(기업, 관객, 시청자 등)에게 전달하는 중추적 역할을 한다.

최근 스포츠 에이전시의 유형이 대형화, 융·복합화가 되고 있지만, 역할별 구분을 살펴보면 다음과 같다(강호정, 이준엽, 2013).

첫째, 국제 스포츠 마케팅 에이전시(International Sports Marketing Agency)는 올림픽, 월드컵과 같이 메가 스포츠 이벤트 마케팅을 대행하는 기업이다.

개·폐막식, 의전, 스폰서십 유치 및 관리 등의 총체적 절차에 필요한 홍보마케팅을 전담할 역량이 되는 세계적인 스포츠 마케팅 대행사가 해당된다.

둘째, 라이선싱(Licensing)과 머천다이징(Merchandising) 전문 에이전시는 스포츠 단체의 재산권을 활용하는데 주 목적을 가진 기업이다. 스포츠 단체가 보유한 대표적인 재산권은 로고, 엠블럼 등 상징적인 징표가 있다. 올림픽의 오륜마크, 월드컵의 우승컵, 프로스포츠 리그의 종목별 상징마크 등을 떠올릴 수 있다.

예를 들어 평범한 흰색 티셔츠에 영국 프리미어 리그(EPL)의 명문구단 맨체스터 유나이티드(Manchester United)의 로고를 부착하게 되면 값이 올라갈 것으로 기대한다. 또한 스포츠와 무관한 생활용품 등을 특정 구단에 소속된 스포츠 스타 이미지를 활용해서 수익을 창출할 수 있는 스포츠 머천다이징 분야에 초점을 맞춘다.

셋째, 광고(Advertising) 스포츠 에이전시는 경기장 내 보드광고와 옥외광고 등의 권한을 매입한 후, 전문적으로 다시 판매하는 역할을 한다. 예를 들면 경기장에 들어서면 먼저 눈에 띄는 각종 보드광고, 스코어광고가 있다. 최근 LED 보드광고 디지털 기술로 인해 현란한 이미지를 관객과 미디어 시청자에게 전달한다. 또한 선수 인터뷰 장소에 설치된 배경막(backdrop)을 통한 광고 영역도 매매가 가능한 범위라 할 수 있다.

넷째, 선수관리 에이전시(Player's agency)는 본 장 2절에서 기술한 스포츠 에이전트의 역할이 주된 미션이라 할 수 있다. 선수의 마케팅 관리, 선수계약 대리, 선수의 법률지원 등의 업무를 체계적으로 수행하는 조직이다.

마지막으로 풀 서비스(Full-service) 에이전시는 위의 모든 활동을 수행할 수 있는 역량을 보유하고, 연맹과 협회와 같은 스포츠 단체의 스포츠 마케팅 전략에 관한 포괄적 자문을 제공할 수 있는 전문적인 조직이다.

표 12-2 스포츠 에이전시의 유형

구분	역할
국제 스포츠 마케팅 에이전시	• 대형스포츠 이벤트 마케팅을 대행
라이선싱과 머천다이징 전문 에이전시	• 스포츠 단체의 재산권 활용, 상품화 사업
광고 스포츠 에이전시	• 경기장 내의 광고를 매입, 재판매
선수관리 에이전시	• 선수이익을 위해 대신 활동하는 법정 대리
풀 서비스 에이전시	• 모든 역할을 담당

💬 여기서 잠깐!

▎스포츠 에이전시 융·복합

스포츠 에이전시 CAA(Creative Artists Agency) 소속 선수는 미식축구, 야구, 농구, 하키, 축구, 테니스, 골프 등 약 1천 명에 달한다. 스포츠 외에도 영화, TV, 음악, 공연, 비디오 게임 등 다양한 분야에서 전략적인 기획과 마케팅을 담당한다. 즉, 스포츠 선수뿐만 아니라 연기자, 작가, 감독, 프로듀서, 뮤지션 등 디지털 미디어 콘텐츠 스타들을 대변한다. 더 나아가 방송중계권, 라이선싱, 스포츠 분야의 부동산 구매, 경기장 건설에 이르기까지 사업 영역은 날로 확장되고 있다.

이미 여러 영역 간의 융합과 복합적 사업을 추진하던 CAA는 2016년 글로벌 라이선싱 기업인 Global Brands Group Holding Limited와 브랜드 매니지먼트 합작사업을 시작했다. 합작사 이름은 CAA-GBG로서 소속 클라이언트들의 라이프스타일, 유명인사 명성(celebrity), 엔터테인먼트, 소매업(retail) 진출, 프랜차이즈 사업 등 브랜드 확대 프로그램을 관리 운영하고 있다. CAA-GBG의 대표적인 고객은 코카콜라(Coca-Cola), 지프(Jeep)와 같은 기업과 제니퍼 로페즈(Jennifer Lopez)처럼 활동 중인 유명인을 비롯해 타계한 전설적인 레게가수인 밥 말리(Bob Marley)에 이르기까지 다양하다. 헐리웃 영화배우 대스타인 톰 크루즈와 EPL에서 세계적 스타로 맹활약하고 있는 손흥민 선수도 CAA 소속이다.

국내 기업 Galaxia SM은 스포테인먼트 기업을 표방한다. 즉, 스포츠와 엔터테인먼트의 융·복합을 뜻하는 신조어를 사용했다. 스포츠 마케팅 기

_____ 융·복합 매니지먼트사

업 IB 스포츠와 방송연예 매니지먼트 기업인 SM 엔터테인먼트가 지난 2015년 전략적 제휴를 통해 새로운 사명으로 스포츠 서비스업 영역을 강화했다. 스포츠 스타 자산을 기반으로 한 스포츠 마케팅 비즈니스와 아티스트 자산을 기반으로 한 엔터테인먼트 마케팅 비즈니스를 동시에 기획, 제작, 유통시킴으로써 새로운 부가가치를 창출하고 있다. 서로 잘하는 분야에서 사업영역의 융합과 복합현상은 온라인과 오프라인의 통합적 시장과 확장을 의미하는 '마켓 4.0'에서 보다 돋보이기 위해 자생력을 강화하는 방안이 되고 있다.

스포츠 에이전트의 역할 및 구조

❶ 스포츠 에이전트의 역할

스포츠 에이전트의 역할은 앞서 언급한 대로 선수 에이전트(player's agent)가 전문적으로 수행해야 할 영역이다. 전문적이라 함은 그 분야에 정통적으로 업무 절차를 꿰뚫고 차질 없이 일을 처리하는 것을 의미하지만, 세부적인 사항까지 혼자서 일을 다 할 수가 없다. 예를 들어 법률부문은 본인이 직접 법률적 문제를 파악하고 해결하는 것이 아니라 법률 전문가에게 명확하게 일을 의뢰하는 역할을 한다는 것을 의미한다.

대표적인 선수 에이전트의 역할을 크게 세 가지로 분류하자면 선수 마케팅 활동 관리, 선수 계약 대리, 선수의 법률 지원이다. 구체적으로 살펴보면 다음과 같다.

(1) 선수 마케팅 활동 관리

스포츠 에이전트는 선수 마케팅 활동을 전략적으로 관리해야 한다. 선수 마케팅 활동이란 선수의 가치를 높이기 위한 합법적인 모든 활동을 뜻한다.

평범한 선수라 할지라도 어떻게 포장하느냐에 따라 가치가 달라질 수 있다. 실력은 평범해도 대중성을 확보한다면 광고시장에서 더욱 호감을 불러일으킬 수 있다. 스포츠 에이전트는 효과적인 선수 마케팅 활동을 관리하기 위해 다음과 같은 세부 전략이 필요하다.

첫째, 선수정보를 다양한 관점에서 파악한다. 이를 위해 선수정보를 체계적으로 수집한다. 선수정보를 수집하기 위해 우선 계획을 세우고, 인구사회학적 요인(성, 나이, 종목, 포지션, 경력, 입상 등)과 경기관련 요인(포지션, 장타력, 주력, 번트, 수비력, 정신력 등)을 파악한다. 선수정보를 파악하기 위해 관찰, 면접, 설문 등의 기초적인 활동을 통계적으로 접근하고, 경기영상 자료를 수집하여 전략적으로 분석한다.

둘째, 미디어와의 관계를 전략적으로 준비한다. 인쇄매체(신문, 잡지), 방송매체(라디오, TV), 인터넷 매체(온라인, 모바일, SNS)를 통해 정보를 수집하고 전략을 세운다. 또한 선수에게 미디어 교육을 받게 한다. 예를 들어 미디어를 선별하고 정보를 해석한 후, 인터뷰 교육, 기자 간담회 교육, 소셜 미디어 대응 교육을 실시한다. 더불어 스포츠 에이전트는 미디어와의 관계를 원활하게 유지하기 위한 활동을 지속한다.

마지막으로 사회공헌활동을 전략적으로 준비한다. 기업의 사회적 책임을 뜻하는 CSR(Corporate Social Responsibility)이라 한다. 기업의 사회적 공헌활동을 공익적 활동(public activities), 자선적 활동(charitable activities), 사회적 활동(social activities)으로 구분할 수 있다. 스포츠 에이전트는 선수의 사회적 공헌활동을 구분하고, 사회공헌 프로그램을 계획하기 위해 정보를 파악한다. 선수는 공익사업활동, 기부협찬활동, 자원봉사활동을 하고, 에이전트는 사회공헌활동을 평가하고 개선하는 역할을 한다.

표 12-3 선수 마케팅 활동 관리

구분	내용	
선수정보 파악	• 선수 경쟁력 파악, 선수 인구통계학적 자료, 경기력 자료, 선수 개인의 요구사항 수집, 가공, 분석 • 세부 직무	
	선수정보 분류	• 선수의 경기력 요인 정보 분류
	선수정보 가공	• 선수의 경기력 요인 정보 가공
	선수정보 분석	• 선수의 경기력 요인 정보 분석
미디어 관계 관리	• 선수의 가치 상승, 미디어와의 우호적 관계 설정, 선수 평판 관리 • 세부 직무	
	미디어 관련 정보 수집	• 미디어 종류, 특성에 맞는 정보 수집
	미디어 교육	• 선수 이미지 관리를 위한 대중과의 소통방법 등 체계적 교육 지원
	미디어 관계 설정	• 선수에게 유용한 정보 제공 • 선수와 미디어 간 원만한 관계 설정
사회공헌활동 관리	• 선수가 사회에 기여, 이미지 제고, 경기 외적인 공헌활동 지원 • 세부 직무	
	프로그램 계획	• 다양한 사회공헌활동 프로그램
	프로그램 실행	• 인적, 시간적, 재무적 지원 관리 • 이해관계자와의 계약과 절차 합의
	프로그램 평가	• 본래 취지에 맞는지 분석, 평가 • 선수 인지도, 이미지 제고 노력

출처: 문개성(2020). 스포츠 에이전트 직무해설서: 선수 대리인의 비즈니스 관점(개정2판). 박영사; 한국산업인력공단(2016). NCS 스포츠에이전트

(2) 선수 계약 대리

스포츠 에이전트의 가장 중요한 역할이 선수 계약 대리이다. 선수우선주의에 입각해서 법률 전문가의 자문을 통해 계약범위, 계약조건, 의무준수 및 위반 등을 명확히 하기 위한 노력을 한다. 선수와 관련한 계약영역은 이적,

연봉, 용품협찬, 광고출연 등이 있다. 구체적으로 살펴보면 다음과 같다.

첫째, 선수이적 및 연봉협상과 계약을 정교하게 중재한다. 앞서 언급한 선수가치를 높이기 위해 선수 경쟁력을 분석한다. 이를 위해 선수가치 지표화 작업이 필요하다. 선수의 경기력 요소(경기 공헌도, 관리 공헌도, 출전 횟수 등)와 경기 외적인 요소(대중의 호감도, 선호도, 매력성 등)를 파악한다. 이후 변호사 자문 등을 거치면서 계약을 체결한다.

둘째, 선수용품 협찬기업과 협상 및 계약을 정교하게 중재한다. 선수용품 협찬기업을 탐색하기 위해 기초자료를 수집하고 분석한다. 이는 선수의 가치 평가(선수의 유·무형 가치 산출 등)와 성과 측정 부분(선수 경기력 부분 등)이 있다. 또한 계약의무의 위반사항을 꼼꼼하게 확인한다. 예를 들어 계약기간의 준수 여부, 협찬용품의 착용여부, 프로모션 행사의 참여여부, 교섭우선권의 준수여부가 있다.

마지막으로 선수광고기업과 협상 및 계약을 정교하게 중재한다. 스포츠 선수의 브랜드는 경기력과 미래 성장 가능성과 관련 있는 자산적 가치와 선수의 마케팅 활동 과정에 관련 있는 인지적 가치가 있다. 스포츠 에이전트는 선수에 맞는 미디어(인쇄매체, 방송매체, 인터넷 매체)를 선택하고, 선수광고 관심기업을 물색한다. 객관화된 선수 가치자료를 전달하고 합의점을 도출하여 계약을 체결한다.

표 12-4 선수 계약 대리

구분	내용		
선수이적 계약	• 선수 경쟁력의 객관적 평가, 이적 가능한 팀 탐색, 실제 이적 계약을 체결 • 세부 직무		
	선수 경쟁력 평가	• 경기력을 평가, 지표화 • 경기외적인 경쟁력 평가, 지표화	
	선수이적 팀 탐색	• 리그 특성 파악 • 선수와 해당 리그의 적합성 분석	
	선수이적 협상 및 계약	• 이적대상 구단 요구사항 충족 • 이적협상 및 계약 완료	

선수연봉 계약	• 선수 경쟁력의 수치화, 구단과의 연봉협상 및 계약체결, 선수 권리보호를 위한 연봉계약 이행여부 지속 관리 • 세부 직무		
	선수 경기실적 분석	• 선수 경쟁력 종합적 평가 및 분석 • 선수 경기실적 객관적 분석, 평가	
	선수연봉 협상	• 선수 희망연봉과 구단 지급능력 조율 • 이적 가능성 등을 고려한 연봉 협상	
	선수연봉 계약 및 관리	• 선수 실적 수치화, 연봉계약 체결 • 연봉계약 이행여부 지속 관리	
선수용품 협찬계약	• 선수와 용품협찬업체 간의 상호 이익, 선수 가치 분석, 용품 협찬 대상 탐색, 협찬 대상 조직과 계약 체결 • 세부 직무		
	선수용품 협찬가치 분석 및 평가	• 선수 경기력, 발전가능성 분석 • 선수 종목의 미래시장 가치 분석	
	선수용품 협찬기업 탐색	• 선수에게 필요한 용품 우선순위 파악 • 선수와 협찬기업 간 유사 이미지 파악	
	선수용품 협찬 계약	• 선수가치평가에 의해 용품협찬 분석 • 절차에 따른 법적 계약 수행	
선수광고 계약	• 선수의 광고 가치 판단, 선수와 적합한 광고대상 선정, 계약 체결 • 세부 직무		
	선수광고 가치 분석 및 평가	• 선수 인지도, 이미지 분석 • 선수광고 가치 분석	
	선수광고 기업 탐색	• 광고의 시대적 동향 파악 • 선수가 출연할 광고 종류 탐색, 선별	
	선수광고 대상 계약	• 선수의 가치분석 자료 활용 • 절차에 따른 법적 계약 수행	

출처: 문개성(2020). 스포츠 에이전트 직무해설서: 선수 대리인의 비즈니스 관점(개정2판). 박영사; 한국산업인력공단(2016). NCS 스포츠에이전트

▌스포츠 에이전트 수수료

에이전트 수수료는 개인별, 종목별, 상황별로 매우 다양하다. 지급방식도 일시불, 월납, 분기납, 연납 등으로 선수와 에이전트 간의 이해와 조건에 따라 다양한 방식으로 이루어진다. 대표적인 에이전트 수수료는 다음과 같다.

① 정률제
  - 선수 수입의 일정한 퍼센트를 미리 정해놓고 에이전트에게 지급하는 방식이다.
  - 미국 4대 프로스포츠는 선수 연봉계약 시 미식축구(NFL, National Football League) 3%, 프로야구(MLB, Major League Baseball) 5%, 프로농구(NBA, National Basketball Association) 4%, 아이스하키(NHL, National Hockey League) 4%의 수수료로 제한돼 있다.
  - 통상 구단과 계약 협상에 관해서는 3~5%, 자산관리 서비스를 포함할 때는 7~10%, 선수 보증광고(endorsement) 계약은 10~25% 수준의 수수료라고 알려져 있다.
② 정액제
  - 선수와 에이전트 간의 계약조건 중에서 서비스가 발생할 때마다 일정금액이 지불하는 방식이다.
  - 선수가 에이전트에게 지급할 금액을 미리 파악할 수 있는 장점이 있다.
  - 에이전트는 선수를 위해 연봉인상 등을 할 동기부여가 줄어들 수 있는 단점이 있다.
③ 시간급제
  - 에이전트가 일을 할 때마다 시간당 수수료를 책정하는 방식이다.
  - 정해진 시간 동안 에이전트가 본연의 임무를 위해 충실히 일을 해야 한다.
④ 시간급제와 정률제 혼합방식
  - 시간급제의 단점을 보완하기 위한 수수료 산정방식이다.
  - 시간급제로 정한 수수료가 일정한 상한액을 넘어갈 때 정률제로 바뀌게 하는 방식이다.

출처: 문개성(2020). 스포츠 에이전트 직무해설서: 선수 대리인의 비즈니스 관점(개정2판). 박영사;

(3) 선수 법률 지원

스포츠 에이전트는 선수생활 전반에 걸쳐 법률적으로 지원을 한다. 변호사 출신의 에이전트라면 본인이 직접 상당부분을 챙기겠지만, 그렇지 않는 경우는 법률 자문가의 자문을 통해 법률적 지원을 다음과 같은 부분에 대해 역할을 한다.

첫째, 퍼블리시티권이 무엇인지 이해하고 체계적으로 지원한다. 사람들의 관심을 끄는 것을 의미하는 '퍼블리시티(publicity)'는 선수의 고유 권한이다. 다만 소속팀을 수시로 옮기는 스포츠 상품(goods)인 선수에게 부가된 개념으로 소속조직(팀, 구단 혹은 에이전시)에 권한이 귀속된다. 즉, 선수는 자신의 명성, 평판, 이름값, 유명세 등의 사용을 허락하는 주체가 된다. 이 권한을 보호하기 위해 에이전트의 역할이 중요하다.

⌨ **여기서 잠깐!**

▌ **퍼블리시티권과 초상권의 차이**

'퍼블리시티권(right of publicity)'과 유사한 개념은 '초상권(portrait rights)'이 있다. 초상권은 **인격적 가치**를 보호하는 인격권의 개념으로 권리자로부터 권리를 분리할 수 없다. 다시 말해 누구에게 팔거나 상속할 수 없는 개념이다. 하지만 소속팀을 옮기는 스포츠 선수의 법률적 권한과 관련이 있는 퍼블리시티권은 **경제적 가치**를 보호하는 재산권이다. 즉, 초상권과 달리 남에게 팔거나 상속할 수 있어 구단과 에이전시에게 양도할 수 있는 개념이다.

둘째, 선수와 관련된 법률문제를 체계적으로 지원한다. 우선 선수와 스포츠 에이전트 자신과의 고용계약에 관한 부분을 지원하고 관리한다. 또한 구단과의 계약을 면밀히 관리한다. 계약체결을 할 때 선수의 충분한 의견을 수용하고, 이행과 해석의 분쟁발생 요인을 사전에 파악한다. 분쟁이 발생할 시 고용계약 법률문제는 법률 전문가를 섭외하고 지원한다. 이는 선수 스폰서십 계약, 선수보증광고 및 광고계약과 같은 기업과의 계약에도 해당된다.

또한 선수 학적관리 문제, 병역의무 이행 문제, 선수 자산 및 투자관리 문제, 선수 명예 및 신뢰유지 · 회복 문제, 미디어 대상 법적 대응 문제, 선수 보상 시 보험 및 보상 문제 등 상황별 법률문제를 대응한다.

마지막으로 선수생활과 자산관리를 체계적으로 지원한다. 신뢰를 바탕으로 체결한 선수와 에이전트 간 고용계약은 계약범위를 뛰어넘는 수준으로 서로를 잘 알아야 한다. 에이전트는 선수가 가족, 동료, 은사 등에게도 털어놓지 못하는 부분을 경청하고 해결하기 위한 노력을 할 수 있다. 선수 상담, 심리치료, 선수 컨디션 관리, 재활 치료 등의 원활한 절차를 해결하고, 선수의 자산투자와 생활전반의 관리를 지원한다. 이를 위해 세무사, 투자자산운용사, 자산관리사 등 영역별 전문가를 섭외하고 업무 처리를 지원한다.

표 12-5 선수 법률 지원

구분	내용		
퍼블리시티권 (right of publicity) 관리	• 선수의 성명 · 상호 · 초상이 갖는 경제적 가치 분석 및 평가, 계약체결, 침해 예방 및 구제 • 세부 직무		
	퍼블리시티권 가치 분석 및 관리	• 경제적 가치 분석 • 경제적 영향력 수준 평가	
	퍼블리시티권 계약	• 계약서 검토 및 작성	
	퍼블리시티권 보호	• 침해여부 파악 및 구제활동	
	※ 초상권은 인격적 가치를 보호하는 인격권이고, 퍼블리시티권은 경제적 가치를 보호하는 재산권이란 차이가 있음 ※ 퍼블리시티권 침해 형태: 허락 없이 선수의 성명 · 초상을 광고에 이용, 상품에 사용, 기타 상업적 활동에 이용 ※ 구제 수단: 스포츠 계약법과 관련한 법률은 없고, 민법상 손해배상, 부당이득반환청구, 신용회복에 적당한 처분, 저작권법 및 상표법상 침해금지 청구 등이 있음		
스포츠법률 지원	• 선수 권익을 위해 고용, 협찬, 기타 선수 계약 체결 및 이행 과정에서 선수에게 조언, 계약 분쟁 등 발생할 때 지원 • 세부 직무		
	고용계약 관련 법률 지원	• 고용계약의 이행 · 해석에 관한 분쟁 발생 시 법적수단 등 해결방안	
	협찬계약 관련 법률 지원	• 협찬계약의 이행 · 해석에 관한 분쟁 발생 시 법적수단 등 해결방안	

	선수관련 기타 법률 지원	• 선수관련 기타 법률 분쟁 시 법적 수단 등 해결방안
선수생활 · 자산관리 지원	• 선수의 정신적 · 신체적 컨디션 관리, 선수의 자산 관리 • 세부 직무	
	선수 상담 관리	• 선수생활 상담 • 슬럼프, 심리적 불안감 등 문제 발견
	선수 컨디션 관리	• 경기력 유지를 위한 컨디션 관리
	선수 자산관리 지원	• 선수의 소득관련 세무업무 처리 • 선수자산 투자 계획 수립 • 선수 은퇴 후 자산관리 계획

출처: 문개성(2020). 스포츠 에이전트 직무해설서: 선수 대리인의 비즈니스 관점(개정2판). 박영사; 한국산업인력공단(2016). NCS 스포츠에이전트

② 스포츠 에이전트의 계약구조

(1) 3주체 계약구조

스포츠 에이전트의 계약은 통상 3주체에 의해 이루어진다. 소속사가 없는 경우 선수와 구단 간의 2주체 계약이 되겠지만, 에이전트의 업무 중 가장 중요한 선수계약 관련 협상과 계약은 에이전트를 통해 이루어진다. 스포츠 에이전트 계약 관련한 당사자는 다음과 같다.

① 선수

② 에이전트

③ 이해관계자

첫째, 선수는 스포츠 영역에서 가장 중요한 유·무형적 상품이다. 선수자체가 실체가 있는 유형적 상품이면서 선수 경기력, 이미지, 카리스마, 언행 등으로부터 표출되는 무형적 상품이다. 선수만이 갖는 전문적인 요소와 매력적

인 요소를 잘 분석하여 전략적인 협상과 정교한 계약을 성사시키는 에이전트가 필요하다. 둘째, 에이전트는 선수와 이해관계자 간의 중재역할을 통해 상호 간 이익을 가져다줄 수 있는 주체로서 활동한다. 마지막으로 이해관계자는 선수 이적과 연봉협상과 관련한 프로구단, 선수에게 용품을 협찬할 수 있는 스포츠 용품회사, 선수 광고 출연을 희망하는 광고회사로 구분할 수 있다.

그림 12-1 스포츠 에이전트의 계약구조

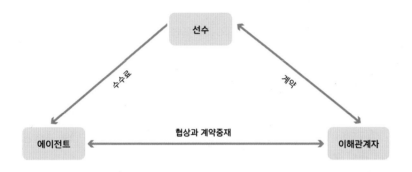

📳 여기서 잠깐!

▍ 스포츠 에이전트 관련 용어

① 트레이드(trade)
  - 선수의 보유권을 가지고 있는 구단이 선수의 보유권 및 기타 권리를 타 구단에게 이전
② 드래프트(draft)
  - 신인선수 선발제도로 입단할 선수들을 대상으로 각 팀이 후보자를 순서대로 뽑는 선발방법
  - 성적 역순 등의 방법으로 구단에게 지명권을 부여함으로써 전력평준화를 위한 제도
③ 자유계약제도(FA, Free Agent)
  - 운동선수가 현 소속팀에서 일정기간 동안 활동한 뒤 타 소속팀과 자유롭게 계약을 맺어 이적하게 함으로써 전력평준화를 위한 제도

④ 포스팅 시스템(Posting System)
- 프로야구에서 외국선수 선발 시 이적료를 최고를 많이 써낸 구단에게 우선협상권을
  부여하는 공개입찰제도
- 우선협상권을 획득한 구단이 선수와의 협상과정에서 낮은 가격을 제시, 구단에게 유
  리한 제도
⑤ 팜 시스템(Farm System)
- 프로스포츠 구단이 독자 리그를 운영하여 유망주를 육성, 발굴, 빅리그에 선수를 공
  급하는 시스템
- 자체선수 선발로 우수 선수를 우선 확보할 수 있고, 전반적으로 리그 시장을 풍성하
  게 함
⑥ 임의탈퇴선수
- 구단이 복귀조건부로 선수계약을 해제할 수 있는 규정에 기초
- 계약 해제를 바라는 듯한 선수의 행동에 따라 구단이 계약을 해제한 선수
⑦ 샐러리 캡(Salary Cap)
- 각 구단이 당해 시즌에 각 구단 보유선수에게 지급하기로 한 연봉 총상한제
⑧ 래리 버드 룰(Larry Bird Rule)
- 기존 소속팀과 재계약하는 자유계약선수는 샐러리 캡에 적용받지 않는다는 예외조항
⑨ 웨이버 공시(Waiver)
- 구단이 소속선수와 계약을 일방적으로 해제하는 방법으로 일명 방출이라고 함
- 선수 기량이 떨어지거나 부상을 당한 선수를 방출하는 수단으로 웨이버 제도를 이용
⑩ 보스만 판결
- 벨기에 축구선수인 장마크 보스만이 1990년 FC리에주로부터 프랑스 덩케크르 클럽
  으로 이적하고자 했으나 소속구단 반대로 유럽사법재판서에 소송을 제기해서 승소
  한 판결
- 스포츠 선수의 직업선택 자유를 인정한 대표적 사례
⑪ 옵트 아웃(Opt out)
- 선수와 구단 간 동의가 있는 경우 계약을 파기할 수 있는 권한
- 주로 장기계약하는 야구 선수들이 추가하기 시작한 조건으로 FA로 다른 팀의 이적
  을 하지 않더라도 선수 본인의 성적에 따라 높게 책정할 수도 있고, 계약 주체가 잔
  류 대신 계약의 소멸을 결정할 수 있음

⑫ 바이 아웃(Buyout clause)
- 주로 축구 선수가 계약이 남아 있을 때 활용하는 조건임
- 선수에게 일정 금액의 바이아웃을 정해 놓으면 다른 구단에서 그 이상의 금액을 제시하면 원구단 승인여부와 관계없이 선수와 협상이 가능함
- 원구단이 계약 연장 포기를 결정할 때 선수에게 주는 일종의 보상금 혹은 계약해지금의 성격도 있음(스페인 프리메라리가)

(2) 스포츠 에이전트 계약 종류

스포츠 에이전트 계약에는 스포츠 에이전트가 당사가가 되거나 중재자가되는 경우로 구분할 수 있다. 중재자가 되는 경우에는 선수우선주의에 입각한계약서이다. 총 5가지로 분류할 수 있는 계약종류를 살펴보면 다음과 같다.

① 에이전트 고용계약
② 선수 이적계약
③ 선수 연봉계약
④ 선수 용품계약
⑤ 선수 광고계약

첫째, 에이전트 고용계약은 스포츠 에이전트가 당자가가 되는 계약이다.즉, 선수와 스포츠 에이전트 간의 고용계약 혹은 스포츠 매니지먼트 계약이라 할 수 있다. 둘째, 선수 이적계약은 원 소속구단과의 계약이 종료되고, 다른 구단으로의 이적을 위한 계약이다. 셋째, 선수 연봉계약은 현 소속구단과의계약이 종료되고, 연봉인상에 필요한 제반사항에 관한 계약이다. 넷째, 선수용품계약은 용품협찬이 가능한 스포츠 용품업체와의 계약이다. 마지막으로 선수 광고계약은 선수광고 출연을 원하는 기업 혹은 광고업체와의 계약이다. 각

계약에 관해 샘플을 살펴보면 다음과 같다. 관행처럼 사용하는 '갑'과 '을'의 표현을 지양할 필요가 있다.

[샘플 1] 에이전트 고용계약서

스포츠 에이전트 고용계약서 (혹은 스포츠 매니지먼트 계약서)

선수 ○○○(이하 "선수")와 스포츠 에이전트 ○○○(이하 "에이전트")는 아래와 같이 계약을 체결한다.

— 아 래 —

제1조(목적)
"에이전트"의 "선수" 관리에 대한 전반적인 업무의 위임과 수행에 관한 권리와 의무를 명확히 하는데 목적이 있다.

제2조(정의)
① "에이전트"는 "선수"를 대리하여 입단과 이적, 연봉협상, 협찬계약 등의 각종 계약을 처리하고 "선수"의 경력관리, 권익보호를 지원하는 일을 하는 자이다.
② "선수"는 "에이전트"에게 제2조①항에 관련한 업무를 위임하는 자이다.
③ "스폰서십(sponsorship)"은 기업, 업체 등이 재화나 서비스를 제공하는 대가로 "선수"를 마케팅에 이용할 수 있는 권리를 말한다.
④ "인도스먼트(endorsement)"는 "선수"를 활용해 특정제품을 전략적으로 촉진하기 위한 "선수" 스폰서십 방식인 선수보증광고를 말한다.
⑤ "라이선싱(licensing)"은 기업, 업체 등이 재화나 서비스를 제공하는 대가로 "선수"가 갖는 유·무형의 자산을 활용해 마케팅에 이용할 수 있는 권리를 말한다.

⑥ "머천다이징(merchandising)"은 기업, 업체 등이 재화나 서비스를 제공하는 대가로 "선수"가 갖는 유·무형의 자산을 활용해 스포츠와 연관이 없는 새로운 제품을 상품화할 수 있는 권리를 말한다.

⑦ "퍼블리시티권(right of publicity)"은 "선수"의 초상이 허락 없이 촬영되거나 공표되지 않을 권리인 초상권(right of likeness)의 재산권적 성격을 구체화한 것으로 성명·초상 관련 경제적 이익의 사용을 통제하는 권리를 말한다.

제3조(에이전트의 권리와 의무)

① "에이전트"는 "선수"의 마케팅 활동에 대해 아래 각 호의 업무를 수행한다.

  1. 선수가치 분석: "선수" 경쟁력을 높이기 위해 필요한 경기분석, 체력측정 등의 객관적 자료수집 활동 및 활용

  2. 미디어 관계: 영상매체, 인쇄매체, 인터넷매체 등을 비롯한 모든 상업적 매체를 활용한 활동

  3. 사회공헌활동: 공익사업, 기부협찬, 자원봉사 등 선수가치 제고, 경력관리 등에 필요한 활동의 기획·추진

② "에이전트"는 "선수"의 이해관계자와의 협상 및 계약에 대해 아래 각 호의 업무를 수행한다.

  1. 이적 협상 및 계약: 구단 입단 및 이적을 위해 구단 접촉·제안·협상·체결

  2. 연봉 협상 및 계약: 연봉협상을 위해 구단 접촉·제안·협상·체결

  3. 용품협찬 협상 및 계약: 선수 스폰서십, 라이선싱, 머천다이징 사업추진을 위해 기업, 업체 등 접촉·제안·협상·체결

  4. 광고출연 협상 및 계약: 광고출연 및 인도스먼트 활동을 위해 기업, 업체 등 접촉·제안·협상·체결

③ "에이전트"는 "선수"의 법률지원에 대해 아래 각 호의 업무를 수행한다.

  1. 고용계약 법률지원: 구단입단 절차, 선수 권익보호 및 사후관리 과정에서 발생하는 법률적 문제 지원

  2. 협찬계약 법률지원: 퍼블리시티권을 활용한 수익사업 추진과정에서 발

생하는 법률적 문제 지원

3. 자산관리·투자자문·기타상담 지원: "선수'의 자산관리·투자자문 및 기타상담 등의 과정을 통해 발생하는 법률적 문제 지원

제4조(선수의 권리와 의무)

① "선수"는 제3조에 대한 업무의 최종적인 결정을 하고, 관련한 계약에 대해서 직접 서명 또는 날인한다.

② "선수"는 업무권한을 "에이전트"에 독점적으로 부여하되, 필요 시 일부 업무를 "에이전트"와의 사전 공감 후, "선수"의 서면 동의하에 제3자에게 위임할 수 있다.

③ "선수"는 "에이전트"의 업무 수행에 따라 아래 각 호의 수수료를 지불해야 한다.

1. 제3조②항1호의 이적이 성사됐을 시 이적 금액의 ○○%을 일시불로 지불한다.

2. 제3조②항2호의 연봉협상이 체결됐을 시 계약금 및 연봉총액의 ○○%을 일시불로 지불한다.

3. 매년 선수연봉이 책정됐을 시 제4조③항2호에 명시된 비율의 수수료를 지불한다.

4. 단, 제4조③항2·3호는 계약금과 기본급에 관한 고정된 급여만을 대상으로 한 것으로 승리수당, 출전수당, 우승보너스, 각종 인센티브 등 경기력을 통해 추가로 얻은 "선수" 수입에 대해선 수수료를 지불하지 아니 한다.

5. 제3조②항3·4호에 따른 수익이 발생했을 시 수입금액의 ○○%을 일시불로 지불한다.

6. 제5조에서 정한 계약기간이 종료된 후에도 계약기간 중에 "에이전트"가 수행한 업무로 인한 제3조②항2호의 "선수" 수입에 한해서 계약기간 종료직전까지의 수입을 기준으로 본조에 명시한 수수료를 지불해야 한다.

제5조(계약기간)

① 본 계약의 기간은 계약체결일로부터 20○○년 ○월 ○일까지(○○개월)로 한다.

② 본 계약의 연장은 "선수"와 "에이전트"가 서면으로 합의한 경우에만 가능하다.

제6조(상호 공통 의무사항)

① "선수"와 "에이전트"는 상대방의 사전 서면 동의 없이 본 계약의 전부 혹은 일부를 제3자에게 위임·양도할 수 없다.

② "선수"와 "에이전트"는 본 계약절차를 통해 알게 된 사실을 제3자에게 누설하여서는 아니 되며 계약종료 후에도 비밀유지의무를 준수하여야 한다.

③ "선수"와 "에이전트"는 관련 경기단체의 규정, 지침 및 법령을 준수하여야 한다.

④ "선수"와 "에이전트"는 제3조와 제4조에 명시된 권리와 의무를 성공적으로 수행할 수 있도록 적극 협조하여야 한다.

⑤ "선수"와 "에이전트"는 위법행위를 통해 상호 명성에 해를 끼치는 언행을 하지 않도록 하여야 한다.

제7조(계약해지)

① "선수"와 "에이전트"는 아래 각 호의 경우 계약을 해지할 수 있다.

   1. 상대측 과실로 인해 사회적 물의를 일으키거나 쟁송발생 및 징계절차로 더 이상 계약이 유지하기가 어렵다고 판단되는 경우
   2. 제4조에 의한 수수료 지불을 아니 한 경우
   3. 제6조 사항을 위반한 경우

② "선수"와 "에이전트"가 질병, 상해 등의 사유로 선수생활과 업무수행이 불가능할 경우 상호 합의에 의해 해지할 수 있다.

제8조(분쟁해결)

① 본 계약은 대한민국의 관련 법령 및 판례를 준용한다.

② "선수"와 "에이전트"는 상호 간 분쟁발생 시 변호사 등 전문가를 섭외하

여 분쟁해결을 위한 노력을 할 수 있다.

위와 같이 계약체결을 위해 "선수"와 "에이전트"는 서명날인한 후 계약서 2
부를 작성하여 각자 1부씩 보관한다.

20○○년 ○월 ○일

선수   에이전트
성명: ○ ○ ○   성명(상호): ○ ○ ○
주소: 주소:
주민등록번호: 주민등록번호(사업자번호):

※ 선수가 미성년인 경우 미성년인 선수를 대리함
부 혹은 모 성명: ○ ○ ○
주소:
주민등록번호:

출처: 국가직무능력표준(NCS) 일부수정; 문개성(2020). 스포츠 에이전트 직무해설서: 선수 대리인의
      비즈니스 관점(개정2판). 박영사, P.211~214.

[샘플 2] 선수 이적계약서

선수 이적계약서

주식회사 ○○(이하 "회사")와 선수 ○○○(이하 "선수)는 다음과 같이 운동
선수단 입단 계약서를 체결한다.

– 다 음 –

제1조(목적)
"회사"는 운동선수단 ○○팀의 전력을 보강하기 위해 우수선수를 입단시키
고 필요한 사항을 규정한다.

제2조(선수의무)
"선수"는 "회사" 또는 "회사"가 지정한 대리인의 훈련지시사항을 성실히 이
행하고, 기량을 최대한 배양해야 한다. "선수"는 선수 상호간 신뢰와 화합으
로 팀 발전에 최선을 다하고, "선수"로서의 책임과 의무를 다해야 한다.

제3조(훈련)
"선수"는 "회사"가 지정한 훈련시간, 일정, 프로그램 등을 준수해야 한다.

제4조(대회출전)
"선수"는 "회사"가 지정한 대회에 "회사"의 소속팀으로 출전해야 한다.

제5조(숙소입소)
"선수"는 "회사"가 지정해준 숙소에 기거하고, "회사" 또는 "회사"가 지정한
대리인의 지시에 따라야 한다.

제6조(장려금 지급)
① "회사"는 필요 시 "선수"에게 장려금을 지급할 수 있다.
② "회사"가 "선수"에게 장려금을 지급할 경우 "선수"는 신체상 장애 등의 사
유가 없는 한 ○년 이상 "회사" 소속팀에서 선수로 뛰어야 한다. 만약 계약을

위반할 시 "회사"는 장려금 전액 환수조치를 취하고, "선수"는 이에 응해야 한다.

③ 제3조(훈련)에 대해 준수가 안 될 시 "회사"는 장려금을 환수조치하고, 선수 자격 정지와 함께 ○○협회에 징계를 요구할 수 있다.

제7조(상벌)

① "회사"는 "선수"가 지시사항을 이행하지 않거나 팀원 간 불화합, 사회적 일탈행위, 성적 부진 등 팀 발전에 저해하는 행동을 할 경우 직권으로 계약을 해지할 수 있다.

② "선수"는 훈련을 게을리 하거나 질병으로 6개월 이상 계속 훈련이 불가능하다고 판단할 시 자진하여 사직원을 제출해야 하고, "회사"는 서면 계약해지를 할 수 있다.

③ "회사"의 사정으로 운동선수단 ○○팀의 해체 및 축소할 경우 그 발생일을 해지일로 본다.

제8조(복무)

"회사"는 "선수"에 대해 본 계약 이외의 복무사항은 자사의 복무조례를 준용한다.

제9조(어구해석)

이 계약서의 어구해석이 상호 상이할 시 "회사"의 해석에 따른다.

제10조(특약사항)

① "회사"는 동 계약서 제6조에 의거 "선수"에게 일금 _____원정(₩ ___)의 우수선수 장려금을 지급한다.

② "선수"는 계약과 동시에 "회사"의 팀에 입단해야 한다. 만약 이 기간에 입단하지 않거나 입단 계약을 전면 이행하지 않을 시엔 본조규정1항으로 지급한 장려금의 2배를 변제해야 한다.

③ 본 계약서는 "회사"와 "선수"가 계약한 날로부터 효력이 발생한다.

위와 같이 계약을 체결하고 계약서 2부를 작성, 서명 날인 후 "회사"와 "선수"는 각 1부씩 보관한다.

20○○년 ○월 ○일

주식회사 ○○   선수 ○○○

출처: 국가직무능력표준(NCS) 일부수정; 문개성(2020). 스포츠 에이전트 직무해설서: 선수 대리인의
     비즈니스 관점(개정2판). 박영사. P.142~143.

[샘플 3] 선수 연봉계약서

선수 연봉계약서

○○농구단(이하 "농구단")와 선수 ○○○(이하 "선수)는 다음과 같이 연봉계약직 근로계약을 체결한다.

– 다 음 –

제1조(목적)
"농구단"는 "선수"를 고용하여 보수(제3조)를 지급하고, "선수"는 "농구단"을 위해 필요한 기술과 근로의 제공 의무를 규정한다.

제2조(계약기간)
이 계약의 유효기간은 20○○년 ○○월 ○일부터 20○○년 ○월 ○일까지 이다. 단, "농구단"과 "선수"는 계약만료 1개월 전까지 계약종결의사를 서면으로 통보하지 않을 경우, 본 계약은 1년씩 자동 연장된다.

제3조(보수)
① 연봉금액은 일금_____원정(₩_____)으로 한다.
② 급여는 매월 25일 통장으로 자동 이체하여 지급한다.
③ 상여금과 퇴직금은 별도의 연봉계약서에 의거하여 적용한다.
④ "농구단"은 국내법이 정하는 바에 따라 "선수"에게 지급하는 제 급여에서 제세공과를 원천징수한다.

제4조(근로조건 및 의무)
① "선수"는 근로시간 및 시업, 종업, 휴식시간, 휴일 등은 "농구단"이 정한 바에 따른다.
② "선수"는 계약기간 중 "농구단" 혹은 "농구단"의 업무를 위임받은 자로부터 모든 업무상의 정당한 지시를 따라야 한다.

③ "농구단"은 "선수"가 지시사항을 이행하지 않거나 팀원 간 불화합, 사회적 일탈행위, 성적 부진, 고의 또는 중대과실, 계약 및 사규 위반 등 "농구단" 발전에 저해하는 행동을 할 경우 직권으로 계약을 해지할 수 있다.

제5조(기타)

기타 상기에 명시되지 않는 내용은 "농구단"이 정한 별도기준을 적용한다.

위와 같이 계약을 체결하고 계약서 2부를 작성, 서명 날인 후 "농구단"과 "선수"는 각 1부씩 보관한다.

20○○년 ○월 ○일

○○농구단   근로자

대표자: ○○○   선수: ○○○

주소: 주소:

사업자번호: 주민등록번호:

출처: 국가직무능력표준(NCS) 일부수정; 문개성(2020). 스포츠 에이전트 직무해설서: 선수 대리인의 비즈니스 관점(개정2판). 박영사. P.159~160.

선수 용품협찬 계약서

○○스포츠용품회사(이하 "회사")와 선수 ○○○(이하 "선수")는 다음과 같이 용품협찬계약을 체결한다.

- 다 음 -

제1조(목적)

"회사"는 "선수"가 출전하는 ○○경기 및 훈련장소에서 "선수"가 착용하는 ○○용품을 지급함에 따라 상호 제반 권리의무를 규정한다.

제2조(협찬기간)

이 계약의 유효기간은 20○○년 ○월 ○일부터 20○○년 ○월 ○일까지이다. 단, "회사"와 "선수"는 계약만료 1개월 전까지 계약종결의사를 서면으로 통보하지 않을 경우, 본 계약은 1년씩 자동 연장된다.

제3조(협찬품목)

① "회사"는 "선수"가 출전하는 ○○경기 및 훈련장소에 필요한 ○○용품을 지원한다.

② "회사"는 "선수"에게 ○○용품에 대한 모델명, 수량 등 제반사항을 사전에 알린다.

제4조(협찬사항)

① "선수"는 ○○경기 및 훈련장소에서 "회사"가 지원하는 ○○용품을 착용하고 출전한다.

② ○○용품에는 "회사"의 로고를 부착한다. 단, 로고의 크기 및 디자인 등은 "회사"가 정한다.

③ "회사"는 ○○용품을 착용한 "선수" 사진을 자사의 홈페이지, 카탈로그

등 홍보의 목적으로 사용할 수 있다.

④ 해외 경기 참가에 한해 "회사"는 내규에 따라 소정의 예산을 "선수"에게 지원할 수 있다.

제5조(계약해지)

① 본 계약기간 동안 "회사"가 "선수"에게 사전에 공유된 이유 없이 지원하지 않을 경우 "선수"는 본 계약을 해지할 수 있다.

② 본 계약기간 동안 "회사"의 사정으로 "선수"에게 지원할 수 없게 될 경우 상호 협의 하에 "회사"는 본 계약을 해지할 수 있다.

③ 본 계약기간 동안 "선수"가 ○○경기와 훈련장소에 ○○용품을 착용하지 않거나 기타 불미스러운 사건·사고가 발생할 시 "회사"는 본 계약을 해지할 수 있다.

제6조(분쟁해결)

본 계약과 관련하여 양 당사자 간의 분쟁이 발생한 경우 "회사"와 "선수" 상호 간의 합의에 의해 해결하고자 노력한다. 그럼에도 불구하고 해결되지 않을 경우 "회사" 주소지 관할 지방법원의 재판을 통해 해결한다.

제7조(특약사항) – "선수별, 종목별 특성에 따라 회사와의 협의 하에 별도 기재 가능"

①

②

위와 같이 계약을 체결하고 계약서 2부를 작성, 서명 날인 후 "회사"와 "선수"는 각 1부씩 보관한다.

20○○년 ○월 ○일

○○스포츠용품회사
대표자: ○○○   선수: ○○○
주소: 주소:
사업자번호: 주민등록번호

출처: 국가직무능력표준(NCS) 일부수정; 문개성(2020). 스포츠 에이전트 직무해설서: 선수 대리인의
     비즈니스 관점(개정2판). 박영사, P.174~175.

선수 광고출연 계약서

○○회사(이하 "회사"), ○○에이전시(이하 "에이전시"), "에이전시" 소속모델인 ○○선수(이하 "선수") 3자 간에 다음과 같이 광고모델 출연계약을 체결한다.

– 다 음 –

제1조(목적)

"선수"는 "회사"의 광고물에 출연함에 있어 상호 간의 권리와 의무를 명시한다.

제2조(계약범위)

① "선수"는 "회사"의 ○○상품 광고를 위해 출연한다. "회사"가 기획, 요구하는 출연제품의 전파(TV, CATV, Radio), 인쇄(신문, 잡지), 특수(옥외, 극장, 지하철)광고, 홍보 영상 및 자료 등에 출연한다. "회사"의 요구 시 상호 협의 하에 재촬영 및 재녹음에 "선수"는 응한다.

② "선수"의 출연료는 일금 _____원(₩_____, 부가세 포함)으로 한다.

③ "회사"는 "에이전시"에게 광고 방영 후 ○일 안에 전액 현금으로 지급한다.

④ "선수"는 "회사"의 ○○상품에 대한 인쇄매체 촬영은 ○회로 한다. 단, 불가피하게 추가촬영이 발생할 시 "회사"는 "에이전시"에게 1회 마다 일금 _____원 (₩_____, 부가세 포함)을 지급한다.

⑤ "선수"는 "회사"가 요청한 ○○상품 판촉행사에 3회까지 의무 참여한다. 단, 추가참여 시 "회사"는 "에이전시"에게 1회 마다 일금 _____원 (₩_____, 부가세 포함)을 지급한다.

제3조(계약조건)

① 계약기간은 본 계약서를 서명한 날로부터 제작물 사용기간까지 한다.

② 제작물의 사용기간은 광고매체 방영과 게재되는 날로부터 ○년으로 한다.

단, 후속 광고물 제작기간, 소재교체기간, 추가제작기간 등에 따른 ○개월 연장기간이 발생할 시 사전에 상호협의를 통해 추가 금액지원 없이 기간을 정한다.

③ 제작물 방영일은 촬영 개시일로부터 ○개월 이내로 한다. 단, 기간 내 방영되지 않을 시 촬영개시일로부터 계약기간을 산정한다.

④ 완성된 광고물 저작권, 저작인접권(초상권 포함)은 "회사"에게 귀속되고, 계약 기간 내에 편집 제작물로 활용할 권리를 갖는다.

제4조(의무준수 및 위반)

① "에이전시"와 "선수"는 "회사"의 제품 이미지 손상, 기업 활동을 저해하는 일체의 언행을 해서는 안 된다.

② "선수"는 본 계약 만료일까지 다른 회사의 동종이나 유사 제품류의 광고에 출연해선 안 된다. 만약 위반할 시 "회사"는 직권으로 본 계약을 해지할 수 있고, "에이전시"는 계약 해지 통보 후 ○일 이내에 지급액의 ○배액을 "회사"에 현금으로 반환해야 한다.

③ "선수"가 계약 기간 내에 고의 또는 과실로 "회사"에 손해를 끼쳤을 경우 "회사"는 "에이전시"에게 손해배상을 청구할 수 있고, "에이전시"는 응해야 한다.

제5조(분쟁해결)

본 계약과 관련하여 양 당사자 간의 분쟁이 발생한 경우 "회사"와 "에이전시" 상호 간의 합의에 의해 해결하고자 노력한다. 그럼에도 불구하고 해결되지 않을 경우 "회사" 주소지 관할 지방법원의 재판을 통해 해결한다.

위와 같이 계약을 체결하고 계약서 2부를 작성, 서명 날인 후 "회사"와 "선수"는 각 1부씩 보관한다.

20○○년 ○월 ○일

○○회사

주   소:

상   호:

대표이사:

○○에이전시

주   소:

상   호:

대표이사:

주   소:

주민등록번호:

성   명:

출처: 국가직무능력표준(NCS) 일부수정; 문개성(2020). 스포츠 에이전트 직무해설서: 선수 대리인의
     비즈니스 관점(개정2판). 박영사, P.190~191.

과제

1. 가장 최근의 국내 스포츠 에이전트와 에이전시를 각각 조사하시오.

2. 가장 최근의 해외 스포츠 에이전트와 에이전시를 각각 조사하시오.

3. 가장 최근의 국내 에이전트 관련 이슈를 찾아보시오.

4. 가장 최근의 해외 에이전트 관련 이슈를 찾아보시오.

도움을 받은 자료

아래에 제시한 선행자료 외에 직·간접적으로 정보와 영감을 얻게 한 수많은 자료를 생산하신 분들에게 고마운 마음을 전합니다.

강호정, 이준엽(2013). 현대 스포츠 경영학(제2판). 학현사.

김덕용(2021). 브랜드 개념과 실제(개정판). 박영사.

김민수(2015). 해외 스포츠산업 분류체계 및 현황 분석(SI 포커스). 한국스포츠개발원.

김성국, 박정민, 조남기, 천명중, 최재화(2014). 최신 경영학의 이해(2판). 비앤엠북스.

김용만(2010). 스포츠 마케팅 커뮤니케이션. 학현사.

김재광(2018). 택견 단체 간 경기 통합을 위한 구한말 택견 경기규칙 원형 연구. 미간행 석사학위논문. 원광대학교 교육대학원.

김종민(2021.12.6.). 대학 스포츠의 오늘을 향해 온 발자취, 내일을 향한 발걸음. 대한민국 정책브리핑.

곽해선(2001). 곽해선의 쉽게 배우는 경영학. 명솔출판.

권상현(2018). 스포츠와 미디어 플랫폼의 변화(스포츠산업 이슈페이퍼). 한국스포츠정책과학원.

권찬호(2018). 집단지성의 이해. 박영사.

국민체육진흥공단(2018). 국민체육센터 건립지원 현황. www.kspo.or.kr

대한체육회(2018). 공공스포츠클럽 공모. www.sports.or.kr

대한체육회(2021). 정관, 가입·탈퇴규정(개정 2021.10.6.), 마케팅규정(제정 2018.12.20.), 회원종목단체 규정(개정 2021.12.27.), 회원종목단체 공인제도 운영(개정 2021.10.6.).

문개성 외(2022). 글로벌 드론축구 육성을 위한 스포츠 마케팅 전략 수립. 대한드론협회.

문개성(2022). 스포츠 마케팅 4.0: 4차 산업혁명 미래비전(개정2판). 박영사.

문개성(2022.12.). 레저 스포츠와 관광의 결합은 왜 매력적일까. 국민체육진흥공단 KSPO 스포츠매거진 12월호.

문개성, 김동문(2022). 체육·스포츠 행정의 이론과 실제. 박영사.

문개성(2020). 스포츠 에이전트 직무해설서: 선수 대리인의 비즈니스 관점(개정2판). 박영사.

문개성(2019). 스포츠 경영: 21세기 비즈니스 미래전략. 박영사.

문개성(2016). 스포츠 매니지먼트. 커뮤니케이션북스.

문개성(2015). 스포츠 인문과 사회. 커뮤니케이션북스.

문화체육관광부(2022). 2021 전국등록·신고체육시설업 현황. 연례발표자료.

문화체육관광부(2021a). 2020 스포츠산업백서. 연례보고서.

문화체육관광부(2021b). 2021 전국 공공체육시설 현황. 연례발표자료.

문화체육관광부(2020). 2019 스포츠 산업 실태조사 결과보고서. 연례보고서.

문화체육관광부(2020). 2019 스포츠산업백서. 연례보고서.

문화체육관광부(2019). 제3차 스포츠산업 중장기 발전계획(2019 – 2023). 정책보고서.

문화체육관광부(2013). 유치희망도시를 위한 국제대회 유치 가이드. 정책보고서.

법제처(n. d.). 고등교육법, 국민체육진흥법, 스포츠산업진흥법, 학교체육진흥법, 협동조합기본법, 체육시설의 설치·이용에 관한 법률. www.moleg.go.kr

법제처(n. d.). 국민체육진흥법, 스포츠산업진흥법, 정부조직법, 체육시설의 설치·이용에 관한 법률, 이스포츠(전자스포츠) 진흥에 관한 법률 특별법, 자격기본법, 스포츠클럽법, 국제경기대회지원법, 경륜·경정법, 2018 평창동계올림픽대회 및 동계패럴림픽대회 지원 등에 관한 특별법, 2002년 월드컵축구대회지원법, 2011 대구세계육상선수권대회 지원법, 2013 충주세계조정선수권대회 지원법, 2014 인천하계아시아경기대회 지원법, 2014 인천장애인아시아경기대회 지원법, 2015 광주하계유니버시아드경기대회 지원법, 포뮬러원 국제자동차경주대회 지원법, 2013 평창동계스페셜올림픽세계대회 지원법, 2015 경북문경세계군인체육대회 지원법 https://www.moleg.go.kr

설수영, 김예기(2011). 스포츠 경제학. 오래.

유한결(2022.1.20.). 왜 미국사람들은 대학 스포츠에 열광할까? 스포츠AI.

이정학(2012). 스포츠 마케팅. 한국학술정보.

이범수, 이지수, 안홍진, 류영기(2020). 하늘의 스트라이커 드론축구 가이드북. 골든벨.

임창희(2014). 경영학원론(제2판). 서울: 학현사.

장경로(2005). 스포츠 조직 경영. 학현사.

전북경제연구원(2021). 드론스포츠복합센터 건립을 위한 기본계획 및 타당성 조사. 연구용역서(전주시).

전북연구원(2022.7.19.). 스포츠를 통한 지역발전, 스포츠도시 육성 국정과제 대응. 이슈브리핑.

정은정, 김상훈(2017.3.15.) 국내외 프로스포츠 방송 중계권 시장 동향 분석(SI 포커스). 한국스포츠개발원.

정재용(2015). 대학 스포츠 산업화, 시스템 개혁이 해법. 한국스포츠개발원.

정태린(2017). 스포츠 협동조합에 대한 법제도적 접근과 보완점. 한국스포츠개발원.

조성호(2015). 반독점법과 선수노조의 단체교섭: 미국사례를 중심으로(스포츠산업 이슈페이퍼). 한국스포츠개발원.

최형창(2018). 평창 동계올림픽대회는 우리에게 무엇을 남겼나?(스포츠산업 이슈페이퍼). 한국스포츠개발원.

캠틱종합기술원(2020). 드론축구 육성 및 드론축구 세계월드컵 로드맵 수립용역. 연구용역서(전주시).

한가람(2016). 2016 국내 e스포츠 산업의 흐름과 고려사항 : League of Legends(스포츠산업 이슈페이퍼). 한국스포츠개발원.

한국고용정보원(2022). 2021 한국직업전망. 연례보고서.

한국산업인력공단(2016). 국가직무능력 NCS 스포츠에이전트.

한국산업인력공단(2016). 국가직무능력표준 NCS. 스포츠마케팅-스포츠이벤트-스포츠이벤트경기운영지원.

한국스포츠정책과학원(2022.5.). 일본의 스포츠 정책 추진 현황과 글로벌 e스포츠 성장 이슈. 글로벌 스포츠 프리즘.

한국스포츠정책과학원(2022.6.). 글로벌 스포츠산업 리포트. 월간.

한진국, 강신혁(2016). 스포츠 경기장의 새로운 패러다임 '스마트 경기장' 어떻게 변화하고 있는가?(스포츠산업 이슈페이퍼). 한국스포츠개발원.

홍건호(2018). 효율적인 스포츠 시설물 안전관리를 위한 안전지침 고찰(스포츠산업 이슈페이퍼). 한국스포츠개발원.

황규승, 김종순, 이상석, 김신중, 권방현, 윤민석, 박병인, 곽수환(2011). 엑셀을 활용한 경영과학의 이해(제3판). 학현사.

황동규, 한진욱(2020). 스포츠 브랜드 콜라보레이션 유형이 브랜드 태도에 미치는 영향: 희소성 메시지와 독특성 욕구의 조절효과, 한국체육학회지, 59(3), 227-241.

Aaker, D. A. (1991). Managing Brand Equity, NY: Free Press.

Aaker, J. L. (1997). Dimensions of Brand Personality. Journal of Marketing Research, 34(8), 347-356.

Adams, J. S. (1963). Toward understanding of inequity. Journal of Abnormal & Psychology, 67(5), 422-436.

Alderfer, C. P. (1972). Existence, Relatedness, and Growth: Human needs in organizational setting. NY: Free Press.

Ansoff, I. H. (1957). Strategies for Diversification. Harvard Business Review, 35(2), 113−124.

Ansoff, I. H. (1965). Corporate Strategy. NY: McGraw−Hill.

Ansoff, I. H. (1979). Strategy Management. NY: Wiley.

Assael, H. (1992). Consumer Behavior and Marketing Action(4th eds.). Boston, PWS−KENT.

Bass, B. M. (1990). Bass & Sogdill's handbook of leadership: Theory, research, and managerial application (3rd ed.). NY: Free Press.

Blake, R. R., & Mouton, J. S. (1964). The Managerial Grid: The Key to Leadership Excellence. Houston: Gulf Publishing.

Blau, P. M., & Scott, W. R. (1962). Formal Organizations: A Comparative Approach. San Francisco: Chandler.

Chelladurai, P. (1985). Sport Management: Macro Perspective. 신경하, 한지희, 이희화 옮김(2010). 스포츠 경영. 경기: 이담.

Conger, J. A. & Kanungo, R. N. (1987). Toward a behavioral theory of charismatic leadership in organization settings. The Academy of Management Review, 12(4), 637−647.

Dyson, A., & Turco, D. (1998). The state of celebrity endorsement in sport. The Cyber Journal of Sport Marketing, 2(1), [Online] Available: http://pandora.nla.gov.au/nph-wb/19980311130000/http://www.cad.gu.edu.au/cjsm/dyson.htm

Etzioni, A. (1964). Modern Organization. NJ: Prentice−Hall.

Fayol, H. (2013). General and industrial management. CT: Martino Fine Books. First published in French in 1916.

Field, F. E. (1967). A Theory of Leadership Effectiveness. NY: McGraw−Hill.

Fullerton, S. (2009). Sports marketing(2th ed.). HS MEDIA 번역팀 옮김(2011). 스포츠 마케팅. HS MEDIA.

Gray, D. P. (1996). Sponsorship on campus. Sports Marketing Quarterly, 5(2), 29−34.

Hackman, J. R. & Oldham, G. R. (1976). Motivation through the design of work: Test of a theory. Organization Behavior and Human Performance, 16, 250−279.

Hersey, P. & Blanchard, K. H. (1982). Management of Organizational Behavior Utilizing Human Resources(4th ed.). Englewood Cliffs. NJ: Prentice−Hall.

Herzberg, F., Mausner, B., & Snyderman, B. S. (1959). The Motivation to Work. NY: Wiley.

Herzberg, F. (1968). One more time: How do you motivate employees? Harvard Business Review, 46(1), 53－62.

House, R. J. (1971). A Path－Goal theory of leader effectiveness. Administrative Science Quarterly, September, 321－338.

Jago, A. G. (1982). Leadership : Perspectives in theory and research. Management Science, 28(3), 315－336.

Katz, R. L. (1974). Skills of an effective administrator. Harvard Business Review, September, 90－102.

Keller, K. L. (2002). Strategic brand management(2nd ed.). Upper Saddler, NJ: Prentice Hall.

Kotler, P., & Keller, K. L. (2006). Marketing management(12th ed.). 윤훈현 옮김(2006). 마케팅 관리론. (주)피어슨에듀케이션코리아.

Kotler, P. (1990). What leaders really do. Harvard Business Review, May－June, 102－111.

Kotler, P., & Armstrong, G. (2001). Principles of marketing(9th eds.). Englewood Cliffs, NJ: Prentice－Hall.

Kotler, P., Berger, R., & Bickhoff, N. (2010). The Quintessence of Strategic Management. 방영호 옮김(2011). 필립 코틀러 전략 3.0. 청림출판.

Kotler, P., Kartajaya, H., & Setiawan, I. (2021). Marketing 5.0: Technology for Humanity. 이진원 옮김(2021). 필립 코틀러 마켓 5.0 휴머니티를 향한 기업의 도전과 변화가 시작된다. 더퀘스트.

Kotler, P., Kartajaya, H., & Setiawan, I. (2017). Marketing 4.0: Moving From Traditional to Digital. 이진원 옮김(2017). 필립 코틀러의 마켓 4.0. 더퀘스트.

Kotler, P., Kartajaya, H., & Setiawan, I. (2010). Marketing 3.0 : From Products to Customer to the Human Spirit. 안진한 옮김(2010). 마켓 3.0. 타임비즈.

Kotler, P., & Keller, K. L. (2006). Marketing management(12th ed.). 윤훈현 옮김(2006). 마케팅 관리론. (주)피어슨에듀케이션코리아.

Kotler, P., & Stigliano, G. (2018). Retail 4.0. 이소영 옮김(2020). 리테일 4.0. 더퀘스트.

Laswell, H. D. (1948). The Structure and Function of Communication in Society. In Bryson, L. (ed.), The Communication Ideas, NY: Harper and Brothers.

Leontief, W. (1936). Quantitative input and output relations in the economic system of the United States. The Review of Economics and Statistics, 18(3), 105–125.

Leontief, W. (1966). Input–Output Economics. NY: Oxford University.

Maslow, A. (1954). Motivation and Personality. NY. Harper and Row.

McClelland, D. C. (1961). The Achieving Society. NY: Free Press.

McClelland, D. C. (2010). The Achieving Society. Eastford CT: Martino Fine Books. First published in 1961.

Mcdonald, M., Sutton, W., & Milne, G. (1995). TEAMQUAL: Measuring service quality in professional team sports. Sport Marketing Quarterly, 4(2), 9–15.Miles, R. E. & Snow, C. C. (1978). Organizational Strategy, Structure, and Process. NY: McGraw–Hill.

McGregor, D. M. (1957). The human side of enterprise. Management Review, 46, 22–28.

McGregor, D. M. (1966). Leadership and Motivation. MA: MIT Press.

Millano & Chelladurai (2011). Gross domestic sport product: The size of the sport industry in the United States. Journal of Sport Management, 25(1), 24–35.

Mintzberg, H. (1980). Structure in 5's: A synthesis of the research on organization design, Management Science, 26(3), 322–341.

Moon, K. S., May, K., Ko, Y. J., Connaughton, D. P., & Lee, J. H. (2011). The influence of consumer's event quality perception on destination image. Managing Service Quality, 21(3), 287–303.

Mullin, B. J., Hardy, S., & Sutton, W. A. (1993). Sport marketing. Champaign, IL: Human Kinetics Publishers.

Mullin, B. J., Hardy, S., & Sutton, W. A. (2000). Sport marketing(2nd eds.). Champaign, IL: Human Kinetics Publishers.

Nielson Sport(2018). Commercial Trends in Sports 2018. www.nielsen.com

Parasuraman, P. A., Zeithaml, V. A., & Berry, L. L. (1985). A conceptual model of service quality and its implications for future research. Journal of Marketing, 49(4), 41–50.

Parasuraman, P. A., Zeithaml, V. A., Berry, L. L. (1988). SERVQUAL–A multiple–item scale for measuring consumer perceptions of service quality. Journal of Retailing, 64(1), 12–40.

Pitts, Fielding, & Miller (1994). Industry segmentation theory and the sport industry: Developing a sport industry segment model. Sport Marketing Quarterly, 3 (1), 15 — 24.

Porter, M. (1980). Competitive Strategy: Techniques for Analyzing Industries and Competitors. NY: Free Press.

Quinn, R. E., & Rohrbaugh, J. (1981). A Competing Values Approach: Organizational Effectiveness. Public Productivity Review, 5(2), 122 — 140.

Rein, I., Kotler, P., & Shields, B. (2006). The Elusive Fan : Reinventing Sports in a Crowded Marketplace. 서원재, 성용준 옮김. 필립 코틀러의 스포츠 브랜드 마케팅 : 스포츠팬을 잡아라. 지식의 날개.

Robins, S. P. & Coulter, M. (2012). Management(11th Edition). 이중우, 김만술, 김원석, 박영렬, 목남희, 장윤희, 윤홍근 옮김. 경영학원론(제11판). 성진미디어.

Robins, S. P., Judge, T. A., 김태열, 박기찬, 박원우, 이덕로(2013). 조직행동론(제15판). 서울 : (주)피어슨에듀케이션코리아.

Shank, M. D. (2009). Sports marketing: A strategic perspective(4th ed.). 오웅수·신홍범 옮김(2011). Shank's 스포츠 마케팅 전략적 관점. HS MEDIA.

Shannon, C. E., & Weaver, W. (1949). The Mathematical Theory of Communication. IL: University of Illinois Press.

Skinner, B. F. (1971). Contingencies of Reinforcement. CT: Appleton — Century — Crofts.

Stogdill, R. M. (1974). Handbook of Leadership. NY: Free Press.

Taylor, F. W. (2018). The Principles of Scientific Management(37ed.). NY: Harper & Brothers. First published in French in 1911.

Theodorakis, N., Kambitsis, C., Laios, A., & Koustelios, A. (2001). Relationship between measures of service quality and satisfaction of spectators in professional sports. Managing Service Quality, 11(6), 431 — 438.

Vroom, V. H. (1964). Work and Motivation. NY: Wiley, John and Sons.

Wiener, N. (1948). Cybernetics. NY: Wiley and Sons.

Wilson, E. O. (2012). Social conquest of earth. 이한울 옮김(2013). 지구의 정복자. 사이언스북스.

Zaleznik, A. (1986). Except from managers and leaders: Are they different? Havard Business Review, May — June, 54.

기타

국민체육진흥공단 https://www.kspo.or.kr
국민체육진흥공단 산업지원 전용홈페이지 https://spobiz.kspo.or.kr
기업민원 통합단일 창구로 연계 https://www.g4b.go.kr

찾아보기

저자소개

문개성

(현) 원광대학교 스포츠과학부 교수
(전) 한국능률협회 평가위원
(전) 한국연구재단 평가위원
(전) 서울특별시 체육회 집필위원
(전) 한국스포츠산업경영학회 이사
(전) 한국스포츠산업협회 개발위원(NCS 스포츠마케팅-스포츠에이전트)
(전) 한국체육학회 영문저널 편집위원
(전) 한국스포츠정책과학원 영문저널 편집위원
(전) 미국 플로리다대학교 Research Scholar/교환교수(스포츠 매니지먼트)
(전) 문화체육관광부 국민체육진흥공단 Tour de Korea 조직위원회 스포츠마케팅 팀장
(전) 경희대학교 테크노경영대학원 외래교수

저 서

현대사회와 스포츠: 미래에도 무한한 인류 공통의 언어(개정2판). 박영사. 2023.
스포츠마케팅 4.0: 4차 산업혁명 미래비전(개정2판). 2022.
체육·스포츠 행정의 이론과 실제. 박영사(공저). 2022.
스포마니타스: 사피엔스가 걸어온 몸의 길. 박영사. 2021.
무크(MOOC)와 함께 하는 스포츠 마케팅. 한국학술정보. 2021.
나를 성장시킨 노자 도덕경. 부크크. 2021.
현대사회와 스포츠: 미래에도 무한한 인류 공통의 언어. 박영사. 2020.
스포츠 창업 해설서: 스타트업 4.0 미래시장. 박영사. 2020.
스포츠 에이전트 직무해설서(개정2판): 선수 대리인의 비즈니스 관점. 박영사. 2020.
보이콧 올림픽: 지독히 나쁜 사례를 통한 스포츠 마케팅 이해하기. 부크크. 2020.
스포츠 경영: 21세기 비즈니스 미래전략. 박영사. 2019.
스포츠 마케팅 4.0: 4차 산업혁명 미래비전. 박영사. 2018.
스포츠 에이전트 직무 해설서. 박영사. 2018.
스포츠 갬블링. 커뮤니케이션북스. 2017.
스포츠 마케팅. 커뮤니케이션북스. 2016.
스포츠 매니지먼트. 커뮤니케이션북스. 2016.
스포츠 인문과 사회. 커뮤니케이션북스. 2015.

수험서(국가 자격증)

M 건강운동관리사. 근간.
M 스포츠경영관리사 필기·실기 한권 완전정복. 박영사.
M 스포츠지도사 필기 한권 완전정복. 박영사(공저) 외 다수.

블로그: 스포마니타스(SPOMANITAS)
K-MOOC(http://www.kmooc.kr): 스포츠 마케팅

스포츠 경영: 21세기 비즈니스 미래전략

초판 발행   2019년 3월 1일
개정2판 발행   2023년 3월 1일

지은이   문개성
펴낸이   안종만 · 안상준

편 집   탁종민
기획/마케팅   최동인
표지디자인   이소연
제 작   고철민 · 조영환

펴낸곳   (주) **박영사**
             서울특별시 금천구 가산디지털2로 53, 210호(가산동, 한라시그마밸리)
             등록 1959. 3. 11. 제300-1959-1호(倫)
전 화   02)733-6771
f a x   02)736-4818
e-mail   pys@pybook.co.kr
homepage   www.pybook.co.kr
ISBN   979-11-303-1668-0   93690

* 파본은 구입하신 곳에서 교환해 드립니다. 본서의 무단복제행위를 금합니다.
* 저자와 협의하여 인지첩부를 생략합니다.

정 가   26,000원